FARABUNDO MARTÍ

FARABUNDO MARTÍ
La biografía clásica

JORGE ARIAS GÓMEZ

New York • Oakland • London

Derechos © 2010 Herederos de Jorge Arias Gómez
Derechos © 2010 Ocean Press y Ocean Sur

Todos los derechos reservados. Ninguna parte de esta publicación puede ser reproducida, conservada en un sistema reproductor o transmitirse en cualquier forma o por cualquier medio electrónico, mecánico, fotocopia, grabación o cualquier otro, sin previa autorización del editor.

Seven Stories Press/Ocean Sur
140 Watts Street
New York, NY 10013
www.sevenstories.com

ISBN: 978-1-921235-89-4
Library of Congress Control Number: 2009937207

Índice

Prefacio a la segunda edición	VII
I. Dinastía Meléndez-Quiñónez (1913-1927)	1
II. Infancia y juventud de Farabundo Martí	10
III. Farabundo exiliado en Guatemala	16
IV. Situación política y social (1920-1925)	24
V. Farabundo en la organización de los trabajadores	40
VI. El Gobierno de Pío Romero Bosque (1927-1931)	53
VII. Emergencia del movimiento sindical	70
VIII. Incorporación de los indígenas a la revolución. José Feliciano Ama	80
IX. El momento social y la actitud de monseñor Belloso y Sánchez, obispo auxiliar de San Salvador	95
X. Agustín Farabundo Martí y Augusto C. Sandino	104
XI. Ruptura entre Sandino y Martí	119
XII. Farabundo Martí, impulsor del Socorro Rojo Internacional	135
XIII. Fundación del Partido Comunista de El Salvador	147

XIV. Elección presidencial de 1931 — 162

XV. Inauguración del Gobierno de Araujo.
    Situación económico-social del país — 180

XVI. Derrocamiento del presidente Arturo Araujo.
    El general Maximiliano Hernández Martínez
    asume la presidencia — 197

XVII. Antecedentes de la insurrección armada — 218

XVIII. Insurrección y represión — 227

XIX. El proceso contra Martí, Luna
    y Zapata, y su ejecución — 245

Epílogo — 251

Notas — 253

Bibliografía — 271

Prefacio a la segunda edición*

La intención al redactar una versión, aumentada y corregida, de *Farabundo Martí*, ha sido la de situar al lector como un testigo presencial en la atmósfera espiritual y mundo material de la época en que a nuestro biografiado le tocara desempeñarse. Por esta razón, la presente edición bien podría llamarse *Farabundo Martí y su tiempo*.

Así, se expone en trazos, quizás muy generales, aquellos elementos más importantes de la situación económica, política, social y cultural de un decenio tan decisivo en la historia contemporánea de El Salvador, como es el de los años veinte, respecto a los cuales los tres siguientes años (1930, 1931 y 1932) no son sino la continuidad de una profunda crisis histórica de larga duración; trienio que, a su vez, es el comienzo de un prolongado período en el marco de dicha crisis.

Tal como se expresa en el texto de este libro, el estudio de los años veinte nos muestra las raíces de esa gran crisis histórica que ha tratado de ser superada con el Acuerdo de Paz de Chapultepec.

Cuando se habla de crisis histórica se alude a la existencia en nuestra nación de contradicciones antagónicas permanentes entre las clases que la componen, las cuales, gravemente agudizadas a veces, se nos presentan como crisis coyunturales —de carácter económico o político, o de ambas cosas a la vez. Tales crisis coyunturales, aunque lleguen a ser superadas —o capeadas, en la mayoría de las veces—, la crisis histórica continúa subyacente en el fondo de la vida

---

* Prefacio del autor para la edición ampliada de *Farabundo Martí*, Editorial Abril Uno, San Salvador, 2005 (N. del E.).

social. Las crisis históricas, por consiguiente, son registrables en períodos largos de tiempo, y solamente es posible que sean resueltas por una superación que, a su vez, marque una inflexión hacia la inauguración de una nueva época.

Partiendo de ese enfoque se puede afirmar que la instauración del régimen dictatorial del general Maximiliano Hernández Martínez podría caracterizarse como la forma de régimen que la oligarquía salvadoreña adoptara para solucionar, a su manera, la crisis histórica de los años veinte. De esta forma hubo una prolongación del modelo oligárquico, gracias a la puesta en práctica de reformas bancarias, mediante la fundación del Banco Central de Reserva y del Banco Hipotecario de El Salvador; así como de instituciones agrícolas de tipo monopólico que tanto beneficiaran a los productores de café y a los de azúcar y de algodón.

En la consolidación de la dictadura martinista, se deben tener muy en cuenta las transformaciones introducidas en la conformación del Ejército y fuerzas de seguridad pública, que condujeron a sus cuadros de oficiales, de mando superior, intermedio y bajo, a formar una verdadera casta privilegiada que llegara a gozar de plena impunidad.

Este libro es el producto de varios años de trabajo. Primero, fue un artículo, bastante breve, destinado a «Vidas que se sacrificaron en la lucha», obra que fuera editada en la extinguida URSS, y que recogía biografías sintéticas de luchadores que dedicaron su existencia a la causa comunista. Luego, dicho artículo, enriquecido con más datos, fue publicado en las revistas *La Universidad,* órgano de la Universidad de El Salvador, y *Trabajos,* del Departamento de Ciencias Políticas y Sociales de la Facultad de Jurisprudencia y Ciencias Sociales de la misma Universidad. Enseguida, la Editorial Universitaria Centroamericana (EDUCA) hizo, en 1972, una primera edición con el título *Farabundo Martí. Esbozo biográfico* y una reimpresión en 1980. Además, fue publicado en el decenio de los ochenta, en búlgaro, alemán y francés. Hay una edición venezolana y otra peruana.

La labor ha sido de hormiga, tanto en bibliotecas y archivos de El Salvador y de otros países —entre estos, México. Han sido de inapreciable utilidad entrevistas con personas que conocieron a Martí, o tuvieron información de primera mano.

En fin, las investigaciones han tropezado con dificultades prácticamente insuperables en cuanto a la inaccesibilidad a algunas fuentes primarias. Valgan, como ejemplo, dos de ellas: una, la inexistencia de la colección del *Diario Oficial* y de sus suplementos correspondientes a 1932 en la Biblioteca Nacional y municipales, así como en el Archivo General de la Nación. Tal colección, y también de diarios y revistas de ese año, fueron retirados del servicio por órdenes superiores.

La otra dificultad estriba en que actores o testigos directos de los sucesos de 1932 y de la época tienen, bajo siete llaves, sus archivos personales para los investigadores nativos, aunque no resulta ser así con algunos extranjeros que se han interesado sobre la década de los treinta.

Pese a tales dificultades, la presente edición se da por definitiva, a menos que nuevos datos sobre Farabundo Martí ameritaran una revisión sustancial del texto.

Esta versión ha sido posible gracias a las facilidades ofrecidas por el Instituto de Estudios Históricos, Antropológicos y Arqueológicos de la Universidad de El Salvador.

Finalmente, y sobre todo huero formalismo, la gratitud del autor quedará muy comprometida con todo aquel que haga llegar por escrito sus críticas, sus observaciones y sugerencias.

Jorge Arias Gómez
San Salvador, 10 de diciembre de 1995

I
Dinastía Meléndez-Quiñónez
(1913-1927)[1]

Enero de 1920. En una plaza de San Salvador se desarrolla un insólito acto público: estudiantes universitarios salvadoreños, amparados bajo el viejo ideal de la unión centroamericana, celebran un fraternal encuentro con una delegación de la Asociación de Estudiantes Universitarios de Guatemala. Ese viejo ideal había rebrotado con muchos bríos a causa de que el 15 de septiembre de 1921 se cumpliría el primer centenario de la Independencia respecto del Imperio Español de lo que fuera la Capitanía General de Guatemala, llamada, asimismo, Virreinato o Reino de Guatemala. Las cinco provincias que formaban esta colonia y que llegarían a denominarse posteriormente Guatemala, El Salvador, Honduras, Nicaragua y Costa Rica se organizarían en 1824 bajo el nombre de República Federal de Centroamérica.

El Partido Unionista de Guatemala fue creado por destacados elementos de la oligarquía conservadora de este país en diciembre de 1919, y prontamente llegó a desempeñar un papel de primer orden en la política interna como fuerza opositora de la ya desgastada y muy larga tiranía de Manuel Estrada Cabrera «el Señor Presidente» de la novela de Miguel Ángel Asturias.

En El Salvador, al contrario de lo que acaecía en Guatemala, personalidades destacadas en las filas democráticas también levantaban la misma bandera a través del Partido Unionista, que llegara a tener fuerte arraigo popular. Se alimentaba la esperanza de que, al cumplirse el primer siglo de la Independencia, las cinco parcelas istmeñas se unirían de nuevo y para siempre.

El encuentro estudiantil salvadoreño-guatemalteco tenía, por consiguiente, gran significado político, el cual se realzaba por ciertos paralelismos de situaciones existentes en Guatemala, en donde la oscurantista tiranía estaba por cumplir veintidós años ininterrumpidos, con situaciones en El Salvador, en donde la familia Meléndez, sumamente impopular, dentro de poco completaría siete años consecutivos en el mando del Estado. Tanto Estrada Cabrera como los Meléndez habían arribado al poder al amparo del asesinato de los respectivos presidentes de las repúblicas; y aunque el primero se hallaba tiranizando desde 1898 y los segundos desde 1913, daba la casualidad que tal arribo había sido, precisamente, un 9 de febrero.

En efecto, en la fecha últimamente mencionada del año 1898 fue asesinado el presidente, general José María Reina Barrios. El fondo de este crimen nunca fue esclarecido. Es en estas circunstancias que Manuel Estrada Cabrera, un abogado al servicio de la oligarquía guatemalteca, ex ministro de Gobernación y primer designado a la presidencia, logra, mediante una maniobra calificada de «muy hábil», que el Congreso apruebe su acceso a la presidencia de la República de Guatemala.

Estrada Cabrera aprovechó el desconcierto momentáneo de la alta oficialidad del Ejército, que no logró ponerse de acuerdo ante la crisis provocada sobre quién debería suceder a Reina Barrios. Así fue como «el Señor Presidente», bajo la falsa amenaza de que el Ejército ya tenía rodeado el edificio del Congreso, apura la elección a la primera magistratura.[1]

En aquel encuentro al que ya se ha hecho referencia, toman la palabra los estudiantes guatemaltecos. Su fogosidad juvenil, a manera de látigo, fustigaba la figura del tirano Estrada Cabrera y todo lo que su régimen representaba para Guatemala y su ominosa proyección en Centroamérica. Son denunciados sus crímenes cometidos contra sus opositores, reales o imaginarios, y la entrega de la soberanía del país a los intereses imperialistas yanquis, que, corporeizados en la United Fruit Company, obtenían grandes extensiones de tierras guatemaltecas; también se denuncia los monopolios del ferrocarril y de las nacientes comunicaciones de telegrafía inalámbrica.

Llega el turno a los estudiantes salvadoreños para responder a los discursos de sus invitados. El tema que domina sus intervenciones es el referente a la «dinastía» Meléndez-Quiñónez, nombre con el que se conoce el nepotismo que comenzara el 9 de febrero de 1913, cinco días después del asesinato del presidente Manuel Enrique Araujo.

Araujo había inaugurado su período presidencial de cuatro años, el 1ro. de marzo de 1911, en medio de un entusiasmo popular que periodistas contemporáneos calificaron de desbordante. Se asevera de él que fue uno de los personajes de mayores proyecciones en la vida política del país debido a su pensamiento y acciones modernizantes, a pesar de que su muerte prematura, ocurrida mientras ejercía la presidencia, le impidió poner en práctica la mayor parte de sus propósitos renovadores. Empero, dado su dinamismo y espíritu de empresa, sí es dable suponer que de no haber sido asesinado, aquel 4 de febrero de 1913, los hubiese llevado a cabo.

Mauricio de Périgny escribió acerca de Araujo. Dijo que en él percibió un conocimiento claro de los intereses de El Salvador y una seria voluntad de protegerlos mediante el saneamiento de las finanzas del Estado. Y anota que el 1ro. de abril de 1911 —un mes después de haber tomado posesión de la presidencia—, hizo decretar por la Asamblea Legislativa como «inconstitucionales y absolutamente nulos» un cierto número de privilegios, concesiones, franquicias y reducciones de derechos e impuestos fiscales acordados a individuos y a corporaciones a título de protección a la industria o por cualquier otro motivo. Otro decreto elevó en 20% oro norteamericano los derechos de importación sobre todas las mercancías introducidas por los puertos de la república, menos la harina. Asimismo, los derechos para ciertos artículos de primera necesidad fueron rebajados, como decir tejidos de algodón, telas de todas las categorías, hilo de coser, telas para encuadernar libros, muselinas, satines, casimires, telas para muebles, artículos para calzado tales como cueros, badana y diversas pieles preparadas. Se hizo rebaja, en suma, a materias primas destinadas a algunas industrias; pero fueron elevados los derechos de exportación de arroz, del bálsamo, de pieles, caucho y tabaco. Pese a que Araujo era cafetalero, hizo decretar un impuesto de 30 centavos oro por quintal de café en oro o pergamino y de 50 centavos al azúcar.²

Araujo prohijaba varios proyectos destinados a luchar contra el latifundio y a procurar una mejor distribución, fundándose en métodos democráticos de la tierra cultivable que ya se había concentrado en pocas manos. Tales proyectos causaron gran desasosiego entre los terratenientes, y un grupo de estos, entre los cuales se encontraban los Meléndez, tomaron el atajo de la conspiración. El ejecutor material del magnicidio, el indígena Virgilio Mulatillo, fue el instrumento inconsciente de una clase que veía amenazados algunos de sus privilegios. En la fecha fatídica, mientras el presidente Araujo se hallaba de paseo, sentado en una de las bancas del Parque Bolívar (hoy Plaza Cívica), Mulatillo descargó su filoso machete en la cabeza y cuello del ilustre magistrado.

Sobre este magnicidio, que no fuera esclarecido respecto a sus autores intelectuales, amerita que se consigne —a manera de gran paréntesis— algunos datos tomados de fuentes oficiales y de otras, los cuales ponen de manifiesto ciertos entretelones de la lucha por el poder librada desde las alturas de la oligarquía de ese tiempo.

Versiones de la época aseguran que la muerte fue instantánea; pero que oficialmente solo se habló de «brutal atentado», ocultándose, de esta manera, el deceso durante cinco días. No fue sino hasta el 9 de febrero que el Gobierno dio a conocer la noticia del crimen, dentro de las condiciones de estado de sitio decretado por el poder ejecutivo el 5 de febrero y publicado en el *Diario Oficial* de la misma fecha.

Según los considerandos del decreto, el estado de sitio tenía por causa el atentado criminal de que había sido víctima el presidente de la república y, como medida oportuna, «no solo para el castigo del culpable, sino también, si fuere necesario, para conservar el orden y tranquilidad de que disfruta el país».

Ítalo López Vallecillos en su obra *El periodismo en El Salvador*, dice que *El Rayo* —periódico que fuera dirigido por Gabriel Pineda Castro— dio la noticia del atentado («suceso que ocurrió —dice— el 4 de febrero de 1913, cuando en horas de la noche el doctor Araujo escuchaba el concierto dominical de la Banda de los Supremos Poderes en el Parque Bolívar»).

El mismo periódico decía que Araujo no había fallecido instantáneamente, «sino hasta el 8 de febrero».

El proceso que se instruyera contra los reos Virgilio Mulatillo, Fermín Pérez, Fabián Graciano, Prudencio Alfaro, José Federico Castillo, José María Melgar, Salvador Flores, Leopoldo Barrientos, Eladio Castillo, Francisco Campo, Samuel Velado, Millán Salguero y José Antonio Espino, fue seguido bajo el fuero militar y sometido al conocimiento de un consejo de guerra de oficiales. Este condenó a todos los reos mencionados —unos presentes y otros ausentes— a sufrir la pena de muerte por fusilación, y al reo teniente Rafael Arauz y Contreras, a sufrir la pena de diez años de presidio, previa degradación. La sentencia fue apelada ante la Comandancia General de la república y solo fue confirmada la pena de muerte para los seis primeros reos mencionados, pero de los seis, solo Mulatillo, Pérez y Graciano —indígenas analfabetos de Izalco, empujados claramente por mano oculta—, fueron pasados por las armas. Es digno de mencionar que el fuero militar bajo el cual se juzgó a los implicados, fue criticado en esos días por los juristas Miguel Tomás Molina, Francisco Martínez Suárez y Carlos Azúcar Chávez. Los tres emitieron una muy razonada opinión con fecha 1ro. de marzo de 1913.[3]

Es necesario agregar ciertos hechos relevantes acaecidos entre el 4 y 9 de febrero, días en que, pareciera ser, se allanó el camino de la sucesión presidencial para Carlos Meléndez y, así se impidió el arribo del vicepresidente de la república, Onofre Durán ya que este, días antes de consumada la muerte de Araujo, supuestamente había presentado en forma inesperada su renuncia.

Según la voz pública, fue en la ciudad de Santa Ana, cuando Onofre Durán se aprestaba a viajar a la capital para asumir la presidencia, en donde fue obligado a resignar y a ponerle al documento respectivo una fecha diferente a la real.

En resumen, en el comunicado oficial se dijo que Manuel Enrique Araujo murió a las 3:30 de la tarde del ya mencionado día 9. Sin embargo, en la mañana de este día, se asegura que Araujo tuvo fuerzas y lucidez suficientes como para dar su último decreto, que decía:

> Tomando en consideración el grave estado de mi salud, oído el Consejo de Ministros, y en consideración a que el día de ayer ha sido aceptada por la Honorable Asamblea Nacional la dimisión que del cargo de vicepresidente de la república le presentó el señor don Onofre Durán; para dar cumplimiento a lo dispuesto por el Art. 81 de la Constitución de la república, he venido a decretar y decreto:

Artículo 1ro. Se llama al ejercicio de la presidencia de la república, al honorable señor don Carlos Meléndez, quien está investido del cargo de primer designado, para que entre en el ejercicio del poder ejecutivo en casos como el presente.

Artículo 2do. Al verificar tal delegación, siéntome lleno de patriótico entusiasmo, porque sé que el país piensa como yo que el ilustre ciudadano que en el cargo me sucede llena todas las nobles y elevadas aspiraciones de mis conciudadanos, y de consiguiente cumplirá con la gran obra de regeneración y de progreso con que he impulsado al país.

El decreto que sale de la mansión presidencial, además de la firma de Manuel Enrique Araujo, lleva las de Teodosio Carranza, Manuel Castro Ramírez, José María Peralta y Manuel Iraheta.[4]

El periodista Alfredo Parada escribe:

> No obstante que don Carlos Meléndez venía queriendo ser presidente desde hacía años, y no obstante también que para llegar al poder, después de la muerte del presidente Araujo, había tenido que dar un camarazo contra el vicepresidente Durán, al asumir la jefatura gubernamental expresó por medio de un manifiesto que «si no fuera porque el deber más imperioso me estaba señalando aquel puesto, que no es apetecible por una persona de mis condiciones, mil veces lo habría rechazado».[5]

Cuando se realiza el ya antes mencionado encuentro estudiantil, fungía como presidente de la república el señor Jorge Meléndez, quien hacía casi un año había sucedido a su hermano Carlos.

Las fuerzas policiales, en actitud de alerta, habían sido apostadas en las inmediaciones del lugar en donde se protagonizaba el cordial abrazo. Llegado el momento en que ya no podían resistir las valientes denuncias de los oradores, ordenaron cargar contra los «revoltosos». El ataque policial fue violento.

La superioridad de sus fuerzas, que descargaron golpes a diestra y siniestra, acabó por imponerse. Se calcula que unos veinte estudiantes fueron a parar a la cárcel. Entre los capturados se encontraba un estudiante de la Facultad de Jurisprudencia y Ciencias Sociales de la Universidad de El Salvador llamado Agustín Farabundo Martí.

Las manifestaciones de protesta por las detenciones se desataron casi inmediatamente, lo que obligó al presidente a poner en libertad a todos los detenidos, algunos de los cuales gozaban de elevada posición social. Contra estos el mandatario no procedería con violencia porque, de emplearla, podría haber entrado en contradicciones con familias de la oligarquía. Solo uno queda en cautiverio: se trataba del estudiante José Luis Barrientos, a quien «por orden superior» se pretendía confinarlo en una isla semidesierta del golfo de Fonseca.

José Luis Barrientos era estudiante de Derecho y fue redactor de *Opinión Estudiantil*, fundado por los estudiantes universitarios en 1918.[6]

Se ha dicho de Barrientos que era un inteligente y combativo estudiante y que durante mucho tiempo fue el ídolo del pueblo debido a la elocuencia de su discurso, de abierta oposición al régimen de Carlos Meléndez. Para atacar a este, fundó en 1919 un pequeño periódico, *La Ráfaga*, desde cuyas diminutas páginas fustigó duramente los actos del gobernante. Prosiguió su oposición, siempre frontal, contra el sucesor de la dinastía, Jorge Meléndez.

López Vallecillos dice de Barrientos que fue un estudiante de gran talento, político polemista de grandes recursos que trató a fondo las cuestiones sociales de El Salvador. Escribió prosa y verso, pero no dejó ningún libro publicado.[7]

El tratamiento discriminatorio que se le otorgara a Barrientos era, propiamente hablando, un acto de venganza personal del presidente. En efecto, el estudiante rebelde había escrito y publicado hacía pocos días un panfleto crítico contra Carlos Meléndez, quien ocupara varias veces la presidencia de la república. Cuando el panfleto salió a la luz pública, Carlos Meléndez había muerto hacía poco en un hospital norteamericano. Su hermano, pues, tomó la crítica de Barrientos como una monstruosa ofensa personal que debía cobrarse. Cuando a Martí se le comunica la decisión de ponerlo en libertad, con suma indignación protesta e increpa al propio Jorge Meléndez. Sostiene que todos los detenidos son responsables de los hechos, si es que a estos pudiera calificárseles de infracciones a la ley y que, en consecuencia, a todos se les debía aplicar el mismo tratamiento, y añade, en forma rotunda, que no aceptaba salir de las ergástulas carcelarias mientras su amigo Barrientos continuara detenido. Estas palabras desconcertaron al presidente, quien en lugar de tomar una resolución oportuna y magnánima de elogiar la actitud y compañerismo del muchacho, ordenando la libertad de todos, se encolerizó y dispuso la deportación de Barrientos y la de su inesperado defensor.[8]

La actitud de Martí fue considerada como una imperdonable insolencia lesiva a la dignidad presidencial. A pesar de todo, se le instó a que acepte la libertad. Sin embargo, Martí prosiguió la discusión sin cejar en su posición solidaria. Llegó una orden presidencial terminante: Agustín Farabundo Martí junto con José Luis Barrientos debían ser recluidos en la cárcel de Zacatecoluca, y, después, expulsados hacia Guatemala. En este país se integraron a la Universidad de San Carlos de Borromeo como estudiantes de Derecho.

En esta forma comenzó Martí la etapa de su vida marcada por una infatigable y apasionada actividad, la cual duraría solamente trece años que fueron interrumpidos definitivamente por su trágica muerte.

No cabe duda de que la actitud solidaria con Barrientos fue una de las características que integraron la personalidad de Agustín Farabundo Martí, virtud que jamás sufriría mengua, ni aun en los momentos más difíciles de su labor revolucionaria.

II
Infancia y juventud de Farabundo Martí

Agustín Farabundo Martí nació en Teotepeque, departamento de La Libertad, El Salvador, el 5 de mayo de 1893. Tanto en su partida de nacimiento, como en su partida bautismal (o «fe de bautismo»), aparece con el nombre de «Faramundo Agustín Martí hijo legítimo de Pedro Martí y Socorro Rodríguez vecinos de esta Villa». El 11 de febrero de 1894, «el Señor Cura Párroco de Armenia facultado debidamente bautizó solemnemente a Faramundo Agustín» (sic) y fue su padrino el señor Serafín P. Rivas.

De los catorce hijos procreados por sus padres, Farabundo era el sexto. Se asegura que el apellido Martí era realmente «Mártir», pero el padre de Farabundo lo convirtió para sí mismo en Martí, por admiración al gran patriota cubano, cosa digna de creerse teniendo en cuenta que en El Salvador no había, sino hasta hace relativamente poco tiempo, leyes que regularan el nombre de las personas y era más bien la tradición la que primaba en esta materia.

No muy lejos de Teotepeque, se hallaba la propiedad de feraces tierras perteneciente a Pedro Martí. Dentro del área de la misma, que comprendía unas 1 280 hectáreas, había una población de colonos —especie de semisiervos—, y jornaleros asalariados cuya fuerza de trabajo era utilizada en labores agrícolas. Martí crece en este ambiente campesino.

Desde muy temprana edad su sensibilidad infantil nunca pudo encontrar explicación satisfactoria a las diferencias que, a cada

II. INFANCIA Y JUVENTUD DE FARABUNDO MARTÍ

paso, establecía entre su pie calzado y los pies desnudos de los niños, hijos de los colonos con los cuales jugaba; entre las limpias y buenas vestimentas de sus padres y los sucios harapos de los que trabajaban de sol a sol.

Existen versiones fidedignas sobre Martí en el sentido de que, aún niño, regalaba casi todo lo que tenía a mano entre la gente pequeña y grande.[1]

Llegado a la adolescencia, hubo una reiteración constante de las observaciones que hacía a sus padres al comparar la alimentación que estos y sus hermanos tenían y la alimentación de los trabajadores.

En la propiedad, enclavada en una rica zona costera, nacían y crecían hasta volverse centenarios los árboles balsameros, pero en ese mismo ámbito natural privaba un ambiente social más que conocido para Martí: los colonos y jornaleros envejecían rápidamente o morían en plena juventud, presas del paludismo y de enfermedades parasitarias, sin ninguna asistencia médica, o víctimas, las más de las veces, de la lenta muerte por hambre crónica. La muerte no hacía distinciones con los niños. Al contrario, morían en una cantidad mucho mayor que los adultos, aunque estos se resignaban frente a «la voluntad de Dios» argumentando, para consolarse, que si bien era cierto que la tierra perdía niños, el cielo, en cambio, ganaba angelitos. Por otra parte, aún en la actualidad, entre los habitantes rurales de condición humilde, es muy generalizado pensar que pese al dolor causado por la muerte de un niño, para toda la familia debe ser, a la vez, motivo de alegría porque el fallecido «se irá directamente al cielo» y que «se hará angelito que velará por la felicidad de los sobrevivientes».

Pedro Martí se fijó el propósito de hacer de sus hijos hombres de cultura universitaria, titulados en profesiones liberales. En Agustín Farabundo advirtió, desde que este era pequeño, particulares dotes «para las letras», según expresión popular que significa, propiamente, aptitudes intelectuales. Llegada la edad para cursar estudios de enseñanza media fue inscrito en colegios religiosos dirigidos por curas salesianos. Se distinguió por su afición a la matemática, a la literatura, la historia y la religión. Fuera de las aulas se destacaba como buen deportista, siendo el mejor en el llamado «juego de banderas». Obtuvo su diploma de Bachiller en Ciencias y Letras en forma calificada de «brillante y poco común», en el año de 1913.[2]

La entrega del diploma fue un acontecimiento singular en la familia. Su padre, de quien, según testimonios, se asegura que decía que sus propiedades no eran gran cosa para repartirlas entre nueve hijos (cinco habían tenido una muerte prematura), vio para su hijo abiertas las puertas de la Universidad Nacional. Martí ingresó, pues, al primer centro de estudios superiores, el único existente en esa época en El Salvador, y escoge la carrera de Jurisprudencia y Ciencias Sociales, cuya Facultad otorgaba el grado de Doctor con funciones de abogado y notario de la república. Al abrazar las luchas del pueblo salvadoreño, Martí dejaría para siempre truncos sus estudios universitarios.

En los años cuarenta en los corrillos de estudiantes se contaba que una tarde, cuando Martí decidió marcharse definitivamente de las aulas de la Universidad, y al mismo tiempo renunciar a las posiciones sociales que le depararía un grado académico, tomó sus libros y cuadernos de apuntes, puso encima los códigos de la república y les dio fuego. A sus compañeros, que no salían de su estupefacción, se aseguraba que les dijo: «La Universidad es una fábrica de mediocridades. Yo no quiero ser cómplice de la explotación de mi pueblo. Estos códigos que ahora arden, son el símbolo exacto con lo que se trata de justificar la explotación del hombre por el hombre».

Respecto a estos datos, se ha buscado su corroboración pero ha resultado fallida; es posible que la anécdota sea una especie de leyenda, de esas que aparecen en torno a hombres que se destacan sobre el común de la gente y que llegan a transformarse en mitos.

Tal como lo atestiguan compañeros de clase que lo trataron muy de cerca, Martí, desde el primer momento de su ingreso a la Universidad, sufrió gran desencanto. Los planes de estudio, al igual que los métodos de enseñanza, eran anacrónicos. La Universidad no gozaba de autonomía y estaba sometida a la voluntad del poder ejecutivo, a través del Ministerio de Instrucción Pública. Venía arrastrando desde su fundación un cerrado sistema de disciplinas escolásticas que, con el transcurso de los años, tenía un mediano barniz positivista que establecía barreras casi infranqueables entre la teoría y la práctica, entre las materias impartidas y su necesidad social, entre el claustro académico y la realidad del país. Los reglamentos reguladores de la conducta estudiantil volvían imposible el intercambio de opiniones entre alumnos y catedráticos. El *magister dixit* era la regla disciplinaria que cerraba todo conato de discusión o polémica.

En esos años, la asignatura de Sociología era impartida por un abogado de profesión, que hacía grandes esfuerzos en su desempeño como profesor universitario. Pese a las normas disciplinarias imperantes, entre Martí, el alumno, y Victorino Ayala, el profesor, surgían a menudo discusiones sobre algunos temas del programa. En una ocasión, la discusión rebasó los límites de la compostura y aparecieron ofensas personales. Surge un reto a duelo, suceso que es evitado por la intervención de amigos de ambas partes.

Al estudiar la obra *Sociología*,[3] de Victorino Ayala, no es fácil encontrar los temas u opiniones que podrían haber originado las discrepancias; para ello sería necesario conocer las obras que podría haber leído Martí en ese tiempo. Debe tomarse en cuenta que el estudio de los clásicos como Marx y Engels era casi imposible hacerla ya que en esa época se les conocía a través de citas o de interpretaciones parciales.

El propio Ayala cita a Marx y a Engels —para no mencionar a otros autores en ciencias sociales—, de segunda mano; aunque en su *Sociología* vierte puntos de vista que deben ser dignos de consideración por los estudiosos actuales. Por ejemplo, valga esta cita:

> [...] particularmente será útil a nuestro gremio obrero, a favor del cual he intensificado un tanto desde hace mucho tiempo los estudios del socialismo, con la grande idea de formar un gremio altamente consciente en sus actividades propias, para llegar a una cohesión firme y duradera que culminara en su organización federal en toda la república: signo de su progreso y base de su mejor bienestar.

El mismo autor expresa otras ideas cuya finalidad, al exponerlas, solamente es la de situarse en los días en que fueron escritas y que, al parecer, no se las consideraba «subversivas» o, por lo menos, no se las juzgaba con esa carga de irracionalidad con que posteriormente a 1932 fueron juzgadas.[4]

Se sabe que Farabundo Martí en los exámenes verbales de cada asignatura, presididos por un tribunal examinador en el cual fungía, indefectiblemente, como presidente el profesor titular, generalmente tuvo inútiles disensiones con sus examinadores al presentar puntos de vista particulares o ajenos totalmente a las explicaciones magistrales en aula. La nota de reprobación y el consiguiente fallo de «aplazado» fue, en esas circunstancias, cosa común que sufriera Martí. Al repetirse tales resultados desfavorables no volvió a rendir exámenes, pero siguió asistiendo a la Universidad solo para cumplir con el mandato de escolaridad y tener acceso al estudio de los pocos textos marxistas y anarquistas que ocupaban flaco espacio en los anaqueles de su Facultad. Por ese tiempo, las ideas del socialismo científico no eran atacadas ni tenidas por peligrosas, y las pocas personas que entre la intelectualidad les otorgaban su apoyo no eran perseguidas ni mal vistas. Así, Sarbelio Navarrete, en marzo de 1913, obtiene el grado de Doctor en Jurisprudencia y Ciencias Sociales con una tesis sobre el Estado Centroamericano bajo el enfoque del materialismo histórico. Fue una época en que en las altas esferas oficiales y en los medios oligárquicos se vivía una etapa de desconocimiento y de ignorancia generalizados acerca de las luchas revolucionarias en Rusia y en el resto de Europa. No había entonces aún opinión formada sobre la posibilidad o imposibilidad de que las ideas revolucionarias del marxismo prendieran en nuestra sociedad y que, por lo tanto, las mismas constituyeran ni siquiera un peligro potencial contra el régimen. El socialismo científico resultaba hasta atractivo para un pequeño núcleo de estudiantes universitarios procedentes de capas burguesas y medias. Dentro de este núcleo se hallaba Agustín Farabundo Martí, de quien, por esas fechas, se ha asegurado que era un joven silencioso, elegante y raro personaje.[5]

III

Farabundo exiliado en Guatemala

Cuando Agustín Farabundo Martí y José Luis Barrientos llegaron desterrados a Guatemala, la tiranía de los veintidós años de Manuel Estrada Cabrera había sido derrocada bajo los golpes de un amplio movimiento popular armado.

En apretada síntesis de gran contenido, un historiador guatemalteco dice:

> Estrada Cabrera había permanecido en el Gobierno desde 1898, sustentado básicamente por los intereses alemanes y estadounidenses, en un equilibrio inestable junto con los de la mayoría de terratenientes locales (con las excepciones del caso). Había logrado dividir al Ejército provocando rivalidades entre la jerarquía militar. Además —como fenómeno particular— desde 1911 mantenía latentes las noticias de una enfermedad ficticia que lo tenía al borde de la muerte, calmando los reclamos que pudieran estarse fraguando en su contra. Varios generales —Orellana y Flores— se consideraron sus herederos en un momento. Washington sabía que cualquier relevo en la cúpula gubernamental requeriría de su aval.[1]

Al finalizar el año de 1919, el deterioro del despotismo era más que manifiesto, y la oposición abarcaba una amplia gama de fuerzas, desde las incipientes industriales y de medianos comerciantes, hasta la de viejos conservadores, integrantes de la oligarquía local. Estos se articulaban con elementos defensores de intereses millonarios de los alemanes (fincados, principalmente, en las plantaciones de café) «para dirigir, con la participación activa de la Iglesia y particularmente del arzobispo, una acción subversiva contra Estrada Cabrera».[2]

En cuanto a base popular, la logran esas fuerzas entre los obreros-artesanos urbanos, organizándose estos en la Liga Obrera medio año antes de la caída del déspota. La Liga, después de este acontecimiento, se extinguiría rápidamente.

En diciembre de 1919 se funda el Partido Unionista (conservador) ya cuando, en la práctica, da inicio una activa resistencia popular. Este partido logra ganar amplio campo como dirigente, y llegado abril de 1920, la semana comprendida entre el 7 y el 14 —la cual es llamada «la semana trágica»—, registra acciones armadas de las milicias obreras que fueron decisivas para el derrocamiento de «el Señor Presidente». En los combates, que dejaran un saldo de 1 700 muertos y centenares de heridos, el estudiante salvadoreño (aunque algunos cronistas afirman que era nicaragüense que había vivido mucho tiempo en El Salvador) Ricardo Chamorro, logra distinguirse como jefe militar miliciano y, además, llega a figurar como dirigente obrero de la época y a quien «podría encontrarse entre los estudiantes y obreros fundadores de la Unificación Obrera Socialista, de la cual saldría el grupo que fundó el Partido Comunista de Guatemala en abril de 1923».[3]

Los acontecimientos más relevantes se dieron en la siguiente forma: el 4 de marzo, la Asamblea Legislativa guatemalteca emitió un decreto en el cual se reconocía la necesidad de la unión de Centroamérica.

En 1921, el siguiente año, se cumpliría el primer centenario de la Independencia de los cinco países que integraran la primera federación fundada en 1824. El 11 de marzo Estrada Cabrera, refugiado desde hacía tres años en su quinta «La Palma», de la cual raramente salía, presenció una entusiasta manifestación, sin precedentes, de más de 30 000 personas, que vitoreaban la resolución legislativa. El cuerpo de guardia presidencial disparó contra la multitud e hirió a varios manifestantes. Esto enardeció los ánimos y elevó aún más el espíritu de lucha anticabrerista. La represión en contra de la oposición se intensificó como nunca antes se había presenciado. Es en estas condiciones que el 9 de abril en medio de la insurrección armada la misma Asamblea Legislativa, ciñéndose a un compromiso adoptado entre liberales y conservadores-unionistas, acuerda la suspensión de Estrada Cabrera en el ejercicio de la presidencia de la República, y nombra para sucederle al diputado Carlos Herrera, representante de la oligarquía conservadora y gran terrateniente azucarero.

El tirano depuesto hizo un intento armado para sostenerse, pero la acción popular, que respondiera asaltando heroicamente un fuerte que se tenía por inexpugnable, echó definitivamente por tierra el despotismo. Estrada Cabrera moriría en 1923 en la cárcel, en donde purgó una mínima parte de sus innumerables crímenes.

En ediciones anteriores de esta obra se expresaba que Martí y Barrientos podrían haber presenciado los acontecimientos que conducirían al derrocamiento de Estrada Cabrera. Hoy, sin embargo, con base en nuevos datos, debe asentarse lo siguiente, como muy bien lo apunta Taracena Arriola: «la presencia de Agustín Farabundo Martí en Guatemala hasta ahora no ha sido posible periodizarla con exactitud». Y añade: «Se sabe que la primera vez fue a finales de junio de 1920, cuando AEU* pidió a las autoridades salvadoreñas su libertad y la de José Luis Barrientos, quienes habían sido encarcelados por organizar el acto de apoyo a la gira que realizaron a El Salvador miembros de la Asociación de Estudiantes Unionistas en enero de ese año».[4]

El mismo autor asegura —esto viene a confirmar que Martí y

---

*   Asociación de Estudiantes Universitarios (Nota del autor).

III. FARABUNDO EXILIADO EN GUATEMALA

Barrientos no fueron expulsados del país en forma inmediata en enero de 1920— que ambos «habían sido recluidos en la cárcel de Zacatecoluca» y que «fueron expulsados hacia Guatemala, donde se integraron a la Universidad de San Carlos como estudiantes de Derecho» y que «Martí se trasladó a México poco después».[5] José Luis Barrientos llegaría a ser muy pronto directivo de la AEU, juntamente con Miguel Ángel Asturias, futuro Premio Nobel de Literatura.

De este primer exilio, que se prolonga hasta 1925, son muy fragmentarios los datos en torno a la vida de Martí. Se sabe que rehusó una estancia llena de comodidades que le ofreciera una hermana suya, residente por esa época en la ciudad de Guatemala. Aquí continuó, durante algún tiempo, sus estudios en la Escuela de Derecho de la Universidad de San Carlos de Borromeo pero concurrió irregularmente a clases.

David Luna, en el trabajo ya citado, recoge algunas informaciones de esta estancia en el país de la eterna primavera:

> De pronto desaparecía intempestivamente de la escena. Nadie había reparado en él, pero cuando se sospechó que había sido expulsado, la actividad estudiantil se dio a la búsqueda. Sus amigos lo encontraron por fin entre los trabajadores de la fábrica de cervezas El Zapote, uno de los establecimientos industriales más importantes de Guatemala. Desatendiendo las súplicas de sus amigos y compañeros de estudio, siguió sus propósitos. Poco después, se encuentra trabajando como peón en «Concepción», fuerte ingenio azucarero y a continuación se engancha a los ingenios «Pantaleón», «Chocolá» y «Cecilia», logrando inclinar en este último a los trabajadores indígenas a una protesta violenta, debido a que en todas esas propiedades el jornal era exiguo en demasía, la alimentación escasa y las viviendas excesivamente miserables.

Estudiantes salvadoreños que seguían sus carreras universitarias en Guatemala, y con los cuales trabó amistad Martí, refieren que este interrumpía sus relaciones por largos períodos que duraban meses, y desaparecía de la ciudad sin despedirse de nadie. Sus ausencias no eran ociosas, según los datos recabados.

Todo hace suponer que ellas obedecían al plan de sumergirse como un ser anónimo en el torrente de la vida popular. Desempeñó los más humildes y variados oficios para ganarse el pan de cada día. Fue albañil, peón asalariado en explotaciones agrícolas — tal como queda dicho — y profesor privado. De esta forma, logró experimentar en carne propia la explotación que sufría el pueblo. Viviendo y conociendo a fondo la realidad, captó con su inconforme, justiciera y agitada conciencia, sin intermediación alguna, las ululantes miserias, los pequeños anhelos, las breves alegrías y las interminables tristezas de los explotados, y cimentó, además, con argamasa de llanto, sudor y sangre, su ilimitado amor y sólida confianza hacia el pueblo, quien es, en definitiva, el que hace la historia. Martí vivió entre los indígenas de la región del Quiché y aprendió, además de sus problemas específicos, mucho de su lengua vernácula.

Fueron tales las virtudes de este luchador social, que hasta un escritor, exponente anticomunista, no pudo ocultar esta opinión: «Martí, un convencido, predicó con el ejemplo la bondad de las ideas que exponía».[6]

Del escenario guatemalteco pasó a México, ya que por algunas denuncias de los patronos de las fincas de café alemanas era perseguido como agitador. Por esos años, México era una especie de tierra de promisión para los combatientes de las oscurantistas tiranías que imperaban a lo largo de América Latina. Fue el país que abrió sus puertas para asilar a los políticos y en cuya capital se imprimía y vendía, sin restricciones, literatura de las más disímiles corrientes de izquierda que hablaban de transformar la sociedad por la vía revolucionaria.

Después de una larga ausencia, Martí apareció en 1923 nuevamente en Guatemala. Según testimonio de un compatriota suyo, Miguel Ángel Vásquez Eguizábal, Martí militó en los «Batallones Rojos» revolucionarios, formados por obreros mexicanos, y se hizo acreedor al grado de sargento. Sin embargo, esta versión es objetada por Taracena Arriola, aduciendo que los «Batallones Rojos» fueron disueltos en 1916. El mismo autor añade que «la pregunta que cabe hacerse es la de si Martí participó en la movilización de obreros para combatir la rebelión delahuertista, organizada por la CROM en 1923 y en la que participaron todos los movimientos sindicalistas independientes».[7]

La opinión que Martí se formó del movimiento revolucionario mexicano era desfavorable. Más de una vez expresó: «Desgraciadamente los obreros de México han sido engañados por la burguesía».[8]

Llegó el año de 1925. En la ciudad de Guatemala se fundó el Partido Comunista Centroamericano (PCCA) por guatemaltecos y salvadoreños. Entre estos últimos estaban Agustín Farabundo Martí y Moisés Castro y Morales. Miguel Ángel Vásquez no participó debido a que se hallaba exiliado en Tegucigalpa, en donde se graduó en la Universidad de Honduras, en la carrera de abogacía ese preciso año. La fecha de fundación del PCCA es tenida como la del 1ro. de mayo, fecha en que salió a luz el «Manifiesto del Partido Comunista Centroamericano», suscrito por su Comité Central Ejecutivo. Agustín Farabundo Martí tenía el cargo de secretario del Exterior de PCCA. También son considerados como fundadores el hondureño Manuel Cálix Herrera y varios guatemaltecos, entre quienes estaban Julio Alberto del Piñal, Antonio Cumes, Francisco y Manuel Castro y Manuel González.[9]

El quinquenio que nos ocupa presentaba en Centroamérica un paisaje político muy agitado.

Las ilusiones que despertara el primer centenario de la Independencia de Centroamérica, reverdeció el ideal unionista que encontrara vigoroso apoyo en las masas populares y en algunos Gobiernos del área. Los pueblos, en general, encontraron un medio apropiado a través del cual canalizar su protesta antiimperialista en plena época de la diplomacia del dólar y de la política norteamericana del «gran garrote». En el istmo centroamericano, la soldadesca yanqui agredía a Nicaragua, haciendo añicos el principio de no intervención y el derecho de autodeterminación de los pueblos. En El Salvador, con base en una vergonzosa cláusula del llamado «Empréstito de 1922», por un monto de 18 500 000.00 dólares, las aduanas oficiales estaban intervenidas por agentes fiscales norteamericanos, quienes se encargaban de retener el 70% de los ingresos aduaneros para pagar intereses y fondos de reserva a los prestamistas de Wall Street. Fueron tan atentatorios contra la soberanía de nuestro país los términos de ese empréstito, que bastaría mencionar uno para asombro de toda persona medianamente patriota. En efecto, se acordó que en caso de incumplimiento del contrato que produjera divergencias, el árbitro internacional, entre El Salvador y los agiotistas norteamericanos, sería nada menos que el presidente del Tribunal Supremo de los Estados Unidos de Norteamérica.

De ese paisaje, cabe destacarse que Guatemala y Honduras se habían transformado prácticamente en colonias de la United Fruit Company.

Los mismos Estados Unidos de Norteamérica habían echado a pique, mediante muchas intrigas, la última tentativa unionista de este siglo de constituir la República de Centroamérica (que habría sido integrada por El Salvador, Guatemala y Honduras) al propiciar el golpe de Estado realizado por el militarismo guatemalteco el 5 de diciembre de 1921, cuando los generales José María Orellana, José Lima y Miguel Larrave derrocaron al presidente unionista (conservador) Carlos Herrera.

III. FARABUNDO EXILIADO EN GUATEMALA

Más allá de las fronteras istmeñas, pero cerca de nuestra área, en el Caribe, Cuba sufría las consecuencias de la Enmienda Platt; Santo Domingo estaba intervenida sangrientamente por los «marines» norteamericanos; mientras Haití era, asimismo, humillado por los imperialistas yanquis.

Todos estos hechos, inspiraron, sin duda, a los visionarios fundadores del PCCA, que fue disuelto en 1927.

En el mismo año de 1925, el general José María Orellana quien ya fungía como presidente de Guatemala, ordenó una represión selectiva contra residentes extranjeros. Muchos de estos revolucionarios exiliados, fueron arrestados y expulsados del país. Agustín Farabundo Martí se hallaba entre ellos y es devuelto a El Salvador. Aquí, a su vez, casi inmediatamente que pisó territorio nacional, se ordenó desterrarlo a Nicaragua por instrucciones del presidente de la república, Alfonso Quiñónez Molina.

Este nuevo exilio no duraría mucho. A los pocos días, Martí vuelve subrepticiamente a El Salvador.

IV
Situación política y social (1920-1925)

En el lapso cuyos límites son los años de 1920 y 1925, y que es el tiempo que dura el primer exilio de Agustín Farabundo Martí, en El Salvador se había desarrollado una serie de hechos importantes que precisa reseñarse con el fin de formarnos una imagen lo más cercana posible a la situación política y social salvadoreña, y que son, por otra parte, antecedentes de los acontecimientos de enero de 1932.

En febrero de 1921, a raíz de la adopción por parte de El Salvador, del patrón oro, el Ministerio de Hacienda avisó al público que todas las piezas de plata que habían venido circulando ya no tenían valor alguno como monedas y que no serían recibidas en ningún pago al Gobierno o a los particulares. Monedas de plata habían sido atesoradas por el público, desde mucho tiempo atrás, debido a su propio valor intrínseco y a la desconfianza existente en esa época hacia los bancos particulares.

El aviso ministerial adolecía de un error, puesto que la ley del patrón oro había desmonetizado solamente las monedas de plata cuyo valor fuera superior a veinte centavos. Sin embargo, el ministro dijo públicamente que todas las piezas de plata habían sido desmonetizadas.

Anotemos, en primer lugar, que en 1919, por causa del decreto de adopción del patrón oro (que no se puso en práctica inmediatamente sino hasta dos años después), como hemos dicho, mucha moneda de plata fue atesorada, prácticamente escondida por el público en sus casas, en espera de que la misma subiera de precio. En segundo lugar, las personas que en la fecha del anuncio de la desmonetización tenían ahorros en moneda de plata creyeron que el Gobierno lo que perseguía era la desvalorización de lo que poseían. Esto fue acompañado de los consiguientes rumores, uno de los cuales estribaba en que algunos funcionarios y banqueros querían enriquecerse a costa del pueblo.

El repudio de que gozaba la «dinastía Meléndez» unido los rumores echados a correr, promovieron una reacción popular iracunda y activa. Las vendedoras de los mercados capitalinos y de la vecina Nueva San Salvador (Santa Tecla), se lanzaron a las calles acuerpadas por amplios núcleos sociales. La policía reprimió muy violentamente las manifestaciones callejeras, motivo que condujo a una mayor exaltación de los ánimos. Varios centenares de mujeres, con arrojo y decisión incontenibles, asaltaron un puesto de policía en el barrio El Calvario, y después de matar a varios agentes, destruyeron la pequeña casa cuartel hasta sus cimientos.

El ministro de Hacienda, José Esperanza Suay, frente a los sucesos que se habían desatado, se vio obligado a huir a Guatemala y el propio Gobierno estuvo a punto de ser derribado. Este tuvo que dar un paso atrás, decretando que mientras las nuevas monedas fraccionarias no fueran puestas en circulación las viejas monedas de plata tendrían valor legal.

La «dinastía Meléndez» se prolongó por un período presidencial más, que se inauguró el 1ro. de marzo de 1923. Fue impuesto como presidente Alfonso Quiñónez Molina, vinculado al nepotismo por fuertes lazos políticos y a la oligarquía por su matrimonio con una hermana de los dos ex presidentes Meléndez, quienes se habían venido turnando en el poder. A la «dinastía» ya le era difícil proseguir en el monopolio del poder en nombre propio, pues el odio popular hacia ella y el surgimiento de nuevas fuerzas y tendencias políticas entre los trabajadores urbanos y sectores de la pequeña burguesía ilustrada, eran ya un hecho histórico evidente. De tal manera, que el nepotismo optó por la escogencia de un individuo que si bien es cierto que por sus vínculos de sangre no podía decirse que era «un Meléndez», en realidad formaba parte del sistema nepótico por sus aportes a la política observada por el sistema, por su fidelidad política demostrada durante largos años participando como coautor y como eminencia gris detrás del trono, así como por el matrimonio ya citado.

Quiñónez Molina, quien había fungido como presidente provisional en dos ocasiones (29 de agosto de 1914 a 28 de febrero de 1915 y 21 de diciembre de 1918 a 28 de febrero de 1919), mientras se preparaba una nueva «elección» de un miembro de la familia Meléndez, se caracterizó como un político inescrupuloso, astuto y ambicioso. Fue el impulsor de un nuevo tipo de demagogia: la demagogia social. En el año de 1917, aprovechando el descontento de las masas campesinas y artesanales, traducido en una creciente combatividad, Quiñónez Molina fundó una organización política y paramilitar que bautizó con el nombre de «Liga Roja» y adoptó como insignia, precisamente, una bandera roja. No es difícil interpretar este paso como una resonancia de la revolución mexicana, en primer término, y de una posición ante los ecos de las luchas de los bolcheviques en Rusia que llegaban a nuestro país por diferentes medios.

Los postulados de la «Liga Roja» abarcaban puntos reivindicativos de las masas populares, con el objeto de atraerles a las aventuras electorales. Sus partidarios fueron apodados por sus adversarios «los descamisados», y los miembros del principal partido de oposición fueron, a su vez, nombrados «los levudos», con lo que hacían de la levita un símbolo de la clase alta, aunque cabe decirse que tanto «los descamisados» como «los levudos», estaban dirigidos por elementos vinculados en una u otra forma con la oligarquía terrateniente.

IV. SITUACIÓN POLÍTICA Y SOCIAL (1920-1925)

La «Liga Roja», —vale decir el quiñonismo— se autobautizó «vanguardia de la clase obrera» y hasta llegó a tener sus propias milicias armadas. Esta organización cometió muchos crímenes, principalmente en el campo, por los cuales nunca se impuso castigo legal alguno ya que sus miembros gozaban, de hecho, de plena impunidad.

Los propagandistas de la «Liga Roja» ofrecían a los trabajadores la solución inmediata de sus problemas: mejores salarios, tierras, préstamos, educación, hospitales, etc.; sus publicaciones no escatimaban espacio para hablar de «la cuestión social» denunciando las condiciones desgraciadas de nuestro pueblo con hipócrita ardentía, prometiendo la libre organización sindical y el pleno goce de la justicia social. El mismo tono de los partidarios de la «Liga Roja» dominaba también a los propagandistas de la oposición. En esto se advertía claramente una indudable disputa por las masas, cuyos votos eran estimados decisivos en las elecciones. Pero había algo más profundo, como se dirá más adelante.

La «Liga Roja» participó por primera vez al lado del partido oficial —Partido Nacional Democrático—, en las elecciones presidenciales de 1919 a raíz de las cuales fue impuesto Jorge Meléndez.

Su segunda participación electoral fue en los comicios presidenciales de 1923, acompañando siempre, como fuerza de choque, al partido oficial, que postuló la candidatura de Alfonso Quiñónez Molina, quien resultó triunfador mediante una nueva imposición. Estas elecciones se caracterizaron por una campaña extremadamente violenta.

A fin de tener una imagen del carácter paramilitar de la «Liga Roja» se transcriben algunos párrafos muy significativos de una larga y pormenorizada crónica —suscrita por «Un cronista del Club J. Matías Delgado»— que daba cuenta de la manifestación de cierre de campaña electoral del Partido Nacional Democrático que tuvo lugar el 10 de diciembre de 1922.

> La concentración con características de una parada militar fue en el Campo de Marte (hoy, Parque Infantil) en donde «se alineaban en perfecto orden los manifestantes, sujetos a la disciplina de sus diversos jefes, pues el partido nacional democrático* no es chusma alborotada y sin cohesión que se agolpa para hacer simple tumulto, sino un conglomerado de hombres organizados, que se mueve como un ejército obediente a la voz de mando de sus capitanes y atentos a la consigna, de manera que en el Campo de Marte aquella gran reunión de hombres se movía armónicamente como batallones que pasaran revista en una parada militar. Era un espectáculo brillante [...].

Un poco más adelante, dice la crónica:

> Sobre los compactos grupos perfectamente alineados de dos en fondo unos, de cuatro otros y algunos de seis y ocho, ofrecían a la vista un cuadro imponente. Y en ese cuadro ostentoso de gallardía, unidad, fuerza y disciplina, movíanse 650 ciudadanos a caballo portando estandartes. Era como un escuadrón de caballería que evolucionaba a formar retaguardia a aquel ejército de ciudadanos inermes, que portaban bandera en vez de fusil y por todo uniforme la roja escarapela en el sombrero o la insignia roja también como una rosa de fuego sobre el corazón.

La crónica cerraba esta parte así: «La Liga Roja, que está organizada admirablemente, formaba un bloque respetable en aquella inmensidad de gente».[1] De acuerdo a la misma crónica, un extranjero testigo del suceso dijo que, según sus cálculos fueron 15 000 hombres los

---

* Con minúscula en el original; en toda la cita se respeta la sintaxis y ortografía (Nota del autor).

que ocupaban la explanada del Campo de Marte, añadiendo «prefiero acortarme en el cálculo, para que no me crea usted capaz de exageraciones».

Catorce días después de esta manifestación, o sea, el 25 de diciembre, ya cercanos los comicios, se organizó una manifestación de mujeres partidarias de Miguel Tomás Molina, quien había formado el Partido Constitucionalista —al que se le conociera como «Partido Azul» por el color de su bandera, para contraponerlo al de la Liga Roja o «Partido Rojo», según la jerga política del momento—. Este partido era el principal contendor del oficialismo.²

Cuando la manifestación, que sumaba varios miles de personas, desfilaba por el centro de San Salvador, fue masacrada brutalmente a tiros de fusil y de ametralladoras, y cundió el consiguiente pánico entre las manifestantes. Se ordenó, para rematar el ataque armado, una carga de caballería, pero el comandante de esta, coronel Antonio Claramount Lucero, se negó a acatar la orden criminal.

Las víctimas, mujeres en su inmensa mayoría, fueron muchas. El autor siendo un niño tuvo la oportunidad de escuchar versiones de testigos oculares que, al referirse a esta manifestación de las mujeres molinistas, decían, en su peculiar lenguaje:

> Aquel desfile azuleaba, hasta las trenzas lucían el color azul de la bandera del Partido Constitucionalista. Se llegó al grado de enterrar a mujeres vivas en el cementerio ya que las tropas impidieron recoger los cadáveres a otras gentes que no fueran militares.

El 25 de diciembre de 1922 permaneció por muchos años como una muestra de la barbarie aplicada por la oligarquía terrateniente en contra de sus opositores y de la obediencia ciega de los militares cuya impunidad estuvo a salvo. Después de esta pascua sangrienta, se impuso el terror, y llegado el día de las elecciones, fraude e imposición se combinaron para otorgar el triunfo al candidato oficial de la «dinastía Meléndez».

Al hablar de este nepotismo, al cual el historiador Ricardo Gallardo denomina período de la «oligarquía de familia», dice que «aunque la Constitución política se cumplía en lo tocante al respeto del principio que consagra la alternabilidad, el cargo presidencial se transmitió entre miembros de una misma familia (Meléndez-Quiñónez) en forma ininterrumpida durante catorce años; también sin violar la Constitución se depositaba la presidencia de la república seis meses antes de la fecha fijada para las elecciones, siempre en un mismo miembro de la familia e invariablemente salía electo el depositante». En otro párrafo, el mismo autor dice: «Sería difícil determinar cuáles fueron las garantías individuales de orden constitucional, que no fueron violadas impunemente durante los regímenes que se sucedieron a partir de 1919, pero es un hecho que la libertad de sufragio fue la que sufrió mayores reveses».[3]

Más atrás se dijo que, precisamente, bajo la presidencia de Jorge Meléndez se hizo con los banqueros de Wall Street el tristemente famoso «Empréstito de 1922», cuyas cláusulas, además de leoninas, hicieron de nuestra soberanía una escupidera del imperialismo norteamericano.

Los hechos que se dejan consignados, además de ser ejemplos de la cruel represión desatada por el régimen nepótico, evidencian, por otra parte, el ánimo combativo de las masas populares. Sin embargo, estos ejemplos no nos dicen todo, pues apenas tocan algunos aspectos de carácter político. Por consiguiente, es necesario traer a cuento, aunque sea en apretada síntesis, una referencia a la lucha organizada de los trabajadores.

El movimiento sindical de los trabajadores salvadoreños en la década de los veinte, no nació a partir de cero. Las organizaciones artesanales con sus correspondientes flujos y reflujos ora se fortalecían, ora se debilitaban, desde la primera mitad del siglo XIX hasta el desaparecimiento de algunas de ellas. «Si las primeras asociaciones obreras y artesanales, con miras gremiales, datan en El Salvador de la época de los presidentes Lindo (1841), Barrios (1860) y Menéndez (1890) el movimiento contemporáneo data de este período (1912), sin que deba hacerse mención de las infiltraciones de orden político que recibió durante la Administración Meléndez-Quiñónez (1913-1927), con la constitución del Partido de la «Liga Roja».[4]

Un hito histórico en este tipo de organizaciones es el experimentado a partir de 1858. El apoyo organizado de los artesanos al capitán general Gerardo Barrios en 1860 y años posteriores, fue preponderante, distinguiéndose en la defensa de las reformas liberales impulsadas por este hombre de charreteras. «Los artesanos fueron el bastión popular y progresista del alma rebelde nacional».[5]

Tales organizaciones, propias de la formación económico-social salvadoreña de la época, eran del tipo mutualista y en ellas se asociaban los patronos y los trabajadores con el exclusivo propósito de ayudarse entre ellos y fomentar el ahorro, así como el amor al prójimo, y observar fielmente normas de urbanidad copiadas de las observadas por las clases hegemónicas.[6]

El siglo XX hereda un mutualismo extremadamente debilitado y no es sino a partir de 1911, posteriormente a la celebración del Congreso Centroamericano de Trabajadores, celebrado en San Salvador, que las organizaciones laborales comenzaron a crecer rápidamente.

> Una compilación de Alejandro Bermúdez en 1917 registró más de cuarenta de tales agrupaciones, incluyendo aquellas de albañiles, carpinteros, profesores, zapateros y empleados de comercio. Los grupos ocupacionales omitidos en esta compilación fueron los

tipógrafos y barberos organizados en 1912, y los trabajadores ferrocarrileros, quienes se organizaron el año siguiente. Los maquinistas y mecánicos fundaron su respectiva unión en 1920. Estas organizaciones estaban distribuidas a lo largo de la república. De las cuarenta registradas en la compilación de Bermúdez, trece estaban ubicadas en la capital, cinco en Ahuachapán, cuatro en Santa Ana, tres en San Miguel y una o más en otras once ciudades. Muchas fueron precariamente organizadas y de corta vida. La Sociedad Fraternal de Obreros Panaderos, constituida en 1912 y omitida en la lista de las asociaciones más grandes, tuvo treinta miembros fundadores, de los cuales diez no firmarían en el acta de incorporación. En contraste, la Sociedad Confederada de Obreros de El Salvador creció, después de su organización en 1904, a un total de 180 miembros activos en 1917. Esta sociedad y la Sociedad de Artesanos «La Concordia», mantenían sus propios edificios-sede y operaban una escuela nocturna para sus aprendices.[7]

Una característica del movimiento de los trabajadores en el primer cuarto de este siglo fue el de la participación de intelectuales, escritores y estudiantes principalmente, y de no pocos que ostentaban grados universitarios, en las organizaciones gremiales. No eran vistos como advenedizos. Al contrario, se les instaba a la fraternización con los obreros. Por consiguiente, no es de extrañarse que junto a obreros hayan estado organizados, durante corto o largo tiempo, profesionales que si bien es cierto muchos de ellos se pusieron al servicio de despotismos en el transcurso de los años, otros permanecieron fieles a los anhelos populares hasta su muerte. De estos se recuerda el nombre de Salvador Ricardo Merlos, gran tribuno popular, electo rector de la Universidad en 1950 por el movimiento reformista estudiantil (denominado «revolución universitaria»), y quien desempeñara, asimismo, el cargo de decano de la Facultad de Jurisprudencia y Ciencias Sociales del mismo centro de estudios superiores. El jurista Merlos fue también uno de los fundadores y profesor de la Universidad Popular, y participó en el levantamiento del 2 de abril de 1944 en contra de la dictadura del general Maximiliano Hernández Martínez. Por este motivo fue condenado a muerte, en ausencia, por un consejo de guerra.

No se debe dejar pasar por alto que los políticos del primer cuarto de siglo aspirantes a la presidencia de la república, o en el desempeño de esta, pertenecientes, por regla general, a la oligarquía agroexportadora o íntimamente vinculados a esta, casi siempre buscaron una base de sustentación entre las fuerzas gremiales. Practicantes de una tendencia populista y como representantes de un régimen, lo que buscaban propiamente eran fuerzas urbanas que les proporcionaran algún consenso a sus proyectos político-económicos. Dicho con palabras de un historiador costarricense «las élites políticas vieron en este heterogéneo conglomerado urbano la posible base social para darle un mínimo de legitimidad al sistema político», aunque «no fue solo que las élites convocaron a estos grupos para sus necesidades de validación del régimen que se estaba implantando, sino que estos mismos grupos por sus mismas condiciones de existencia fueron desarrollando una capacidad de intervención en la arena social y política».[8] De allí que las clases dominantes cuya expresión política eran los liberales llegaran a fomentar las organizaciones gremiales y fueran hasta mecenas de congresos nacionales y centroamericanos.

Precisamente, las primeras leyes de carácter laboral en nuestra historia (Ley de Accidentes de Trabajo y Ley de Aprendizaje) fueron decretadas bajo la presidencia de Manuel Enrique Araujo, y su vigencia duró hasta los años cincuenta. Esta política social perseguía atraer a los trabajadores, en ese momento, a la causa unionista prohijada por Araujo.

Otro ejemplo de este halago a los trabajadores, nos lo da el terrateniente Arturo Araujo, quien llegaría a ser presidente de la república. En efecto, en los primeros días de junio de 1918 se reunió en el rural pueblo de Armenia el Congreso Obrero Salvadoreño, que tendría como finalidad inmediata la fundación de la Unión Obrera Salvadoreña, comprensiva de todas las organizaciones obrero-artesanales de la época y con miras a la creación de la Unión Obrera Centroamericana.

El propio Arturo Araujo, en carta dirigida a un señor de nombre Ernesto Blanco, de Santa Ana, desde la hacienda «El Zunzal», cerca de Armenia, decía en parte que el Congreso Obrero Salvadoreño, que comenzaría el 2 de junio, «tiene por objeto inmediato la unificación del gremio obrero en una sola entidad capaz de pesar moralmente en los destinos de la Patria», añadiendo: «no he buscado ni busco vanagloria personal, y mi propósito es tan solo la dignificación y mejoramiento de las clases trabajadoras». Enseguida afirmaba:

> El gremio obrero es el llamado a la regeneración de la Patria, y con plena convicción de ello es que en el Congreso, cuya celebración está resuelta, se tratará, al propio tiempo que de la federación de las distintas agrupaciones del país y del acercamiento y consolidación del gremio obrero centroamericano, como principio de la unión de Centro América, del perfeccionamiento moral, intelectual y material del obrero, trabajando porque en el país se establezcan leyes moralizadoras, fundando escuelas nocturnas para los socios y diurnas para sus hijos, fomentando el ahorro y prestando ayuda y defendiendo al socio, individualmente en caso de necesidad, por las vías de la ley y del derecho.

Y, a continuación, estos dos párrafos:

> Nunca me he mezclado en política y mucho menos pienso considerar al obrero como medio para lograr propósitos mezquinos y

ambiciosos, que antes bien soy el primero en reconocer y respetar su dignidad y criticar a quien tal uso pretendiese hacer de él.

Habrá tal vez muchos que no puedan comprender que haya más de un hombre capaz de hacer algo por el engrandecimiento de su Patria, sin esperar otra recompensa que la íntima satisfacción del deber cumplido: y por lo que se refiere a la noble causa que sustento guiado por mis propias convicciones, dejo al tiempo que pruebe si me ha movido afán de lucro y de grandezas y honores personales, o el sentimiento del más puro patriotismo.[9]

El Congreso fue financiado en su totalidad por Arturo Araujo, quien, miembro de honor de diferentes organizaciones obrero-artesanales de la época, era tenido públicamente como un filántropo en el campo laboral.

Asistieron al evento 129 delegados que representaban cuarenta y siete sociedades gremiales (de trabajadores y de asociaciones mutualistas) y se logró, tal como se había proyectado, la fundación de la Unión Obrera Salvadoreña y la aprobación de sus respectivos estatutos. El mismo Congreso declaró al señor Araujo «Benefactor de la Federación».[10]

Entre los organizadores del evento estuvieron Alberto Masferrer y Salvador Ricardo Merlos. El periodista nicaragüense Gustavo Alemán Bolaños, invitado especial, escribió reportajes informativos y de uno de estos se toma el siguiente párrafo:

> Lunes 3 de junio. —Hoy inició sus trabajos el Congreso. Reina circunspección, y place el aspecto de parlamento de la sala de sesiones. Los debates son mesurados. Se pide y se concede la palabra sin atropellamientos y se nota conocimiento de las materias en tapete. Alternan los delegados intelectuales con los más modestos. No se desdeña ni una razón, y el voto decide. Y sobre todo, nada, absolutamente nada de política.[11]

Al comenzar la década de los veinte, se reavivaron con mayor fuerza dos corrientes en el tradicional movimiento gremial: una, la de los trabajadores artesanales; y otra, la de los empleados, dentro de la cual se hallaban los que estaban al servicio del comercio y los que trabajaban en la burocracia gubernamental.

No solamente privaban disensiones que podrían ser caracterizadas como contradicciones entre antiintelectuales y antiobreristas, sino que —y esto es lo más importante— las diferencias que desde principios de la década tenían verdadera relevancia eran las de carácter ideológico-político.

En efecto, después de la Primera Guerra Mundial, y sobre todo de 1920 a 1921, los trabajadores salvadoreños iniciaron la lucha por reivindicaciones que venían a romper, hasta cierto punto, esquemas anteriores que contrariaban la supuesta armonía obrero-patronal predicada por organizaciones mutualistas. Estallaron las primeras huelgas obreras entre los gremios de zapateros, de sastres, de panificadores, etc. Se combatía, fundamentalmente, por conquistar derechos económicos y sociales, bajo la dirección de comités de huelga formados, muchas veces, al fragor de los reclamos. Una de las demandas más sentidas era la jornada de ocho horas diarias de trabajo.

Entre 1923 y 1924, ya cuando fungía como presidente de la república Alfonso Quiñónez Molina, quien para tratar de mantener en un puño de hierro al pueblo implantó ininterrumpidamente el estado de sitio (o sea, la suspensión de derechos y garantías democráticos escritos en la Constitución), durante los cuatro años de su período (1ro. de marzo de 1923 a 28 de febrero de 1927), en el marco de una amplia movilización de masas urbanas y rurales se formaron los primeros sindicatos de trabajadores sin que hubiesen disposiciones legales al respecto. Este paso fue un inapreciable avance de alto significado en la lucha social, puesto que significó que los trabajadores salvadoreños, sin esperar del Estado la emisión de leyes, conquistaron de hecho la facultad de organizarse en entidades de defensa clasista de nuevo tipo. No esperaron, pues, a que el maná jurídico les cayera del cielo estatal.

El 21 de septiembre de 1924 se fundó la Federación Regional de Trabajadores de El Salvador (FRTS), con funciones de central sindical única. Con «la Regional», como abreviadamente la denominaba el pueblo, la clase obrera conquistaba también, en la práctica y de hecho, su derecho a organizarse en forma federativa y confederativa.

El nombre de «Federación» que se le diera a «la Regional» obedeció a la circunstancia de que nació con la finalidad de formar parte de la Confederación Obrera Centroamericana (COCA), que también fuera fundada en 1924. La COCA fue concebida por sus fundadores para ser integrada con «federaciones» regionales de cada uno de los países centroamericanos. Los trabajadores de Costa Rica fueron los únicos que no participaron en este movimiento confederativo sindical istmeño.

Quiñónez Molina, quien era considerado como un hombre hábil en política, astuto y práctico en sus maniobras palaciegas, una vez en el poder paulatinamente aisló a sus «descamisados» de la «Liga Roja», les suprimió prerrogativas, no cumplió con las promesas de reformas sociales que les había prometido durante su campaña electoral, hasta que, por fin, disolvió tal organización paramilitar y desaparecieron completamente las promesas hechas. Sin embargo para este presidente no pasaban inadvertidos los cambios operados en el mundo: en Rusia había aparecido el primer Estado de obreros y campesinos; y cerca de Centroamérica, en México, la revolución popular, agraria, había logrado hacer añicos una larga dictadura. Además, México se hallaba en una fase digna de observación desde muchos ángulos, uno de los cuales era, precisamente, su movimiento obrero. Es así como Quiñónez Molina envió una comisión de obreros a la República de México con el objeto de estudiar la organización y situación del proletariado de ese país, con vistas a la implantación en El Salvador de un sistema dirigido oficialmente, que tratara de armonizar a patronos y trabajadores.

Es oportuno señalar que en los primeros tiempos, en la FRTS la corriente de mayor acogida fue la del anarco-sindicalismo, pero también en sus filas se propugnaba, no sin poca fuerza, el reformismo impulsado por la II Internacional con sede en Amsterdam. El atraso en el nivel ideológico del movimiento de los trabajadores en su conjunto era más que evidente. Precisamente, sobre este particular, Miguel Mármol dijo:

> La lucha ideológica, por su nivel primitivo, tomaba en ocasiones numerosas los cauces más violentos y no era raro que en las sesiones sindicales se llegara a las manos y se apoyara los puntos de vista a puras trompadas. También salían de vez en cuando a relucir cuchillos, y hasta más de alguna pistola. La enconada lucha entre corrientes en el seno de la Regional nos convenció de la necesidad de que, persiguiéndose la unidad y la estabilidad de la organización, alguien debería ser arrojado por la ventana. Ni pensábamos en que podía ser posible una conciliación parcial o total. De manera que, en espera de las batallas siguientes, nos preocupábamos por pertrecharnos ideológicamente en el menor tiempo posible.[12]

Lo transcrito son reflexiones de un viejo revolucionario, uno de los fundadores del Partido Comunista de El Salvador, y ello pone de manifiesto el grado de exaltación sectaria en las fechas a las cuales se hace referencia.

La FRTS cumplió, a pesar de todas sus debilidades, un papel de primer orden en la organización del movimiento sindical, tanto en la ciudad como en el campo. De 1924 a 1927 organizó y dirigió sindicatos gremiales de la capital, planteó el reparto de tierras del Estado entre los campesinos, le dio apoyo e impulso a la

Universidad Popular y luchó por el establecimiento de la jornada de ocho horas. «La Regional» impulsó, asimismo, durante esos años, la organización sindical en todo el país, penetró, no sin pocas dificultades, en el campo y organizó sindicatos agrícolas y ligas campesinas.

«La Regional» se vinculó al movimiento obrero internacional, tal como lo veremos más adelante.

Fue precisamente esta situación social, caracterizada en parte sustancial por la intensa lucha de masas, la que Martí conoció y a la cual se vinculó cuando llegó a El Salvador en 1925, expulsado de Guatemala y luego de su segundo y breve exilio en Nicaragua.

V
Farabundo en la organización de los trabajadores

De 1925 hasta principios de 1928, la Federación Regional de Trabajadores de El Salvador conoció la febril actividad de Martí. En medio de una situación de franco ascenso de la lucha social, que tenía una evidente e íntima correspondencia con la difícil situación económica, es cuando se destaca como agitador y organizador de masas.

Según Joaquín Castro Cañizales, escritor y periodista de reconocidos méritos quien escribiera bajo el seudónimo de Quino Caso, contemporáneo de Martí, dice que este ganó nombre entre los círculos intelectuales de San Salvador. Concurría a reuniones de jóvenes adictos a las bellas letras, a las artes —quienes integraban una especie de peña— que tenían lugar en un céntrico café cercano al Teatro Nacional. En este medio, Martí conoció a algunas promesas literarias y artísticas y se afilió, precisamente, a un círculo que giraba en torno de Quino Caso. Se afirma que bastantes miembros del círculo no conocían la verdadera identidad de Farabundo, a quien simplemente llamaban «El Negro».[1] Este apodo, cariñosamente dado por sus amigos y compañeros de lucha, se debió a lo oscuro de su piel.

Farabundo nunca demostró dotes de orador, aunque su palabra, en contactos personales, fue siempre persuasiva. En él, según testimonios de camaradas que lo conocieron y lo trataron en trabajos partidistas, se combinaban características morales ejemplares, raras en individuos de su extracción social.

Agustín Farabundo era de estatura regular y de complexión atlética. Su tez, curtida por el sol y la intemperie, no tenía diferencia alguna con la del hombre común, mestizo, de nuestro pueblo. Poseía mirada penetrante y escudriñadora, aunque sus ojos, con el conjunto de sus facciones, reflejaban una enorme bondad con un toque como de una antigua pena. Sus maneras sencillas, que eran consustanciales a su personalidad debido al contacto íntimo y diario con el pueblo, ganaban de inmediato la confianza de aquellos con quienes trataba. Bajo su apacibilidad y cordialidad con los humildes reservaba un carácter acerado, firme e implacable con la insolencia de los poderosos.

> Fue Martí —según Miguel Mármol— como un río de violentas aguas que se tornaba más impetuoso cuantas más tormentas caían sobre nuestra generosa tierra; fue como un indómito volcán de cuyas entrañas salía, al rojo vivo, la calcinante lava de su heroica indignación frente a la oligarquía que aplasta a nuestro pueblo, y de la brutalidad del imperialismo que se ceba del cuerpo de las masas latinoamericanas [...].[2]

Serafín Quiteño, poeta y periodista salvadoreño, políticamente ubicado en las filas reformistas de derecha y declaradamente anticomunista, contemporáneo de Martí, recuerda a este como a un «mestizo reservado, de rasgos fuertes y nobles, con una amplia frente y unos ojos oscuros y tranquilos» aunque el mismo Quiteño agrega que el carácter básico de Martí era el de un intelectual romántico con «complejo de mártir».[3]

Thomas Anderson anota que «la mayoría de los que lo conocieron recuerdan mejor la profundidad, la pasión y la lógica de su conversación, y el sorprendente hecho de que era prácticamente incapaz de hablar ante un público muy numeroso. También se recuerda su vasta erudición. No solo había leído a Marx y Lenin, sino a la mayor parte de los filósofos del siglo XIX y a los socialistas utópicos».[4]

En lo referente a su contextura física y descripciones antropométricas, debe mencionarse un oficio, de fecha 8 de junio de 1930, suscrito por el delegado de Migración de la Secretaría de Gobernación del Gobierno mexicano, destacado en Manzanillo. En ese oficio, da la «media filiación de Agustín Faramundo *(sic)* Martí». Es la siguiente: Estatura: 1,68 m.; color: trigueño; pelo: negro; nariz: gruesa, larga; cejas: negras; bigote: recortado; barba: rasurada; ojos: negros. Señas particulares: usa patillas y tiene una cicatriz al lado izquierdo del mentón.

David Luna, a quien se ha venido mencionando, expresa:

> Farabundo se levantaba a las cuatro de la mañana a estudiar los clásicos del marxismo, cosa que hacía hasta las ocho, hora en que empezaba sus tareas prácticas de agitador y organizador. Incansable, tenía un vigor físico a toda prueba. Cuenta uno de sus correligionarios que él presenció cómo después de una caminata de cuarenta kilómetros, acostado dentro de un rancho, todavía tenía fuerzas para, debajo de un candil, leer *El Estado y la revolución,* de Lenin. Como orador era malo y fue imposible que alguna vez tomara la palabra ante público alguno. Su labor de agitador era de contactos personales para los cuales tenía un magnetismo extraordinario.[5]

López Vallecillos, por su parte, anota:

> El historiador Ramón López Jiménez, subsecretario de Relaciones Exteriores del efímero Gobierno del Ing. Arturo Araujo, manifestó en más de una ocasión: «Fui compañero de Farabundo Martí en la Facultad de Derecho. Era un joven retraído, inteligente

además de estudioso. Se negó a seguir la carrera por convicción. Martí era anticlerical, más bien ateo. Bastante terco, obstinado en sus ideas y principios. Se desaparecía de la Universidad por largas temporadas y se empleaba en haciendas y fincas como corralero, encargado del ordeño de las vacas, convivía con los peones y aprovechaba el tiempo libre para organizarlos, indoctrinarlos y formar células comunistas». Versiones similares nos han transmitido testigos de los acontecimientos, aún vivos, pero deseosos de no aparecer consignados.[6]

Por su parte, a un guatemalteco anticomunista le fue imposible ocultar las virtudes de Martí, de quien escribió que era «sereno, modesto hasta el extremo, sobrio en todos sus actos, luchador incansable, confeccionado de la materia prima característica en los apóstoles sinceros: paciencia oriental y voluntad férrea». En otras líneas, afirma del revolucionario salvadoreño: «Silencioso, tolerante y esquivo, jamás dejó conocerse a fondo, y como agente propagandista, gracias a su conversación insinuante, a la facilidad y colorido en la exposición de sus ideas, fue el que más lejos llevó las doctrinas de la reforma social».[7]

«La Regional», aunque dominada por el sectarismo de izquierda, desarrollaba una gran actividad, cumpliendo un destacado papel organizativo y de agitación. Más atrás consignamos parte de sus trabajos. Ahora debe aludirse a su penetración en el campo que, sin exageración alguna, fue muy honda, principalmente en las zonas occidental y central del país. Esto merece recalcarse porque fue un hecho histórico total y absolutamente nuevo en el país.

En efecto, había una larga tradición por parte de los trabajadores urbanos respecto a los trabajadores rurales, que consistía en el práctico desentendimiento y hasta indiferencia sobre los problemas emergentes de las condiciones socioeconómicas en que estos vivían.

El denominado «obrero» de la época era, por regla general, el maestro («maishtro», según el léxico popular) artesano y los operarios y aprendices de los talleres artesanales que, imbuidos de la ideología dominante, soñaban con llegar a ser propietarios de taller.

Los himnos, poemas y consejos morales de esa época elevaban loas, supuestamente inmarcesibles, al trabajo en abstracto, a la frente y espalda sudorosas y a las manos encallecidas; alababan a los que trabajaban de sol a sol inclinados sobre el surco que daría las cosechas. Todo era una manera retórica de enmascarar la explotación de nuestras masas. Propiamente se predicaba una ética farisaica.

Los trabajadores del campo eran vistos como seres de otra sociedad, separados por una muralla de incomprensión por parte de los habitantes urbanos; a esa muralla los oligarcas agroexportadores estaban interesados en agregarle piedras y ladrillos para hacerlas más altas y mantener, así, la división. A lo sumo, la vida en el campo inspiraba a los citadinos pequeñas acuarelas literarias costumbristas, como los *Cuentos de Barro*, de Salarrué, o empalagosos poemas bucólicos, de dudosa autoría, como algunos de los contenidos en *Jícaras Tristes* del poeta Alfredo Espino («el poeta niño»), quien cantaba a los ojos de los bueyes, a los pericos, a las garzas o al rancho y al lucero. Pero el agudo problema social del campo brillaba por su ausencia.

Precisamente, el gran mérito en la obra de Alberto Masferrer (a quien nos referiremos más adelante), pese a muchos enfoques erróneos y a las soluciones candorosamente ingenuas que proponía en torno al problema campesino, es el de haber descrito y atacado con verbo de fuego las condiciones miserables de los habitantes rurales y la brutal explotación a que eran sometidos. Y es que Masferrer, nacido en el campo, donde conoció aquello de lo que escribía, tenía una mentalidad abierta, sincera y receptiva sobre el problema central de la tierra en El Salvador.

V. FARABUNDO EN LA ORGANIZACIÓN DE LOS TRABAJADORES

En las actividades de la FRTS se advierten nuevas orientaciones en las cuales está presente, sin lugar a dudas, el sello de Martí.

En 1927, arribó a la presidencia de la república Pío Romero Bosque —acerca de cuyo Gobierno se hablará en el próximo capítulo—, quien diera su aporte para la creación de unas condiciones políticas nuevas. Como primera medida de Gobierno, derogó el estado de sitio que había imperado ininterrumpidamente desde el 16 de febrero de 1922.

Vigentes de nuevo, entre otras, las libertades de reunión, de prensa, de tránsito a lo largo y ancho del país, el movimiento obrero experimentó un acelerado crecimiento y buscó con mayor ahínco, en lo nacional, la alianza con los trabajadores del campo; y en lo internacional, con organismos similares.

La Confederación Obrera Centroamericana (COCA), que desde su fundación prácticamente no realizaba acciones, en 1927 reaviva sus actividades. Es integrado el Consejo Supremo de COCA de la forma siguiente: presidente, Manuel E. Sosa, delegado de Honduras; secretario general y de Relaciones Exteriores, Julio C. Castro, delegado por El Salvador; y secretario del Interior y tesorero, Néstor J. Juárez, delegado por Guatemala. No pudo completarse el Consejo por faltar los delegados de Costa Rica y de Nicaragua.

En este mismo año de 1927 la FRTS estuvo representada por sus delegados Gumersindo Ramírez (zapatero) y Raúl B. Monterrosa (carpintero) en el Congreso de la Confederación Revolucionaria Obrera Mexicana (CROM).

En 1928, la Confederación Pan-Americana del Trabajo (COPA), con sede en Washington, giró invitación a la COCA pidiéndole, al mismo tiempo, el envío de delegados al V Congreso Obrero Panamericano. El Consejo Supremo de la COCA comunicó a las federaciones regionales que era potestativo de cada una de ellas enviar sendos delegados. Santiago Iglesias, secretario de la COPA, había tenido contactos en México con Monterrosa, y al informar este a la FRTS, dijo que aquel le había ofrecido costear el viaje a los delegados que concurrieran a Washington. La FRTS nombró a David Ruiz (zapatero) y a Raúl B. Monterrosa como delegados, quienes viajaron a la capital norteamericana, lugar del evento.

Es digno de consignarse que ya por el año de 1919 el obrerismo salvadoreño estuvo representado en el segundo Congreso de COPA, el cual se reunió en Nueva York y cuyo representante fue precisamente Macario Cortez, quien estudió en los Estados Unidos electricidad y mecánica prácticas.[8]

En cuanto a Martí, hay que destacar que en la primavera de 1928 viajó inesperadamente a Nueva York para tomar contacto con la dirección central de la Liga Antiimperialista de las Américas.[9] Existen suficientes presunciones como para asegurar que fue en esta ocasión que la Liga Antiimperialista le encargó a Farabundo Martí que se situara en Nicaragua como representante suyo ante las huestes guerrilleras del general Sandino.

Juan Antonio Corretjer recuerda:

> Frisaba yo, entonces, 18 años, cuando mi padre, puertorriqueño, me envió a estudiar Derecho.[10] Inquieto y sensible por los nuevos rumbos del mundo, encaminé mis pasos al edificio que, a la sazón, ocupaba la Liga Antiimperialista. Mi llegada a sus puertas coincide con el asalto de la policía. Soy conducido a las bartolinas de esta en compañía de altos dirigentes, uno de los cuales era Martí. Sobresalía por cierta simpatía y ternura natural. Cuando el amanecer nos saluda con los rayos de la aurora, Martí, de tez broncínea, clara mirada penetrante, se acerca y reconociendo mis tiernos años, tocándome la parte trasera de la nuca, en actitud paternal y cariñosa, dice: «Estás en buena escuela, muchacho». Poco después, la policía neoyorkina le abría las puertas.[11]

El 15 de mayo de 1929 se reunió en Montevideo, Uruguay, el Gran Congreso Constituyente de la Confederación Sindical Latinoamericana. Sobre este evento, *Diario del Salvador* decía que el referido Congreso trataría, entre sus puntos más importantes, la lucha contra los imperialismos inglés y americano y contra la reacción interior. La breve nota agregaba que el Comité pro-Confederación Sindical Latinoamericana elaboró el programa del Congreso en una forma ideológica extensa «que abarcaba las necesidades medulares del proletariado de América».[12]

Fueron electos delegados al Gran Congreso Constituyente de parte de la FRTS, Serafín G. Martínez (mecánico) y Luis Díaz (carpintero). Estos partieron del puerto de La Libertad a comienzos de la segunda quincena de abril en el vapor *Colombia*, que los conduciría a América del Sur. Cabe decirse que ambos delegados fueron electos por mayoría de votos entre todos los secretariados de los sindicatos que componían la FRTS.[13]

A la Conferencia Sindical de Montevideo (tal es el nombre con el cual ha pasado a la historia) le sucedió, casi inmediatamente, la Primera Conferencia de Partidos Comunistas de América Latina.

Esta tuvo lugar en Buenos Aires, Argentina, a partir del 12 de junio del mismo año. Se toma de la muy bien documentada obra de Rodolfo Cerdas Cruz la información siguiente:

En la Conferencia de Partidos Comunistas hubo delegaciones de quince países que representaban a partidos comunistas y obreros, así como a grupos comunistas. Entre estos se hallaba el grupo comunista de El Salvador, porque aún no se había fundado el partido correspondiente. Los catorce restantes delegados eran los de Argentina, Brasil, Bolivia, Colombia, Cuba, Ecuador, Guatemala, México, Panamá, Paraguay, Perú, Uruguay, Venezuela y Chile. Hubo, asimismo, delegación del Partido Comunista de los Estados Unidos, al cual la Internacional Comunista le atribuía gran importancia en el continente.

Cuestiones destacables de esta Primera Conferencia de Partidos Comunistas de América Latina son: el esfuerzo de caracterización de la revolución latinoamericana según la teoría del marxismo-leninismo, y la determinación de las fuerzas motrices de esta revolución.

La revolución latinoamericana sería caracterizada como democrático burguesa, agraria y antiimperialista; por consiguiente, el golpe principal debía estar dirigido contra los terratenientes. Esto demandaba una reforma agraria profunda y la lucha contra el dominio imperialista por medio de la nacionalización y expropiación, sin indemnización, de las empresas monopolistas controladas por el capital extranjero.

Precisamente en las discusiones se analizó el recrudecimiento de la penetración imperialista en el continente, lo cual atizaba las contradicciones entre los Estados Unidos y Gran Bretaña, estableciéndose que «la tendencia principal se orientaba a que predominara cada vez más el imperialismo americano sobre el inglés. De aquí que se declarara que el enemigo principal de la lucha liberadora nacional era el imperialismo yanqui, ligado estrechamente en lo político con las tiranías que oprimían a los pueblos latinoamericanos y en lo social con los grandes terratenientes».[14] Cerdas Cruz consigna el combate a la «teoría de la descolonización que consideraba que la penetración imperialista impulsaba cierto tipo de desarrollo que fortalecía a la clase obrera, a la burguesía nacional y preparaba las condiciones para el rompimiento del tutelaje colonial».[15] Esta teoría le era atribuida al APRA, de Víctor Raúl Haya de la Torre, lo cual ayuda a explicar en parte, unida a otras posiciones del dirigente del APRA, al tratar a este no como a un rival, sino como a un enemigo. Recordemos que Julio Antonio Mella, utilizando las siglas del APRA dijo que era una «Asociación para revolucionarios arrepentidos».

La Conferencia, en cuanto a la mencionada teoría sostuvo

el criterio de que «lo que se daba era una mayor colonización y una penetración más profunda y negativa del imperialismo en la estructura industrial de la América Latina, en la agricultura, las finanzas y la política».¹⁶

En lo referente a las fuerzas motrices de la revolución en América Latina se consideró el papel de la pequeña burguesía y de la burguesía nacional, advirtiéndose que «no debía ser subestimado en la lucha antifeudal y antiimperialista» con énfasis en el hecho de que estas clases tendían, en un momento dado de la lucha, a ser cada vez más vacilantes y optar en última instancia por volverse hacia un compromiso con el imperialismo; por ello las fuerzas motrices verdaderas de la revolución debían ser los obreros y los campesinos, íntimamente aliados y bajo la hegemonía del proletariado.¹⁷

La Conferencia recomendó que debían fortalecerse las organizaciones comunistas ideológica, política y orgánicamente donde quiera que estas existieran, o bien crearlas en donde no las hubiere.

> La idea de que solo bajo la hegemonía de la clase obrera y su partido de vanguardia, el Partido Comunista, era posible llevar adelante la revolución democrática, agraria y antiimperialista, se reiteraba aquí, advirtiendo que la hegemonía era decisiva tanto para la primera etapa puramente democrática, como para su transformación ulterior en revolución socialista.¹⁸

Más adelante, en el lugar oportuno, se retomará información sobre esta Primera Conferencia Comunista de Buenos Aires.

El contacto con obreros de otros países y el conocimiento de sus experiencias acumuladas en lapsos más o menos prolongados en sociedades más desarrolladas que la nuestra, permitió a los dirigentes sindicales salvadoreños la adopción de mejores concepciones acerca de las organizaciones clasistas, aunque juntamente con ellas fueron importadas no pocas desviaciones izquierdistas de las que cabe responsabilidad a la propia Internacional Comunista. Sobre este particular se debe traer a cuento la segunda parte del «Proyecto de tesis sobre el movimiento revolucionario de la América Latina», preparado por el Secretariado de la Comisión Ejecutiva de la IC para la América Latina que, según se afirma documentadamente, era en realidad el mismo que había sido preparado por la Comisión Latinoamericana del VI Congreso de la JC. A este documento se le calificó de «primer documento de la Internacional sobre las perspectivas de la revolución en América Latina y sobre las tareas de nuestros partidos y del proletariado revolucionario».[19]

Pues bien, en esa segunda parte del documento mencionado se tenía la concepción de que existían las condiciones sociales que podrían transformar rápidamente la revolución democrático-burguesa en socialista, lo que abriría la posibilidad de constituir una federación de repúblicas soviéticas en América Latina, unidas en la lucha contra el imperialismo y base de apoyo de la revolución mundial.[20]

Por otra parte, en lo referente a las fuentes de información sindical y partidista, a la oficina de la FRTS llegaban folletos, revistas y periódicos de diversos países del mundo. En las páginas de esas publicaciones —al decir de Miguel Mármol—[21] aparecían las diferentes corrientes ideológicas en boga por esos años. Los líderes salvadoreños estaban, por consiguiente, más o menos al tanto del reformismo prohijado por la II Internacional de Amsterdam, del anarcosindicalismo español, francés y latinoamericano, del sindicalismo amarillo de la Federación Americana del Trabajo, así como de los movimientos revolucionarios de México, de la Unión Soviética y de otros países.

En estos años del segundo lustro de los años veinte, la FRTS controlaba, en la práctica, la Universidad Popular. Esta había sido fundada por iniciativa de la Sociedad de Obreros de El Salvador Confederada el 11 de noviembre de 1919, y según comunicado «con fines de extensión universitaria, semejante a las instituciones similares de otros países que tanto han contribuido a elevar la cultura y la moralidad de las masas populares». En el mismo comunicado se decía que la Universidad Popular no llevaría «altos fines académicos, sino, simplemente, propósitos de divulgación de los problemas científicos y humanos que más interesan al pueblo».[22]

La iniciativa de la Sociedad de Obreros de El Salvador Confederada propiamente era una resonancia del geográficamente lejano «Grito de Córdoba» de 1918, dado en Argentina cuando los estudiantes universitarios, en abierta revolución antiescolástica, pugnaron por una reforma universitaria profunda. El movimiento de reforma universitaria de Córdoba cundió a lo largo de América Latina, como una especie de golpe eléctrico. Su ejemplo fue contagioso.

Entre los profesores de la Universidad Popular se distinguieron, por sus orientaciones y calidad didáctica, Salvador Ricardo Merlos, el maestro normalista Francisco Luarca (el famoso Indio Luarca) y los jóvenes universitarios Alfredo Díaz Nuila y Alfonso Rochac. Este, pasados los años y poseedor de doctorado en Jurisprudencia y Ciencias Sociales, se destacaría como economista de talla continental.

El maestro Luarca, además de impartir clases de gramática castellana y aritmética a los militantes sindicales, les daba clases de contenido social. Simpatizaba con la revolución mexicana, de la cual hablaba con muchos pormenores, destacando los nombres de los hermanos Flores Magón, de Zapata, de Madero y de Pancho Villa. Colaborador inmediato del maestro Luarca era el joven Rochac. Viejos obreros que escucharon las exposiciones de este decían que, en cuanto a personajes a quienes admiraba, se destacaban José Ingenieros y José Vasconcelos.

Órgano de la FRTS, fue el semanario *El Martillo*, en el que se denunciaban los atropellos en contra de los trabajadores, tanto de los patronos como de las autoridades, planteándose, asimismo, los aspectos fundamentales de la lucha reivindicativa.

VI
El Gobierno de Pío Romero Bosque
(1927-1931)

El 1ro. de marzo de 1927 Pío Romero Bosque inaugura su período presidencial de cuatro años. Su ascenso al poder se debió a la imposición de su candidatura oficial —la única en las elecciones— por el nepotismo de los Meléndez-Quiñónez. La línea política que se había trazado Quiñónez Molina era la de tener a su servicio a un testaferro, a un hombre de paja, a través del cual seguir gobernando el país.

Romero Bosque había desempeñado desde 1919 el cargo de ministro de Guerra durante los Gobiernos de Jorge Meléndez y de Alfonso Quiñónez Molina. La designación de Romero Bosque fue hecha enmedio de variadas intrigas y manejos políticos, los cuales comprendieron desde la conspiración para que se diera un cuartelazo que cortara el proceso electoral, hasta la pretensión de que fuera convocada una Asamblea Nacional Constituyente a fin de que esta reformara la Constitución política para abrirle, así, paso a la reelección de Quiñónez Molina como presidente de la república. Este hecho merece ser tratado aparte.

En efecto, en el año de 1926, estando en el desempeño de la presidencia Quiñónez Molina e inspirada por este, se fundó la Junta Nacional Pro Constituyente. Los propósitos de esta, están estampados en su periódico *Evolución*,[1] aunque de una forma un tanto nebulosa: los promotores y miembros de la junta dicen que su campaña «no tiene otro fin que el de tratar de proporcionar a la república salvadoreña una Constitución nueva, en donde quepan las fórmulas más avanzadas y dignas de este país de florescencia y de bienestar nacionales», y, enseguida, citando a Diderot, transcribían palabras de este: «Hay que trabajar por darle a las naciones lo que necesitan para su adelanto, y para fortalecer sus energías, aboliendo todo aquello que estorbe, y lo que de una manera u otra, obstaculice el paso de la civilización».

¿Qué era aquello que estorbaba el paso de la civilización en El Salvador?

La respuesta es sencilla: lo que se pretendía era borrar de la Constitución política de 1886, la disposición que obligaba a quien desempeñaba la presidencia de la república a depositar el cargo, por lo menos seis meses antes, en el vicepresidente o en el primer designado a la presidencia. Precisamente esta disposición constitucional es la que había sido observada durante la «dinastía» de los Meléndez y su maestro ejecutor, Quiñónez Molina, la consideraba como impedimento para un continuismo que no le alejara del poder ni tan solo un día.

Para darle robustez a sus argumentos, los promotores de ese continuismo, a través de las reformas constitucionales del caso, citaban ejemplos de la antigua Roma, y traían a cuento a Numa Pompilio en un artículo que es digno de estudiarse a fin de hilvanar una historia del estilo del periodismo político de la época, en el cual abundaban —muy pesadamente— los mármoles griegos y los bronces romanos.

En lo tocante a la reforma constitucional, una vez conociera del asunto la Asamblea Legislativa, se redujo al nombramiento de una comisión para el estudio y elaboración del proyecto respectivo. El nombramiento de la comisión fue hecho el 9 de julio de 1926, ya cuando los plazos para la convocatoria se acortaban. En efecto,

VI. EL GOBIERNO DE PÍO ROMERO BOSQUE (1927-1931)

la Asamblea Legislativa decretó la convocatoria a elecciones presidenciales el 27 de mayo de 1926 y el ejecutivo lo sancionó el 3 de noviembre. En vista de que los comicios serían dentro de la primera quincena de enero del siguiente año, era imposible para Quiñónez Molina depositar la presidencia en ninguna persona con la finalidad de buscar su reelección.

El proceso electoral, pues, comenzó en dicho mes de noviembre en medio de una gran apatía popular. Sobre este particular se ha anotado «que la lucha por la presidencia en 1926 no descendió a la calle, y por eso no provocó rencores entre el público [...], la pugna entre don Pío y Quiñónez se mantuvo entre bastidores»[2] que, a estas alturas, pareciera que tuvieron alguna transparencia. Entre el 9 y el 11 de marzo de 1927 tuvo lugar la elección presidencial que, cabe aclararse, en esa época duraba tres días consecutivos. Su único participante —que no contendiente— tuvo el apoyo del oficial Partido Nacional Democrático.

Una vez en el poder, Romero Bosque —conocido popularmente por Don Pío, a secas— dio muestras, desde el principio, de su voluntad de gobernar distinto a su antecesor al poner en práctica una sagacidad y un espíritu de independencia hasta hacía poco ocultos. De su discurso de inauguración tomo los siguientes pasajes de carácter premonitorio:

> Hombre de leyes como soy, conocedor de sus alcances y respetuoso de sus dictados, comprendo toda la magnitud del juramento que acabo de prestar.
>
> Compenetrado, pues, de la necesidad general del deber en que estoy y del derecho que me asiste para hacer guardar el orden, y dadas mis mejores intenciones por la concordia y buena armonía entre mis compatriotas, el Poder Público no permitirá bajo ningún concepto que la paz sea alterada, y reprimirá con

mano enérgica y firme, sin vacilaciones ni atenuantes, cuanto tienda a producir desórdenes, funestos para los individuos en particular, y de dolorosas e incalificables consecuencias para el país.

No es posible, en un documento de esta naturaleza, comprender todos los actos de gobernante que me propongo realizar. Pero bien puedo resumir mi programa de Gobierno en las siguientes palabras: la Ley será la norma de mis pasos, la justicia mi guía; sagrado será para mí el respeto a nuestras instituciones; laboraré por el adelanto, la prosperidad y la grandeza del pueblo salvadoreño; y patriota neto como soy, con toda la fuerza de mi convicción, declaro ante Dios y ante los hombres que si es preciso llegaré al sacrificio, en aras del decoro y de la soberanía de la Patria.[3]

Lo transcrito es, según mi criterio, suficiente como para entender que Pío Romero Bosque tenía la firme disposición de observar el principio de legalidad, tan violado en forma pertinaz por Gobiernos anteriores.

Para deshacerse del pretendido tutelaje de Quiñónez Molina, quien persistía en gobernar detrás del trono, don Pío recurrió al expediente de nombrarlo embajador sin sede en Europa. Después de una gira por el extremo oriente, decidió radicarse en París en un dorado exilio, del cual regresó casi en vísperas de su muerte.

Don Pío levantó el estado de sitio (*Diario Oficial,* 17 de mayo de 1927) existente desde 1919; anuló definitivamente la «Liga Roja»; propició la vigencia de las libertades de prensa, de expresión y de organización; decretó una amnistía total, que abrió las puertas del retorno a muchos emigrados políticos. Por medio del decreto 23 de marzo del mismo año de 1927, se le dio a la Universidad Nacional el estatus de institución de derecho público con autonomía limitada, y se dispuso que estaría formada únicamente por académicos, excluyéndose, por consiguiente, a los estudiantes.[4]

VI. EL GOBIERNO DE PÍO ROMERO BOSQUE (1927-1931)

De esta forma poníase en práctica una variante a los largos años de sometimiento absoluto de la Universidad a los designios del poder ejecutivo. Este había venido nombrando desde el rector hasta el más modesto empleado de la institución y, además, controlaba su actividad académica. En el mismo decreto se concebía la Universidad como una federación de facultades, dirigidas por sus respectivos decanos bajo la autoridad general del rector. Este era nombrado por el poder ejecutivo, en el ramo de instrucción pública. El claustro de profesores de cada facultad nombraba al decano, aunque sujeto a la ratificación del poder ejecutivo.

En suma, al comenzar su período, Romero Bosque puso en marcha medidas políticas que lo hacían diferente a los gobernantes anteriores. Sin embargo, como más adelante lo veremos, adoptó medidas antipopulares cuando el movimiento de masas cobró creciente y acelerada fuerza reivindicativa y política.

El 6 de diciembre del mismo año de la inauguración de su Gobierno, hubo un intento para derrocarlo de la presidencia. En la sublevación militar figuraron destacadamente el coronel Juan Enrique Aberle, director de la Maestranza, el mayor Manuel Alfonso Noguera y el general Carlos Carmona Tadey, jefe del Regimiento de Infantería de San Salvador. Figuraban, además, los civiles Jorge Meléndez —ex presidente de la república—, Federico Guillermo Kreitz —ex director de la Policía Nacional—, Joaquín Mariano Calderón y otros. El propulsor intelectual de este fallido movimiento era el ex presidente Jorge Meléndez.

Juzgados por un Consejo de Guerra Extraordinario, fueron condenados a muerte Aberle y Noguera, quienes fueron fusilados el 7 de junio de 1928. Jorge Meléndez logró huir a Costa Rica al fracasar el golpe, sin antes traspasar las fronteras con Honduras, en el departamento de Chalatenango, y presentaba, según la prensa, un estado lastimoso, ya que llegó a Hibueras en harapos y hambriento.

A raíz de la sublevación fue instaurado el estado de sitio el mismo día 6 de diciembre, y sería levantado por la Asamblea Nacional Legislativa a petición del propio Gobierno el 28 de febrero de 1929.[5] En los hechos, el estado de sitio durante todo el tiempo que duró no fue obstáculo para que las manifestaciones de la vida individual y actividad colectiva continuasen desarrollándose.

Del Gobierno de Romero Bosque se destacaron dos decisiones que él tomó: la primera fue la de crear la Escuela Militar (22 de marzo de 1927), que venía a llenar el vacío de la llamada Escuela Politécnica desaparecida en 1922. El cierre de esta escuela, destinada a formar los cuadros profesionales del Ejército, se debió, en parte, a la deserción de los cadetes, que tuvo visos de rebelión en la noche del 15 de febrero del último año mencionado. La segunda, la conversión de la Guardia Nacional —de carácter civil— en parte integrante del Ejército, es decir, su transformación en cuerpo militar. La Guardia Nacional fue fundada durante el corto Gobierno de Manuel Enrique Araujo, siguiendo los caracteres de la Guardia Civil española, y la función primordial de la misma fue la de controlar y reprimir a los trabajadores del campo. Se creó como cuerpo al servicio de los terratenientes. Precisamente la historia de las leyes agrarias, destinadas a regular ciertas situaciones en el campo —y que fueran codificadas en una Ley Agraria en el año de 1941—, son un ejemplo vivo y elocuente de cómo la Guardia Nacional era el instrumento armado destinado a perpetuar en el país relaciones de producción precapitalistas.

Estas dos decisiones tomadas por un Gobierno civil, tan civil como el de Manuel Enrique Araujo, hacen reflexionar sobre el problema del militarismo en El Salvador, el cual merece, dada su importancia, la siguiente digresión.

Se entiende el militarismo como una concepción cuya médula es

VI. EL GOBIERNO DE PÍO ROMERO BOSQUE (1927-1931)

la convicción de que el Ejército debe hegemonizar la sociedad civil en forma total y, al mismo tiempo, supeditar todos los aparatos del Estado —comprendidos los poderes ejecutivo, legislativo y jurisdiccional, así como los destinados a la reproducción ideológica—, a esa hegemonía.

Esa concepción, debe recalcarse, no es exclusiva de los militares que la sustentan, sino que a ella se adhieren, de manera firme —y hasta acríticamente, como en una profesión de fe—, capas, sectores y aun clases enteras de la sociedad civil.

El militarismo es una concepción profundamente ideologizada, en el sentido de que excluye, terminantemente, cualquier posición que tienda a disminuir, aun en la menor medida, la hegemonía del Ejército, teniéndose esta como una verdad absoluta, irrebatible e indiscutible.

El militarismo en El Salvador condujo a que las llamadas fuerzas de seguridad, y demás cuerpos de carácter civil, fueran puestos bajo el control absoluto del estado mayor del Ejército. La llamada «doctrina de la seguridad nacional» —uno de los productos nefastos de la guerra fría— fue abono para el fortalecimiento del militarismo en nuestro país.

En relación con la adhesión de capas, sectores y hasta de clases enteras de la sociedad civil al militarismo, cabe destacarse que ella responde a intereses sectoriales o clasistas que ven en el militarismo un defensor de tales intereses que, en general, son de carácter material (la propiedad, el comercio y el estatus social —por ejemplo el de los profesionales—, etc.). Al decir, en general, no se excluye que puede haber intereses espirituales, como sería el caso del conservadurismo de las iglesias y el cultural.

Al hablarse de concepción profundamente ideologizada, se quiere significar con ello que las ideas matrices que sustentan el militarismo son consideradas como verdades absolutas, como sistema sin fisuras, como un todo perfecto y cerrado, en suma, algo así como un credo. De esta forma, el militarismo respondería exactamente a la concepción clásica de Marx y Engels, en el sentido de concebir las ideologías como reflejos tergiversados de la realidad, aunque quienes las observan, conscientemente crean que reflejan la realidad en forma exacta. El militarismo es, por consiguiente, una conciencia falsa, cuyo pensamiento se desborda, esencialmente, en paralogismos.

Esa conciencia falsa produce efectos como los siguientes:

a) *Sectarismo,* en el sentido de considerar al Ejército como una casta cerrada, observadora del llamado *esprit de corps.*

b) *Dogmatismo,* en el sentido de que lo dicho desde la cúpula o por los altos mandos del Ejército es verdad inconcusa, irrebatible y, por consiguiente, excluyente de otras opiniones que contradigan sus posiciones.

c) *Impunidad y corrupción* que corren parejas con la actitud sectaria. No se castiga los negocios delictivos tales como el contrabando, los secuestros, los robos a mano armada, los homicidios, etc.

d) *Pensamiento totalitario.* En sus concepciones referidas al Estado conduce a la absorción, por parte de este, de la sociedad civil, poniéndola, por consiguiente, a su servicio y no al revés.

El hecho de considerarse el Ejército como el actor principal del país, le impele a reclamar para sí privilegios exclusivos de variada naturaleza. Esto conduce a que significativa parte del presupuesto estatal se destina no solo al mantenimiento de dichos privilegios, sino también a la permanente actualización del armamento necesario para el mantenimiento de su estatus hegemónico. Esto último que digo ha sido en la historia de El Salvador una sangría permanente

VI. EL GOBIERNO DE PÍO ROMERO BOSQUE (1927-1931)

contra el desarrollo de la nación, en su conjunto, y contra el bienestar del pueblo en particular.

Antes de proseguir, y para caracterizar el Gobierno de Pío Romero Bosque, precisa tenerse en cuenta, aunque sea en sus delineamientos generales, una visión de conjunto del decenio que comienza en 1920. Este decenio exige un estudio detenido porque encontramos en él hechos que configuran un cuadro nuevo que nos muestra la necesidad de un cambio del rumbo histórico que nos condujera hacia una real vigencia de la democracia y, simultáneamente, de profundas reformas económicas y sociales. Es un período durante el cual se presenta una «crisis de integración nacional», según algunos estudiosos.[6]

Debe interpretarse que, precisamente, el golpe militar del 2 de diciembre de 1931 que derroca a Arturo Araujo, y la insurrección campesina-obrera de enero de 1932 son manifestaciones de esa necesidad de cambio que hace crisis, situación que trata de ser solucionada por la instauración de un Gobierno autoritario que es el comienzo de una dictadura militar[7] encabezada por el general Maximiliano Hernández Martínez.

En la década de los años veinte El Salvador sufrió las embestidas de dos crisis mundiales. La de 1920-1921 fue la primera que se sintió con particular acento en nuestro país debido a su dependencia, prácticamente, del monocultivo del café. Del valor total de las exportaciones, el café llegó a ocupar en algunos años más del 90%. Los precios bajaron vertiginosamente en 1920, lo cual ocasionó, como es lógico, un decrecimiento en los ingresos de productores-beneficiadores-exportadores aunque de ninguna manera significaba sumirlos en la pobreza o que esta tocara a sus puertas con aldabonazos que los llenaran de terror pánico. A esa caída de precios, se añadió una baja de la cosecha a límites inferiores a los considerados normales.

Las siguientes cifras nos revelan la situación del café entre los años de 1920 a 1932, que debemos tomar muy en cuenta para ilustrarnos sobre el impacto económico-social en el país.

Cuadro no. 1
Exportaciones de café

Años	Peso en Kgs.	Precio por quintal (46 Kgs.) en colones	Porcentaje respecto a la exportación general	
			% Kgs.	Valor
1920	37 587,173	30.81	75,85	69.12
1921	28 312,394	23.18	77,55	80.13
1922	43 078,801	30.51	78,31	87.68
1923	41 994,124	32.68	79,89	86.16
1924	48 808,831	42.82	84,40	93.23
1925	32 064,286	43.56	76,46	89.91
1926	50 626,338	42.45	84,67	94.82
1927	36 202,789	32.07	78,46	89.16
1928	53 108,628	39.39	82,73	92.96
1929	46 782,617	33.52	85,15	92.56
1930	58 621,408	18.76	88,11	87.55
1931	54 630,848	18.27	94,09	95.46
1932	39 654,894	14.92	94,78	92.16

Fuente: *Dirección General de Estadística.*

John Parke Young anota:

Los bancos estuvieron en una situación difícil durante el período de depresión. Su generosa reserva de oro de diez y medio millones de colones, a principios de 1920, se había reducido a un poco más de tres millones a mediados de 1921 [...] Los billetes

VI. EL GOBIERNO DE PÍO ROMERO BOSQUE (1927-1931)

fueron llevados a los bancos para ser redimidos, de manera que la circulación disminuyó de cerca de catorce y medio millones de colones, a principios de 1920, a cerca de seis millones a mediados de 1921 [...] Como los bancos no prestaban dinero, ni aun con las mejores garantías, las tasas de interés comenzaron a subir en forma anormal. Normalmente estas tasas eran del 1% al mes, pero durante la retracción de fondos subieron 20% y 30% al año.[8]

Pedro S. Fonseca por su parte escribió en 1924 al referirse a esa crisis:

> Síntomas de pánico había ya entre los agricultores y comerciantes, porque muchos trabajaban con el crédito. La crisis fiscal se presentó simultáneamente, y la preocupación del Gobierno era tanta como la de los agricultores y comerciantes. Y el fenómeno fue más singular, porque pasamos del optimismo al pesimismo, sin escala, y ocurrió algo así como una fiesta interrumpida por un duelo.[9]

En el decurso de 1921-1922 se registra la recuperación de la crisis, y aunque algunos precios del café exportado experimentaron ciertas alzas sustanciales, estas caen de un año a otro entre el período de 1926 a 1927 principalmente. Esto era ya un anuncio de una crisis sin precedentes en el mundo capitalista y que, en nuestro caso particular de país periférico, agregadas otras condiciones, demostraba no solo la vulnerabilidad del modelo económico vigente, sino el fracaso mismo del proyecto liberal institucionalizado —porque ya se había practicado con las leyes de extinción de tierras comunales indígenas (1881) y de los ejidos (1882). Esta institucionalización fue elevada a principio constitucional en la Constitución política de 1886 y echada a andar, hacia adelante, muy vigorosamente, por los Gobiernos de Francisco Menéndez, Tomás Regalado, Manuel Enrique Araujo, Carlos y Jorge Meléndez y Alfonso Quiñónez Molina.

En cuanto a la cuestión social, tema olvidado por todos los Gobiernos que se sucedían desde nuestra vida independiente, ya presentaba, en los años veinte, características de un problema agudo. Si comenzamos por el costo de la vida, diremos que los precios de los alimentos básicos indispensables en la dieta diaria del pueblo aumentaron desmesuradamente. Entre 1922 y 1926 el precio del maíz aumentó el 100%, el arroz el 300% y los frijoles el 225%.[10]

En el fondo del problema de los artículos de primera necesidad se hallaban estos hechos: tradicionalmente el cultivo de los granos básicos corría por cuenta de los pequeños y medianos campesinos. Sin embargo, cada brazo dedicado a este cultivo, equivalía a un brazo menos en el proceso del cultivo, recolección y laboreo del café.

Por consiguiente, a los cafetaleros no les interesaba el fomento de la siembra de maíz, frijoles y arroz, porque la oferta de mano de obra bajaba y, por consiguiente, subían los salarios. De tal manera, que el supuesto patriotismo de los barones del café y sus conveniencias privadas, en los hechos, se daban de bofetadas.

Por otra parte, debido a la mayor concentración de la tierra en este decenio, concentración que sirvió propiamente para extender los cultivos del café como una medida para afrontar la disminución del precio en el mercado internacional, dio pábulo a la elevación de los precios de la canasta básica de la época.

Con los altos precios del café, las masas no participaban de la bonanza disfrutada en las alturas; con los precios bajos, se agravaba la situación, ya que sencillamente se hacían despidos masivos y se reducía el ya miserable salario a los que tenían el «privilegio» de conservar su trabajo. Los campesinos abandonaban sus parcelas por carencia de créditos o las perdían en manos de los usureros.

Aquiles Montoya, en un ensayo titulado «Antes del '32»[11] da un valioso aporte al estudio de las condiciones de vida de los trabajadores del campo y de la ciudad durante el período 1920-1930. De dicho ensayo se toman algunos datos que tienen marcada significación en el punto que se está tratando.

Basándose en una exposición presentada por James Hill —uno de los principales caficultores de El Salvador— a la «Sociedad Rural Brasileña», sobre el costo de producción de café lavado del país, Montoya calcula que en 1924 el productor obtenía un beneficio neto de 17.27 colones por cada quintal de café. Cabe anotarse, que por esos años un dólar norteamericano equivalía a dos colones. Además, deduce que solo un 23,67% de los costos se destinaba al pago de la fuerza de trabajo nacional y que, por consiguiente, habla una tasa de explotación del trabajador del orden del 307%.

Pedro S. Fonseca decía en 1921 que el trabajador rural «con el salario medio puede obtener una ganancia de 150 colones al año, los cuales según cálculos minuciosos con datos de encuestas propias, los distribuye así: Alimentación 77%, vestidos 23%».[12] Se entiende que los 150 colones era el salario total anual y no una ganancia, como lo dice Fonseca.

Tales cifras indican que el ingreso promedio diario era de cuarenta y un centavos de peso, y que en comida gastaba mensualmente 9.62 colones, equivalente a 4.81 dólares. «Todo contribuye a que nuestros campesinos vivan [...] en peores condiciones que los animales en los establos europeos», decía Alirio Augusto Castro en 1922.[13]

En cuanto a las condiciones de vida y de trabajo, el autor citado recurre a la tesis doctoral, ya anotada, para llegar a algunas apreciaciones. A principios de la década de los años veinte, un cuarto de «mesón»* costaba, según estimación, unos 5.00 colones mensuales que, de acuerdo a los salarios devengados, era lo más que podía pagar un obrero urbano.

El problema de la vivienda ya era muy grave en ese tiempo de afluencia migratoria del campo a la ciudad, muy explosiva, y

---

*   En El Salvador, «mesón» equivale a lo que en otros países latinoamericanos se denomina cuartería o casa de vecindad (Nota del autor).

durante ese período proliferaron los llamados mesones, o sea, construcciones de fortuna que transformaban el paisaje citadino de la noche a la mañana. Pedro S. Fonseca fue encargado por el Gobierno a fin de que presentara algún proyecto encaminado a solucionar el problema habitacional. Recomendó una legislación en la cual se considerara «de utilidad y necesidad pública las casas baratas para los efectos de expropiación».[14]

Basándose en la información proveída por Castro en su tesis doctoral, Montoya elabora un cuadro contentivo de salarios y horas de trabajo de las principales actividades de los obreros en la ciudad de San Salvador (Cuadro no. 2).

El mismo Castro estimaba que para el año de 1921, los egresos anuales eran del orden de los 808.80 colones, como promedio y que los salarios devengados no alcanzaban a cubrir tales egresos. Por ejemplo, de los oficios mencionados en dicho cuadro, los salarios más elevados correspondían a los panaderos (638.75 colones anuales) seguidos de los zapateros (634.00 colones), carpinteros (586.00 colones), sastres (554.00 colones) y tipógrafos (550.84 colones).

En esta situación los trabajadores urbanos protestaban por la disminución de sus ingresos como consecuencia de la competencia de los trabajadores rurales, a quienes miraban no solo como a unos advenedizos, sino como a vagos y gente de mal vivir.[15] Este fenómeno social no ha sido debidamente estudiado, aunque debo afirmar que fueron los primeros grupos de comunistas, que buscaban la alianza estratégica revolucionaria de obreros y campesinos, quienes tuvieron una actitud diferente y se constituyeron como sus mejores defensores.

A mediados de la década la costa de Honduras y haciendas de los litorales del Pacífico en Guatemala, en donde ya había sentado sus reales la United Fruit Company y otras compañías fruteras, se convirtieron para los miles de salvadoreños desocupados en una especie de tierra de promisión. Se pagaban mejores salarios que

VI. EL GOBIERNO DE PÍO ROMERO BOSQUE (1927-1931) 67

Cuadro no. 2
Ciudad de San Salvador: trabajo y salarios (1921)

Oficios	Salario p/día	Máximo p/mes	Salario p/día	Mínimo p/mes	Días trabajo p/sem.	Horas trabajo p/día	Días trabajo p/año	Días descanso p/año
Zapateros	¢2.75	¢16.50	¢1.25	¢7.50	6	10	317	48
Sastres	2.00	12.00	1.50	9.00	6	10	317	48
Peluqueros	2.00	13.00	1.00	6.50	6.5	10	317	48
Tipógrafos	2.50	15.00	1.25	7.50	6	8	293	72
Albañiles	2.00	12.00	1.00	6.00	6	10	293	72
Carpinteros	3.00	18.00	1.00	6.00	6	10	293	72
Panaderos	2.00	14.00	1.50	10.50	7	10	365*	137

* Eran en realidad 365 noches.
Fuente: A.A. Castro: *Datos para la economía social salvadoreña*.

en el país, había demanda de mano de obra y ocupación permanente. En esos años (sobre todo en 1926 y 1929) ocurre el primer gran torrente migratorio del presente siglo hacia Honduras fundamentalmente. Artesanos de todas las especialidades y campesinos cruzaron las fronteras.

El número de emigrantes salvadoreños a Honduras, a finales de los años veinte, según estimaciones, ascendía a 60 000. En una población de 1 400 000 habitantes, tal cifra representaba un elevado porcentaje de la fuerza de trabajo económicamente activa, calculándose que era del orden del 10% de esta. Los salvadoreños en Progreso, Tela y otras ciudades hondureñas constituían la mitad de la población y había algunas áreas pobladas solamente por salvadoreños.[16]

Mientras esas masas miserables de trabajadores iban a tierras lejanas a enfrentarse a las serpientes venenosas, al paludismo, las amebas y otras enfermedades tropicales, la oligarquía cafetalera ampliaba sus áreas de cultivo, controlaba la industria del «grano de oro» con no más de 350 productores, quienes obtuvieron individualmente ingresos promedios calculados en 200 000 dólares norteamericanos durante los años que corren de 1924 a 1928.[17]

Contrariamente a las decenas de miles de trabajadores que partían en busca de la tierra de leche y miel, sin pasaporte y a veces sin más identificación que su partida de nacimiento o su fe de bautismo, personas de otras capas sociales salían debidamente documentadas. He aquí un dato ilustrativo: «Durante 1925 un pasaporte de cada cinco para viajar fuera de Centroamérica, era emitido a personas en la ruta hacia San Francisco, hacia Los Ángeles, California, para recreación, negocios y educación».[18]

La situación económico-social, apenas descrita en sus grandes rasgos, condujo a finales de los años veinte y, propiamente, al concluir la «dinastía Meléndez», a que se visualizara en su cruda realidad lo que en verdad éramos: El Salvador, prácticamente, dependía solo del café —pese a los empeños existentes en promover oficialmente el cultivo de otros frutos—; el abismo que entre ricos y pobres venía profundizándose desde antes de la extinción de comunidades indígenas y de los ejidos, llamada reforma agraria liberal, se volvió aún más profundo: los ricos se volvieron cada vez más ricos y los pobres más pobres.

Es en las condiciones señaladas, de manera muy general, cuando Pío Romero Bosque cumplió su mandato presidencial.

Así, el estudio de los años veinte nos muestra las raíces de la gran crisis histórica que ha tratado de ser superada con el Acuerdo de Paz de Chapultepec.[19] Cuando hablamos de crisis histórica se alude a la existencia en nuestra nación de contradicciones anta-

VI. EL GOBIERNO DE PÍO ROMERO BOSQUE (1927-1931)

gónicas permanentes entre las clases sociales que la componen que, agravadas a veces, se presentan como crisis coyunturales — de carácter económico o de carácter político o de ambas cosas a la vez —. Tales crisis coyunturales, aunque lleguen a ser superadas —o capeadas en la mayoría de las veces—, la crisis histórica continúa subyacente en el fondo de la vida social, la cual es determinante en última instancia. Las crisis históricas, por consiguiente, son registrables en largos períodos de tiempo, y solamente es posible que sean resueltas por una superación que, a su vez, marque una inflexión que lleve a inaugurar una nueva época histórica.

VII
Emergencia del movimiento sindical

La administración de Romero Bosque realizó un viraje hacia un proceso de liberalización del sistema político, viraje que se había convertido en una necesidad inaplazable desde la segunda mitad de los años veinte. Fue, propiamente hablando, un Gobierno de apertura democrática limitada con ingredientes populistas y paternalistas.

Es ilustrativo transcribir unos párrafos referentes a la cuestión social de discursos oficiales de Pío Romero Bosque.

En su manifiesto de toma de posesión de la presidencia de la república —1ro. de marzo de 1927—, decía:

> El bienestar de los obreros y del pueblo en general, merecerá la constante solicitud de la nueva administración. Nuestro suelo tiene ventajosos medios de vida, y encaminando con acierto las energías colectivas, podemos alcanzar una visible mejoría en las condiciones de estas clases sociales. Mi Gobierno empleará todas las medidas a su alcance, en orden a abaratar las construcciones para poner fin a la carestía de la vivienda; velará porque la moralidad pública, en todas sus fases, sea siempre efectiva y facilitará todo cuanto tienda a proporcionar trabajo a nuestros artesanos, operarios y jornaleros. Para lograr cumplidamente estos fines, confío en que nuestros hombres de labor secundarán mis gestiones, respetarán los mandatos de la ley y de la autoridad, y guardarán el comedimiento del caso,

para que así, en debida armonía, cumplan ellos sus lícitos fines y contribuyamos todos al bienestar de la comunidad. Dadas estas intenciones rectas y sinceras, mi Gobierno espera que no se verá en el caso de tener que aplicar el rigor de las leyes a quienes, con miras tendenciosas, traten de alterar este orden precisamente necesario para obtener el mejoramiento que se persigue, máxime que tal alteración constituiría una rémora contraproducente y un manifiesto perjuicio a la sociedad.

Y, enseguida:

Admirador de las altas virtudes de la mujer salvadoreña, laboriosa en el trabajo, abnegada en el hogar, elemento de primer orden en nuestra vida social, me empeñaré en obtener para ella los medios necesarios en el sentido de mejorar su actual condición, y franquearle campo más amplio a sus actividades, como justo homenaje a sus merecimientos.[1]

En su mensaje presidencial del 1ro. de marzo de 1928, decía:

En nuestros tiempos ya no puede equipararse el trabajo a una mercancía sujeta solo a las leyes de la oferta y la demanda. Antes que todo están los derechos del trabajador como persona, como miembro del organismo colectivo, y en tal aspecto debe la Administración intervenir para que ciertos deberes morales en favor del obrero se conviertan en obligaciones jurídicamente exigibles.

Enseguida agregaba:

La importancia que tienen en la actualidad los numerosos problemas sociales que se derivan del trabajo me indujo a establecer, haciendo uso de las facultades que la Constitución me confiere, el Departamento Administrativo encargado de promover el adelanto de las clases trabajadoras y mejorar el medio físico y la condición jurídica en que se desarrollan sus actividades.[2]

Entre 1927 y 1928, y como resultado de las luchas de «la Regional», se dictan leyes de carácter social: «Ley de Protección de Empleados de Comercio» (31 de mayo de 1927), «Ley de Registro de Agrupaciones Obreras y Gremiales» y «Decreto de Creación de Juntas de Conciliación» (15 de junio de 1927) y «Ley de Horas de Trabajo» (13 de junio de 1928). En virtud de esta última ley, que entró en vigencia hasta un año después, se decretó la jornada laboral de ocho horas diarias. Desgraciadamente, y como era de esperarse, la ley no comprendió a los trabajadores del campo. Sobre este particular, *Diario del Salvador* (12 de octubre de 1929) informaba que el «Comité proocho horas de trabajo», en sesión habida en el local de la FRTS, había acordado realizar una manifestación en que tomarían parte «todas las fuerzas obreras del campo y del taller de esta capital».

La FRTS, en su IV Congreso Anual, celebrado en mayo de 1928, aprobó un «decreto» en relación a la jornada de trabajo diurna y nocturna, así como a otras materias atingentes relacionadas con ella, antes de que el Gobierno diera el paso aprobatorio de la ley de horas de trabajo. Llama la atención que la FRTS fundamentara su «decreto» (acuerdo, propiamente) en el artículo 8 de la Constitución política de la república de El Salvador de 1886 vigente,[3] que reconocía la existencia del derecho natural. Con este señalamiento no se pretende hacer una crítica a aquellos esforzados pioneros del sindicalismo, sino solamente señalar que sus actos y decisiones trataban de ceñirlos a las leyes en la medida de lo posible.

El «decreto» mencionado decía, en sus partes sustanciales:

Art. 1ro. Se reconoce como un derecho anterior y superior a las leyes positivas, por tener por principios la libertad, la igualdad

VII. EMERGENCIA DEL MOVIMIENTO SINDICAL 73

y la fraternidad, y por base la familia, el TRABAJO, la propiedad y el orden público que establecen el artículo 8 de la Constitución política vigente de la república, que las clases trabajadoras velen por su propio bienestar y mejoramiento.

Art. 2do. Se justifica como base de ese bienestar y mejoramiento de las clases trabajadoras la determinación siguiente:

1ro. Se establece la jornada de ocho horas diarias para el trabajo de los obreros, jornaleros, empleados domésticos y demás personas que devengan salario diario.

2do. La jornada máxima de trabajo nocturno para las mismas clases será de siete horas para los hombres y de seis para las mujeres, con pago de doble salario al que se devenga en el día.

3ro. Se declara insalubre y de consecuencias mortales el trabajo nocturno de los panificadores.

4to. Los trabajadores panificadores harán dos labores en el día, pero si se les ocupa de noche, devengarán salario doble conforme a lo establecido en el inciso 2do. de este artículo.

5to. Se establece un día de descanso obligatorio semanal.

En la resolución se acordó que «la substanciación de este decreto elévese en forma de proyecto de ley ante la Honorable Asamblea Nacional Legislativa para que si lo tiene a bien, lo declare como Ley de la república».[4]

Cuando la «Ley de Jornadas de Trabajo» entró en vigencia el 26 de junio de 1929, hubo resistencia patronal concertada, particularmente en lo que atañe a la rebaja de salarios de los trabajadores. La respuesta no se hizo esperar. La FRTS organizó mítines y manifestaciones callejeras exigiendo el estricto cumplimiento de la ley y se declararon en huelga los trabajadores de algunos hoteles, panaderías, carpinterías y de la construcción por la disminución de salarios de que eran víctimas. Asimismo, los trabajadores del puerto de Acajutla, el principal del país, fueron al paro de labores en reclamación del cumplimiento de la jornada de ocho horas.[5]

Durante el Gobierno de Romero Bosque, el movimiento sindical llegó a abarcar más ampliamente a los trabajadores de la ciudad y a los obreros agrícolas. Núcleos de campesinos pobres y acomodados fueron organizados en ligas y cooperativas. Esto, sin lugar a dudas, fue un paso importante y no es difícil encontrar su causa en el viejo pasado de nuestro pueblo. Se parte del presupuesto de que la conciencia popular es cambiante, que no ha sido hecha de una vez para siempre. Sin embargo, las raíces de la vocación cooperativista, más bien comunitaria, en esa época aún no estaban marchitas ya que la tradición del trabajo en común entre los indígenas no había podido ser borrada por casi medio siglo de extinción de sus comunidades. El movimiento campesino adquirió en el segundo quinquenio de los años veinte proporciones jamás vistas y solamente superadas en los años setenta del siglo XX.

La consigna central de «la Regional» fue la lucha por una reforma agraria democrática y considerábase como tal el reparto de tierras a los campesinos, la consiguiente liquidación de los latifundios y la erradicación total de las formas precapitalistas de explotación existentes. Además, se propugnaba el desarrollo del crédito agrícola oportuno ya bajo interés, la asistencia técnica, la proporción de abonos, insecticidas y demás insumos, así como el acceso a instrumentos de labor baratos. Tales reivindicaciones, muy sentidas entre las masas del campo, los dirigentes las concebían como medios para mejorar el estado de miseria campesina mediante la elevación del nivel de vida y, así, coadyuvar a la apertura de la industrialización nacional con el desarrollo del mercado interno.

También se luchaba, de parte de «la Regional» por objetivos inmediatos, como la rebaja de alquileres de la tierra, el aumento de los salarios en las labores agrícolas, el cese de los despidos injustificados, la abolición de los maltratos de obra a los trabajadores y de las injusticias cometidas por los hacendados y sus empleados.

La reforma agraria propuesta —aun con sus limitaciones conceptuales— era justa en lo esencial y muestra de ello es que tocaba las fibras más sensibles del egoísmo de la oligarquía cafetalera, en particular, y de los terratenientes en general.

En El Salvador, la solución del problema agrario en beneficio del campesinado y del proletariado agropecuario se hallaba inscrita con caracteres de urgencia desde esos tiempos; estaba, pues, en el proscenio de la problemática nacional.

En los años veinte tal problema se caracterizaba por su grado de agudez. De allí que los trabajadores organizados tomaran en sus manos esa tarea, puesto que ningún sector de la burguesía hizo suya esa reivindicación histórica, y cuando personajes de esta clase la mencionaron era para obtener votos en los sainetes electorales. Fue necesario en ese tiempo que, correctamente, la clase obrera y el campesinado hicieran suya la lucha por la reforma agraria dentro de los marcos de su lucha por la democracia.

El 8 de agosto de 1929 la FRTS inaugura su V Congreso Federal que se clausuraría en la madrugada del 14 del mismo mes. Este Congreso, el último del decenio, revistió importancia debido, entre otras causas, a que los grupos de comunistas estaban ya provistos de algunos delineamientos en cuanto organización sindical, particularmente, y de masas, en general, acordados en la Conferencia Sindical Latinoamericana y en la Conferencia de Partidos Comunistas, a las cuales se hizo alusión en el Capítulo V.

Al V Congreso Federal de la FRTS asistieron «setenta delegados de las diferentes organizaciones obreras de toda la república, inclusive de los más apartados lugares de la misma», decía la noticia dada por el *Diario del Salvador* (10 de agosto de 1929), agregando: «Quedó patentizado el entusiasmo de la clase obrera y campesina en pro de la unificación proletaria para su mejoramiento». Enseguida: «Varios delegados campesinos tomaron la palabra exponiendo la crítica situación por la que atraviesan en los campos, y en el ardor que los alienta para anteponerse a ella, manifestaron al mismo tiempo que en parte están organizados haciendo intensa labor en este sentido de completar la organización».[6]

Del programa del Congreso deben destacarse algunos puntos, tales como el informe de la delegación que representó a la Federación en el Congreso Sindical Latinoamericano, trabajos sobre estructura y métodos a seguir para la mejor marcha del movimiento social, estudios sobre organización campesina, trabajos sobre reglamentación económica que responda al sostenimiento de la Federación en el esfuerzo de los trabajadores mismos.

El Congreso se caracterizó porque en él afloraron, con mucho énfasis, las contradicciones ideológicas existentes en el seno del movimiento encabezado por «la Regional». Miguel Mármol contaba que dentro de esta, había, por lo menos, representantes que él clasificaba como anarcosindicalistas, del sindicalismo amarillo y del prohijado por la Internacional Sindical Roja. Debe dudarse acerca de estos calificativos. En verdad ellos se espetaban sin mayores criterios evaluativos, al calor de posiciones sectarias promovidas por irrefrenables apasionamientos. Precisamente el *Diario del Salvador* (15 de agosto de 1929), bajo un titular a tres columnas de la primera plana que decía: «Con una reunión borrascosa se clausuró a las 3:00 a.m. el V Congreso Obrero», informaba de la elección del nuevo Consejo Federal Directivo, 1929-1930.[7]

La crónica destacaba como «punto importante» «el conocimiento de la apelación interpuesta por Gumercindo Ramírez, Raúl B. Monterrosa y Manuel Peña Pineda», acusados de malversación

VII. EMERGENCIA DEL MOVIMIENTO SINDICAL 77

de fondos sindicales «y de estar en connivencia con la Federación Americana del Trabajo, por ser esta organización de carácter amarillista». Los acusados no se defendieron y el Congreso ratificó lo actuado por el Consejo Federal Directivo saliente, quedando, de esta manera, expulsados los apelantes. El incidente relativo a la Federación Americana del Trabajo se debió a que Ramírez y Monterrosa, en forma inconsulta, afiliaron a «la Regional» a dicha Federación. Los expulsados, decía Mármol, eran poseedores de reales méritos personales y gremiales, y agregaba: «No fue tarea fácil porque a pesar de las posiciones regresivas, mantenían el prestigio que les había conseguido su pasado y eran respetados todavía por la masa [...]».[8]

A las anotaciones que sobre el movimiento obrero organizado se ha venido haciendo en esta obra, no debe dejarse pasar por alto el primer contacto directo de dos de sus miembros con la Internacional Sindical Roja (ISR) que en agosto de 1930 celebró su V Congreso.

La FRTS eligió como delegados a Miguel Mármol y a Modesto Ramírez, obrero artesano el primero y trabajador agrícola el segundo.[9]

El orden del día del V Congreso de la ISR tuvo entre otros puntos «las tareas de los sindicalistas en los países coloniales y semicoloniales», y «el problema de los cuadros dirigentes para el movimiento sindical revolucionario». Además, aprovechándose la presencia de delegaciones de América Latina en Moscú, se programó una Conferencia Sindical Latinoamericana, en la cual se detallaría la aplicación, en nuestro subcontinente, de la línea general trazada en el Congreso de la ISR.

Mármol refiere que hubo dos reuniones de «sindicalistas latinoamericanos». «La primera —dice— versó exclusivamente sobre los problemas de la organización en el campo»; y la segunda se hizo en torno a asuntos políticos como el carácter de la revolución en los países latinoamericanos, formas de organización y de lucha, etc.[10]

En los primeros tiempos de su Gobierno, don Pío respetó los derechos y libertades democráticos. Los obreros prosiguieron fortaleciendo sus organizaciones sin mayores dificultades. Refiérese que el presidente, haciendo gala de paternalismo, en repetidas ocasiones ofreció su contribución monetaria para el sostenimiento de la FRTS que, por cierto, padecía de una crónica necesidad de fondos. Sin embargo, la FRTS siempre declinó aceptar el ofrecimiento.

Por este tiempo no resultaba extraño a nadie que el presidente de la república convocara a su despacho oficial a dirigentes obreros para entablar conversaciones sobre el momento actual. No fueron pocas las oportunidades en que don Pío les expresara su acuerdo con las organizaciones de los trabajadores, pero no compartía la opinión de que se movilizara y organizara a los trabajadores del campo. «Los obreros hacen mal con inquietar a los campesinos y asalariados rurales —les decía— ya que estos viven tranquilos en la situación en que se encuentran».

En el presente, cuando retrotraemos nuestra mirada a los inicios y desarrollo del sindicalismo en El Salvador, no podemos menos que valorizar, en sus justos términos, la ingente y difícil labor desempeñada fervorosamente por los dirigentes de «la Regional». El peso de todo lo positivo que realizaron sobrepasa los errores de sectarismo en que incurrieron. Ellos hicieron grandes cosas como la unidad obrero-campesina a pesar de que no tenían experiencias propias acumuladas para responder con mayor acierto a las exigencias que la historia viva y diaria les imponía; pero si esto es remarcable, lo es aún más el que los sindicalistas de los años veinte, ligados a los primeros grupos de comunistas, fueron los catalizadores que contribuyeron con su lucha tenaz, a la luz de nuevas ideas sociales, a que por primera vez en la historia de El Salvador emergiera la clase trabajadora como un nuevo sujeto social organizado y con vocación política de poder. Debe reconocerse en esta labor organizativa el dinamismo y arrojo de núcleos intelectuales esclarecidos que dieron su valioso y desinteresado aporte.

VIII
Incorporación de los indígenas a la revolución. José Feliciano Ama

Uno de los temas que las derechas salvadoreñas han deformado con interpretaciones antojadizas es el relativo a la incorporación de los indígenas a las filas de la revolución. Entre escritores o periodistas empeñados desde 1932 en combatir visceralmente el comunismo se destacan estas apreciaciones: que el indígena vivía en una especie de Arcadia tropical, en la cual las relaciones laborales, si bien no eran perfectas, por lo menos eran perfectibles, ya que el explotado, analfabeto y hambriento, conforme con su situación, era terreno fértil para las soluciones pacíficas y evolutivas; pero que había llegado la cizaña del comunismo, importada desde las estepas de Rusia por agitadores internacionales, quienes en connivencia con los de igual oficio en el país inauguraron en la historia salvadoreña nada menos que la lucha de clases. De aquí que una de las concepciones oficiales de los cafetaleros acerca de la insurrección de 1932 era la de que «el amago comunista no fue sino una locura peligrosa causada en la mente sencilla de los campesinos por las prédicas con que se les engañaba».[1]

Los siguientes párrafos ayudarán a esclarecer algunas de las causas que, como motivaciones irresistibles, impulsaron a los indígenas a abrazar la causa revolucionaria comunista.

VIII. INCORPORACIÓN DE LOS INDÍGENAS A LA REVOLUCIÓN...

En 1930 la población rural de El Salvador era del orden del 60,5% y la urbana del 39,5%, aunque se debe anotar que el 31 de diciembre de tal año, apenas había ocho ciudades con una población urbana mayor de 10 000 habitantes. Este último dato es destacable porque debajo de la cifra de 10 000, había ciudades (seis cabeceras departamentales en cuenta), villas y pueblos que, pese a sus pretensiones urbanas, eran, propiamente hablando, centros de vida rural, puesto que el grueso de sus pobladores estaba ligado, en una u otra forma, al trabajo agrícola en que se hallaban ubicadas.

Por otro lado, los grupos étnicos existían en las siguientes proporciones:

Mestizos: 75%

Indígenas: 20%

Blancos: 5%

En la zona occidental del país, en donde se localizaría el ojo del huracán insurreccional se encontraban las mayores concentraciones de indígenas, particularmente en el departamento de Sonsonate. Tal zona era, y sigue siendo, cafetalera y ganadera, con dominio de población rural. Además las migraciones internas a las ciudades aumentaron en el decenio de los veinte, así como a las fincas productoras de café. De conformidad con el censo de 1930 en el departamento de Santa Ana solo había 4 051 indígenas, o sea, el 2,6% de la población; en Ahuachapán, 20 572, equivalente al 26,1%; en Sonsonate, 34 764, es decir el 34,7%; y en La Libertad, 8 749, o sea, el 5,9%.[2]

Si bien es cierto que, en general, la vinculación con las masas del campo no era fácil, principalmente por el acoso de la Guardia Nacional, los comunistas lograron movilizarlas mediante un paciente esclarecimiento de sus problemas más agudos y el planteamiento de posibilidades de solución a corto plazo. El analfabetismo, la ignorancia, el fanatismo religioso y el conformismo amurallaban, como factores negativos, la conciencia de los habitantes del campo y, por consiguiente, dificultaban la penetración de las ideas revolucionarias. Resulta muy aleccionador que fuera Sonsonate, precisamente, uno de los departamentos en donde prendió el fuego de la revolución entre las masas del campo y, particularmente, entre las masas indígenas. Un cacique de estas, José Feliciano Ama, se adhirió firmemente a la causa revolucionaria.

Ama, natural de Izalco, era el mayordomo principal de la Cofradía del Espíritu Santo que, según versiones, era la más poderosa en 1932. Esta posición lo situaba en el pináculo de una jerarquía espiritual indiscutible, lo que unido a su reconocimiento como cacique (aunque este título había sido abolido por los conquistadores, seguía, de hecho, reconociéndose entre los indígenas), hacía de Ama un hombre de gran poder en los campos religiosos y político, es decir, un caudillo indiscutible. Se ha llegado a asegurar que a través de las cofradías, obedecían a Ama cerca de 30 000 indígenas (prácticamente, la población aborigen de Sonsonate), razón por la cual los políticos procuraban atraerlo a sus filas para obtener votos en las elecciones.

Con el fin de comprender la importancia de las cofradías, hablemos de ellas aunque sea a grandes rasgos.

Tales asociaciones, de origen español, tienen como adherentes a cierto número de personas devotas de un santo o imagen de la religión católica, y el objeto de su organización es el de cooperar en la realización de la fiesta dedicada a la imagen en la fecha correspondiente al santoral.

En cada cofradía el cargo más importante es el de mayordomo principal o jefe de la Cofradía y, según sea de numerosa la hermandad, siguen un segundo o tercer mayordomos. A sus mujeres se les nombra en cargos de mayoras o capitanas. Todos tienen asignados trabajos específicos que deben realizarse bajo su responsabilidad.

VIII. INCORPORACIÓN DE LOS INDÍGENAS A LA REVOLUCIÓN...

Las cofradías fueron creadas por los religiosos acompañantes de los conquistadores españoles, cuando la cruz y la espada estuvieron a la par para el sometimiento de los naturales. El poder religioso no logró jamás el dominio espiritual completo de los indígenas. Estos adoptaron apenas una parte de las creencias del catolicismo de los indoctrinadores, que fue combinada con sus propias creencias y ritos prehispánicos, y su producto fue una religión mixta. Este sincretismo religioso, que ya había sido observado por los cronistas coloniales, fue tolerado no solo porque los religiosos fueran displicentes o descuidados, «sino que fue también, en gran medida, resultado de la tenaz oposición que los indios presentaron siempre a la labor de sus indoctrinadores, y de la presión que sobre ellos ejercieron para que pasasen por alto sus creencias y prácticas paganas».[3]

Podríamos decir que en las cofradías los indígenas encontraron, aunque fuera en pedazos, parte de su identidad cultural rota por la violencia del conquistador. Ellas fueron una especie de argamasa social que los mantenía unidos ante un mundo hostil y brutalmente explotador. La cofradía fue un medio para transmitirse verbalmente su propia historia en forma de recuerdos, gratos o dolorosos; fue su expediente para guardar su memoria histórica. La convivencia que se estrecha durante los días que duran los festejos del respectivo santo, y de los cuales son excluidos hasta los propios curas, es una forma de mantener esa identidad.

Miguel Mármol recordaba, sin precisar fecha, que a él se le destacó al departamento de Sonsonate para realizar trabajo de propaganda y de organización entre las masas del campo. «La primera reunión —aseguraba— se celebró solo con representantes obreros y campesinos del departamento. José Feliciano Ama, quien había concurrido, informó, entre otras cosas, que había asistido a un llamado del general Hernández Martínez, quien le insinúo que desistiera del comunismo porque «ese hueso tiene hormigas». Ama dijo haberle contestado: «Estoy determinado a estar al lado de mis compañeros». Cuando Mármol le preguntó a qué se debía tal determinación de estar con el Partido, dijo:

> Desde hace muchos años los ricos vienen extorsionándonos y reduciendo nuestras tierras cada vez más», y que, poniéndose de pie, señaló las propiedades de doña Concha v. de Regalado, manifestando que esas propiedades los indígenas las habían heredado de sus padres, pero que el general Tomás Regalado lo mandó a capturar y que mediante torturas le arrancó las escrituras de propiedad. Ama enseñó las cicatrices que tenía en los dedos de sus manos para confirmar su relato.[4]

Ama tocaba, de esta manera, uno de los problemas centrales de nuestra historia: el despojo, más o menos violento, de la tierra que estaba en manos de los indígenas y de las municipalidades, y su monopolio en pocas manos.

Una breve revisión del pasado, y ya dentro de la vida independiente de El Salvador, nos pone de manifiesto que entre 1833 y 1932, o sea, en el lapso de noventa y nueve años, hubo varias rebeliones indígenas para reivindicar la tierra de que habían sido despojados o para defender la poca que les quedaba.

En enero de 1833 Anastasio Aquino (Anastacio Mártir, se lee en su fe de bautismo), indígena de Santiago Nonualco, acaudilló una formidable insurrección que hizo tambalear el poder constituido al derrotar varias veces al ejército regular y amenazar seriamente la capital. El movimiento dominó gran parte de la zona central costera del país, pero una vez vencidas las huestes de Aquino, que reclamaban tierra para trabajarla, sus ideales de justicia fueron

VIII. INCORPORACIÓN DE LOS INDÍGENAS A LA REVOLUCIÓN...

ahogados en sangre. Aquino fue fusilado, cortada su cabeza, luego hervida en aceite para ser exhibida en una jaula de hierro a la vista de los transeúntes en la cuesta de Los Monteros, a la salida de la población de Zacatecoluca.

Problemas surgidos por el establecimiento de límites entre propiedades privadas y de las comunidades indígenas, originaron en diciembre de 1870 en la ciudad de Santa Ana fuertes choques entre los comuneros que habitaban el volcán de Santa Ana y tropas de la guarnición del lugar. El presidente, Francisco Dueñas (uno de los grandes terratenientes del país), dictó amnistía exceptuando a los autores de delitos de incendio, robo, asesinato y a los dirigentes del movimiento, y aquellos que no entregaron las armas fueron perseguidos y penados como reos de rebelión y sedición. Uno de los dirigentes, Nicolás Angulo, fue fusilado sumariamente el 19 de diciembre de ese año. Este movimiento, del cual existe poca información, se conoce popularmente como «el levantamiento o rebelión de los volcaneños».

El secular descontento de las masas campesinas, privadas de tierras y explotadas con salarios miserables, se reactivó antes de que se dictaran las leyes de extinción de comunidades indígenas y de ejidos.[5] Tal reactivación se manifestó en forma violenta. Hubo levantamientos en el occidente de la república el día 12 de agosto de 1872 y el 16 de marzo de 1875.

El 2 de enero de 1885 y el 14 de noviembre de 1898, cuando se aplicaban las leyes extintivas de la propiedad colectiva, continuaron las rebeliones agrarias protagonizadas por los despojados y necesitados de tierras.

Todas estas rebeliones agrarias, en que predominaban como combatientes los indígenas, son expresiones que prueban, por sí mismas, que la lucha de clases en El Salvador es vieja y que, por consiguiente, no es una creación artificial ni mucho menos antojadiza de los comunistas.

A las leyes extintivas de comunidades y de ejidos siguieron otras del mismo contenido hasta finales del siglo anterior. Así, en abril de 1889, terrenos ejidales poseídos y no poseídos pasaron a ser nacionales, pero luego fueron vendidos en pública subasta o sin esta formalidad que, en los hechos, salía sobrando. En 1891, fue ampliada la Ley de Extinción de Comunidades y se reglamentó su entrega; y, por fin, en 1897, se estableció cuáles eran los terrenos comunales y ejidales que pasarían a poder de la nación. Con la creación del Registro de la Propiedad Raíz e Hipotecas, en 1884, se consolidó la propiedad privada, robustecida con el despojo violento, dándole estabilidad a los declarados dueños de la tierra.

Todo este proceso de expropiaciones y despojos, impulsado por los cafetaleros y políticos liberales aprovechándose del aparato estatal, dejó profundas heridas, permanentemente sangrantes, entre las masas campesinas que habían devenido proletarios o semiproletarios. Tales heridas estaban aún frescas en 1932, porque el transcurso de medio siglo para masas crecientemente explotadas y sometidas por la violencia de la fuerza pública, no había logrado borrar el recuerdo de que hubo un tiempo en que tuvieron suficiente tierra para trabajarla ni eliminar la esperanza de lograr su reconquista.

Lo anteriormente expuesto explica por qué la reforma agraria que planteaba el PCS encontró eco en las masas del campo y, principalmente, en la zona occidental del país. Es precisamente en este contexto histórico concreto que debemos situar a las masas indígenas que se incorporaron al movimiento comunista y, particularmente, el caso de José Feliciano Ama.

Resulta oportuno traer a cuento parte de una conversación que varios compañeros sostuvimos con Modesto Ramírez (el «Tío Modesto» de nutridos núcleos campesinos a lo largo y ancho de nuestro país, entre los cuales vivió hasta unas semanas anteriores a su muerte). Precisamente a él le correspondió contactar a José

VIII. INCORPORACIÓN DE LOS INDÍGENAS A LA REVOLUCIÓN...

Feliciano Ama para atraerlo como miembro a las filas del Partido Comunista.

Llegado el momento de proponerle a Ama su afiliación partidista, contaba Modesto que le respondió, más o menos en estos términos: «De entrar yo al Partido, debe entrar también toda la gente de mi cofradía». Modesto le hacía la observación de que la afiliación era una decisión personal, individual y que no podía hacerse en masa, indiferenciadamente. A esta observación, Ama respondió: «De no entrar todos mis compañeros no entro yo tampoco».

La dirección del PCS, como era lógico, accedió a la demanda de José Feliciano Ama.

Jorge Schlesinger refiere una anécdota de Ama que ilustra acerca de la fingida ingenuidad que ante algunos hechos o acontecimientos tratan de mostrar ciertos intelectuales anticomunistas.

> José Ama —dice— había mantenido siempre relaciones amistosas con el doctor Alberto Gómez Zárate, su candidato en la última campaña electoral. Al tener conocimiento este de las actividades comunistas de Ama, le aconsejó que desistiese de sus propósitos y volviera a la vida de orden y trabajo. Ama no contestó. Pocas semanas después, teniendo noticia el señor Gómez Zárate de las peligrosas actividades de Ama, se dirigió nuevamente a él, y la carta le fue devuelta sin haber sido abierta, con la anotación siguiente firmada por Ama: «No quiero tener correspondencia con un burgués arrogante y explotador».

Sigue un comentario de Schlesinger: «Pocos meses de propaganda bastaron para convertir a un hombre honrado y trabajador al amigo de la clase superior, en enemigo acérrimo; en un verdadero apóstol del credo rojo, dispuesto a derramar hasta la última gota de sangre, en aras de la causa que abrazara».[6]

José Feliciano Ama, llegado el minuto señalado para la insurrección, cumplió al pie de la letra las instrucciones recibidas. Dominada la ciudad de Izalco por los revolucionarios, se constituyó en el edificio de la alcaldía el cuartel general de la zona, desde donde se enviaban comisiones de combatientes a distintos rumbos de la comprensión. Tres días duró esta situación, ya que el 26 de enero, cuando las tropas gubernamentales atacaron, la superioridad de las armas y de la disciplina, lograron el desbande de los resistentes. Solamente el contingente comandado por el propio Ama, que defendió la retaguardia de los derrotados, se quedó combatiendo. Vencida toda resistencia, Ama se halló entre los capturados. Fuertemente atado de sus dedos pulgares, fue llevado a la cárcel.

Las tropas punitivas —que llevaban el nombre de «tropas expedicionarias»— hicieron los inmediatos arreglos para empezar el castigo de los insurrectos. Es entonces cuando «la multitud ladina, presa del odio reaccionario que es peculiar en estos casos, rodeó la prisión exigiendo que les fuera entregado el indio Ama».[7] Las autoridades militares, con inocultable condescendencia, montaron rápidamente una farsa de indagación sumarísima al cacique izalqueño, y ante las insistentes preguntas de cómo habían ocurrido los hechos y quiénes eran los principales dirigentes, además de él, Ama se concretó a decir solamente: «Yo no sé nada». Una vez terminada esta inútil formalidad, que duró breves minutos, sus verdugos entregaron a Ama a la venganza de los ladinos.

Anderson, quien recogió testimonios en la zona, dice que el actual cacique de Izalco le refirió que un amigo personal de Ama le había contado que este, cuando fue llevado de la comandancia de la Guardia Nacional al parque en donde se le colgó, fue golpeado brutalmente durante todo el trayecto y fue tal el tratamiento, que antes de llegar a la pequeña plaza de la Asunción había muerto. De tal manera, que los ladinos enardecidos lo que colgaron fue el cadáver de José Feliciano Ama.[8]

VIII. INCORPORACIÓN DE LOS INDÍGENAS A LA REVOLUCIÓN... 89

El estoicismo con que Ama recibió la muerte impresionó muy hondamente aun a sus enemigos.

Poco tiempo después, como souvenir se vendieron fotografías de «Ama preso, Ama colgado, Ama en el momento de ser descolgado». Había, además, esta nota explicatoria: «José F. Ama. Ejecutado por la acción popular».

En cartas recibidas, lo mismo que en conversaciones con muchas personas, relacionadas con este libro, se ha hecho esta pregunta:

¿En qué medida la discriminación racial influyó en la matanza de 1932?

La respuesta debe contraerse a exponer algunas reflexiones aproximativas sobre el problema que amerita una investigación especial.

En primer lugar, se debe establecer si en la sociedad salvadoreña existe o no la discriminación racial de nuestros indígenas o indios, como es común denominarlos.

Estudios serios hechos por Alejandro Dagoberto Marroquín,[9] así como por otros investigadores[10] posibilitan establecer que en El Salvador existe tal discriminación.

Chapin, en nota de pie de página[11] dice que en la publicación del Departamento de Estado de los Estados Unidos, titulada *Country Reports on Human Rights Practices for 1987*, aparecen estas líneas: «El Salvador tiene homogeneidad étnica y quedan pocos indígenas puros. No hay discriminación oficial de los indios [...]». Él comentó: «No se explica precisamente lo que podría ser discriminación "oficial"». Además, este mismo autor, con inocultable carga de ironía, desarrolla en su ensayo este tema central: «Los indígenas invisibles de El Salvador». Su trabajo concluye estableciendo la existencia «[...] de una numerosa población de gente que se considera indígena», que es «[...] considerada como tal por quienes los rodean. Esa gente está desprovista casi por completo de todas las cosas que una vez tenía: han perdido sus terrenos, gran parte de su cultura autóctona, su idioma, su autonomía y aun su sentido de estima propia».[12] El autor norteamericano reconoce que Dagoberto Marroquín fue el primero en establecer que el indígena salvadoreño no podía ser definido de acuerdo al conjunto tradicional de criterios étnicos (lengua materna, vestimenta típica, costumbres y otros). Por esta vía hace suya la definición que Marroquín diera para el indígena de El Salvador.[13]

En cuanto a la expresión, ya consignada, en el sentido de que en El Salvador «no hay discriminación oficial de los indios […]», amerita decirse que, en efecto, no existen instituciones ni políticas gubernamentales de carácter expresamente racistas, aunque debe tenerse presente contra qué clase social, en concreto, estaban enfiladas las leyes que castigaban la vagancia en el siglo pasado y ya muy entrado el presente, así como aquellas disposiciones de la Ley Agraria, punitivas de los llamados «quebradores de trabajo»,[14] en labores agrícolas, quienes podían ser objeto de crueles castigos corporales y de trabajar forzadamente.

En El Salvador, como lo han señalado estudiosos del problema indígena, a la población rural se le da el nombre genérico de «campesinos» que enmarca todo un universo de situaciones etnosocioeconómicas, llegándose por este camino a tener por «indios» a quienes laboran directamente la tierra como peones o jornaleros.

Para los propósitos del punto a que se hace referencia, es oportuno transcribir algunos párrafos, muy significativos, del *Libro Azul* de El Salvador.[15] En efecto, en el acápite «Población y razas» se dice: «Solo el espíritu realmente liberal y humanitario de nuestras instituciones, puede sacar a nuestro indígena de la apatía, instruirle en la fe republicana y en la moral cristiana, e incorporarlo así en el torrente del moderno progreso».

Más adelante se asegura que «los blancos de nuestra sociedad forman el núcleo civilizado del país»; y que «el elemento dirigente de la sociedad es el blanco o criollo, el cual tiende con medidas de previsión y altruismo a igualar todas las clases, dictando leyes que hacen desaparecer las desigualdades de raza y tienden a elevar la raza desheredada al nivel de ciudadanos de una república liberal y progresista».

Es fácilmente advertible que en las citas hechas, el racismo y un fingido paternalismo se conjugan. Por otra parte, es muy fácil inferir que si hasta hace poco tiempo los investigadores sociales han encontrado vivos, aunque ocultos, hechos que configuran concepciones racistas y discriminación indígena, que estas existían con mayor relieve hace unos setenta años.

Precisamente, Marroquín se refirió a la «imagen ideológica» del «indio comunista» fabricada en 1932. A este propósito Chapín lo cita consignando que la «lucha en defensa del orden imperante se saturó de consignas anticomunistas que incidieron en el problema indígena: indio y comunismo llegaron a ser una sola cosa». Por su parte, el autor norteamericano añade: «En los decenios siguientes, los indios de El Salvador se escondieron, negaban su existencia al mundo exterior y ocultaban su identidad».[16]

En relación con ese ocultamiento, cabe decirse que después de 1932 la vía de escape de su situación como indígena perseguido hasta la muerte y discriminado, fue la ladinización que, en términos generales, significa la adopción por parte del indígena de la vestimenta, de hábitos y costumbres, así como del habla de los ladinos.

En el siglo pasado las comunidades nonualcas, después de la derrota y ejecución de Anastasio Aquino (julio de 1833), entraron en un proceso de ladinización, al punto que, actualmente, con mucha dificultad puede identificarse a descendientes de dichas comunidades.

En estas aproximaciones al tratamiento de la discriminación racial en El Salvador, transcribo partes atingentes del relato de un hacendado de Juayúa que fue publicado en el *Diario de Santa Ana*

(1ro. de febrero de 1932),[17] en el cual refiere experiencias propias vividas en el momento de la insurrección:

> Nunca imaginé, ni por un momento siquiera, de lo que sería capaz el comunismo en nuestras masas populares, que aquí constituye un 95% de los moradores [...] No hay un indio que no sea afiliado al comunismo devastador. Uno que otro que quedó en su casa, esperaba el postrer aviso para incorporarse a las filas. Mozos buenos que yo consideraba leales y a quienes hemos tratado como en familia, fueron los primeros en acudir a prestar su contingente a la negra causa. Y es tal el descaro de esta gente, que hoy que se ven un tanto vencidos por las actividades del Gobierno, que los vino a aniquilar, esos mismos que hace unos momentos intentaban contra nuestras vidas y todo lo que poseemos, son los que ya andan en busca de protección y nos juran que nos pertenecen y que *ellos* no se metieron [...] Y ellos, que tienen el germen de la sangre pícara, que son de complexo inferior al nuestro, que son de una raza conquistada, con poco tienen para encender en pasiones infernales contra el ladino, a quienes ellos señalan, porque nos odian y nos odiarán siempre en forma latente. Se cometió con ellos el gravísimo, el peligrosísimo error de concederles derechos ciudadanos. Eso fue enormemente malo para el país. Se les dijo que eran libres, que de ellos también era la nación, y que tenían pleno derecho de elegir sus jefes y mandar. Y ellos comprenden que el decir jefes y mandar, equivale exactamente a entregarse a la rapiña, al robo, al escándalo, a la destrucción de propiedades, etcétera, y matar a los patronos [...] Deseamos que se extermine de raíz la plaga; de lo contrario, brotará con mayores bríos, ya expertos y menos tontos, porque en nuevas intentonas se tirarán contra las vidas de todos, primero, para degollar por último. Necesitamos la mano fuerte del Gobierno, sin pedirle consejos a nadie, porque hay gentes piadosas que predican el perdón, porque ellas no se han visto con su vida en un hilo. Hicieron bien en Norteamérica,

VIII. INCORPORACIÓN DE LOS INDÍGENAS A LA REVOLUCIÓN...

de acabar con ellos; a bala, primero, antes de impedir el desarrollo del progreso de aquella nación; mataron primero a los indios, porque estos nunca tendrán buenos sentimientos para nada. Nosotros, aquí, los hemos estado viendo como de nuestra familia, con todas las consideraciones, y ¡ya los vieran ustedes en acción! Tienen instintos feroces.

Respecto al relato del hacendado, cabría la observación de que es una opinión personal. No es necesario extenderse sobre ello, aunque sí traer a cita pasajes de una opinión responsabilizada de la Asociación Cafetalera de El Salvador.[18] Tal opinión responde a una encuesta sobre las causas de la insurrección de 1932 hecha por la Asociación para el Estudio de Reformas Sociales, «constituida —según decir de Ovidio González— por personas que creían que los orígenes de tal movimiento revolucionario radicaban en la organización imperante en El Salvador». Dicha opinión apareció en la revista *El Café de El Salvador*, órgano de la Asociación Cafetalera de El Salvador, correspondiente a julio de 1932.

Una vez más aclaramos que solo traeremos a cuento aquello atingente al punto específico: el de la discriminación racial del indígena salvadoreño. El artículo de los cafetaleros habla del «drástico ahogo» de la rebelión «hecho con severidad serena por el Gobierno»; de que «[...] el plan de vida de nuestros campesinos es algo que traspasa el corazón de pena», añadiendo, seguidamente:

> Todo eso constituye un hecho muy triste; pero cuya responsabilidad rechaza terminantemente el agricultor. *Legada por las administraciones coloniales, esa masa popular descendiente de los pueblos indígenas conquistados,* ha llegado hasta nosotros olvidada de todos, abandonada a sí misma, sin que en época alguna, ningún Gobierno se haya preocupado por ella ni atendídola, ni tratado de mejorarla o de incorporarla a la civilización. ¿Por qué,

entonces, van a ser culpables los finqueros, de una situación que encontraron formada, cristalizada a través de cientos de años?[19]

Los cafetaleros encontraban en nuestra sociedad tres clases: «la alta», «la media» y la «baja o pobre». Respecto de la última, he aquí la descripción que se hace de ella:

> [...] la clase baja vive y piensa como vivían y pensaban los siervos romanos. Forman una capa, infinitivamente baja y remota, que no sienten necesidad de vestirse, ni de instruirse, ni de curarse; que no siente ninguna necesidad [...] Su idea acerca de la familia o es rudimentaria, o falta por completo. Tienen su moral especial de preceptos sencillísimos. Su religión, aunque oficialmente la católica, se confunde con una grosera idolatría. Y en cuanto a su cultura cívica no va más allá que el temor instintivo a la pareja de guardias [...] y la noción de que las elecciones son, en realidad, meros banquetes a base de «guaro» y de «tamales».

Concluyamos estas aproximaciones al problema aseverando que en la sociedad salvadoreña existe racismo y discriminación racial referidos al indígena o indio, pero que estos fenómenos no tienen una evidencia cartesiana debido a que son enmascarados fementidamente por concepciones culturales, tales como la caridad cristiana, el humanismo o la filantropía. Proclamar, desembozadamente, el racismo así como la discriminación racial, sería un contrasentido, ajeno a toda lógica, en un pueblo, como el nuestro, predominantemente mestizo y, por lo tanto, formando una comunidad de sangre o raza cultural.

IX
El momento social y la actitud de monseñor Belloso y Sánchez, obispo auxiliar de San Salvador

Frente a la agitada situación social y política, la Iglesia Católica salvadoreña definió públicamente su posición. A continuación, se transcriben puntos de cartas pastorales medulares de esa definición eclesial.

El 31 de octubre de 1927 monseñor Alfonso Belloso y Sánchez, administrador apostólico de la arquidiócesis y obispo auxiliar de San Salvador, publicó la pastoral titulada «El presente momento social». Este documento resume la posición de la Iglesia frente a la doctrina socialista.

Al referirse a los «sistemas socialistas» monseñor Belloso y Sánchez expresa:

> Para pensar recta y cristianamente acerca del socialismo hay que distinguir, primero: la parte económica o sea la que estudia las relaciones materiales del capital y el trabajo. Miradas así las cosas y a la sola luz de la razón humana, el socialismo propone planes absurdos y temerarios que la prudencia más elemental obliga a rechazar. Pero hay puntos en la doctrina socialista que podrían discutirse y por medios justos y pacíficos ponerse en práctica no sin provecho del orden social».[1]

Y prosigue:

> Mas estas relaciones económicas entre el trabajo ejecutado por hombres racionales, libres y cristianos y el capital poseído por hombres igualmente racionales, libres y cristianos que tienen delante de Dios idénticas responsabilidades en sus mutuos contratos, por fuerza se enlazan con las relaciones morales y estas con la religión verdadera. Por donde, segundo: el socialismo, sin poderlo evitar, tropieza con el orden moral y lo destruye para allanarse el paso. Porque, más o menos de un modo o de otro los socialistas afirman errores condenados por la autoridad infalible de la Iglesia, como el decir que el derecho de propiedad es invención humana, adversa a la natural igualdad de los hombres. Ni paran aquí, sino sostienen que la religión se ha de recluir a la vida privada; desconocen el principio de autoridad social, impugnan el matrimonio y defienden el amor libre. Ahora bien, quien a sabiendas admite cualquiera de estos tres errores comete pecado de herejía y se aparta del seno de la Iglesia. Además los sistemas socialistas —con raras excepciones— estriban en el evolucionismo materialista, derivado del materialismo. Y quien acepta el materialismo renuncia a nuestra santa fe [...].[2]

La Pastoral hacía este recordatorio: «[...] un católico que se aficione a cualquiera de los sistemas socialistas corre riesgo grave de contaminarse de herejía, riesgo tanto más mortal cuanto menor sea la instrucción religiosa y menos intensa la vida cristiana del aficionado».[3] Enseguida agregaba «[...] que no todos los sistemas socialistas discrepan del dogma y de la moral católicos en las mismas cosas y en igual modo. Y por eso, con el fin de precisar más nuestra instrucción, queremos fijarnos en el sistema socialista que en estos instantes, desbordándose de Rusia por el Asia Oriental y por toda América Hispana, pretende formar el frente único para combatir el capital. Este es el socialismo que flota en el aire que respiramos».[4]

IX. EL MOMENTO SOCIAL Y LA ACTITUD DE MONSEÑOR BELLOSO...

La parte destinada a este socialismo se titula «El Comunismo Revolucionario». Monseñor Belloso y Sánchez cita pasajes de la Biblia que, según él, condenan lo que considera «evidencias irrebatibles»:

> Proclama este sistema primero, un comunismo radical y absoluto; ninguna persona física ni moral tiene derecho a poseer nada: el suelo, las aguas, las minas, los instrumentos de trabajo, desde el azadón hasta las más grandes y poderosas maquinarias; los medios de transporte y comunicaciones, el comercio y la banca; el producto del trabajo; todo es de todos o sea de la comunidad. El segundo principio que establece el socialismo es el anarquismo revolucionario. Anarquismo. Todos los organizadores comunistas habían pretendido construir un Estado con sus poderes, corporaciones y magistrados. El comunismo anárquico niega el Estado sin decir a punto fijo lo que ha de sustituirlo. Revolución. El modo como la sociedad actual está formada; la familia, el Estado, la Iglesia, estorba e imposibilita el establecimiento del comunismo. Aguardar que por medios suaves se transforme la sociedad presente pondría en balanzas el buen suceso del sistema. Por tanto hay que echar mano de la violencia, de la destrucción, del aniquilamiento para construir el mundo nuevo descuajando el viejo. Más, puesto que el comunismo perfecto no puede existir mientras los hombres sean como los actuales y la riqueza se produzca tan limitadamente como ahora, menester es conservar el Estado, empresario universal que fija toda la vida económica, pero un estado compuesto por la mayoría proletaria que oprima a la minoría burguesa hasta nivelar toda desigualdad y medir la sociedad con un rasero. Pues confrontad ahora semejantes opiniones con el sagrado Evangelio según San Mateo, capítulo XIX versos 18 y 19. Dice Jesucristo Nuestro Señor: «Si quieres entrar en la vida eterna, guarda los mandamientos: no perpetrarás homicidio-no adulterarás-no cometerás hurto-honra a tu padre y a tu madre-y ama a tu prójimo como a tí mismo».

Jesucristo reprueba el homicidio, el comunismo lo da por bueno con tal de conseguir sus fines. Jesucristo prohíbe el adulterio y aun mirar o desear sexualmente a otra persona, el comunismo impone como la ley suprema de las relaciones sexuales el amor y el placer. Jesucristo amonesta que quien comete robo en materia grave no entrará en el reino de los cielos. Es, por tanto, el robo un pecado, una injusticia. ¿Y cómo puede ser justo, si el individuo no tiene derecho para poseer cosa alguna cual propia de modo que nadie pueda arrebatársela sin pecar? Jesucristo manda honrar, esto es respetar, amar y obedecer a los progenitores y a ellos les manda amar, corregir y educar a sus hijos, el comunismo declara bienes públicos a los niños y a los jóvenes y les ordena que desconozcan a sus padres y dispone que sean criados por la comunidad como se crían los rebaños. Jesucristo manda a dar al «César lo que es del César y a Dios lo que es de Dios» (S. Mat. XXII, 21), lo cual sería absurdo, si no hubiera autoridad civil sea cual fuere su forma, y una autoridad religiosa, ambas integradas por hombres, puesto que ordena pagar los tributos; el comunismo anárquico edifica la sociedad nueva sin poder alguno que tenga derecho de mandar y ser obedecido».[5]

Párrafos más adelante, que se hallan en la sección correspondiente a «El Comunismo y la Razón», proclamaba la Pastoral:

Quítese al hombre el derecho de poseer bienes estables que le aseguren el mañana, y le será imposible constituir la familia o mirar por su propia existencia siendo célibe. Defórmese en los hijos la sumisión cariñosa de sus padres, y la educación fallará monstruosamente. Eríjase un poder —cualquiera que sea su organización— que posea todos los medios de producir riqueza, que reparta los oficios y fueros a trabajar a todos ocho horas diarias, que retribuya lo mismo el trabajo material que el intelectual, es decir, que dé al carretero o al albañil salario igual que al enfermero, al médico o al profesor de Física; un poder que vigile el trabajo con una «disciplina de hierro» por medio

IX. EL MOMENTO SOCIAL Y LA ACTITUD DE MONSEÑOR BELLOSO...

de camaradas armados de rifle y daga; y el decoro del hombre, la felicidad social, la libertad, la libertad que nos distingue del bruto, la libertad que nos hace dueños de nosotros mismos, la libertad que nos asemeja a Dios, la libertad humana habrá desaparecido para siempre.[6]

Al párrafo transcrito, le sucede otro en el cual se justifica la existencia del estado actual:

> No afirmamos en modo alguno que todas las instituciones políticas, en concreto, sean perfectas, cabales; porque las hay, de suyo inconducentes e injustas, las hay anticuadas y dignas de reforma, y por parte del hombre, todas pueden llegar a ser abusivas y dañosas. Pero negar la autoridad; negar a las colectividades humanas el derecho y el deber de constituir en la forma que ellas quieran un poder que por medio del Ejército, de la Marina, de la Aviación y de la diplomacia mantengan la seguridad exterior, y la interior, por medio de la policía urbana y rural contra los malhechores y por medio de los cuerpos sanitarios y técnicos contra la inclemencia de los elementos; un poder que declare y complete el Derecho Natural en los códigos; que administre justicia que rija los destinos nacionales; que, sin entrometimientos y abusos, impulse y favorezca la actividad física, moral y religiosa de los ciudadanos; negar a la sociedad este derecho es negar la razón misma, pues solivianta a una clase social contra otra; predicar el exterminio de una de ellas; entregar el régimen social a una sola clase de ciudadanos quizás menos apta para el Gobierno, armas al hombro, equivale a entronizar la más horrible de las tiranías, la tiranía de un puñado de irresponsables, árbitros y dueños de las muchedumbres. En una palabra, mayores males acarrean las instituciones sociales realizadas conforme al ideal, que las instituciones tradicionales con todas sus deficiencias, lacras y deformaciones.[7]

Con el subtítulo «El Socialismo y la Patria Salvadoreña», finaliza la Pastoral de monseñor Belloso y Sánchez. Espiguemos en sus párrafos:

> El Socialismo, así como aborrece las ideas de propiedad familiar, Estado, religión, así también abomina de la idea de Patria. Las fronteras se le antojan coacción y tiranía, y se ha jurado borrarlas; el hombre ha de ser ciudadano del universo; en el mundo socialista no habrá naciones, habrá sindicatos. Por consiguiente, en la geografía socialista no contaría la república de El Salvador, sino la Confederación de Camaradas Salvadoreños.[8]

En este último párrafo, existen indudables alusiones a Alberto Masferrer y a la Federación Regional de Trabajadores Salvadoreños.

Monseñor Belloso y Sánchez, en la parte final, al describir El Salvador lo sitúa casi en los linderos del paraíso terrenal, y al reflexionar sobre la posibilidad de que nuestro país pudiera ser arrojado «al abismo de un porvenir ilusorio», pregunta: «¿No sería deshonra y pecado gravísimo perder tamañas ventajas en un momento de ceguedad y de agitación mal dirigida o quizá encaminada traidoramente al desquiciamiento de la patria?». Un poco más adelante, expresa: «Confiar la solución de problemas tan complejos y espinosos a mítines populares y a conferencias tendenciosas —por más que se doren con los nombres de centros culturales y de campañas contra el analfabetismo— sería reconocido desacierto».[9] Esta es una alusión directa a la actividad de la Universidad Popular.

Finalmente, en el documento que se ha venido transcribiendo parcialmente, se dice: «No necesitamos agrupaciones propagandistas que lancen a los cuatro vientos ideas inspiradas por el comunismo extranjero, sino *círculos de estudios* que, de la observación directa de nuestra vida social íntima, infieran las causas y los remedios de sus dolencias. Invitamos, pues, a todos los intelectuales salvadoreños a esta labor tranquila y de veras provechosa, y dirigimos también la invitación a los que, por desdicha nuestra, sentimos alejados del catolicismo, la única religión cristiana, proponiéndoles para nuestra mutua inteligencia el siguiente criterio: *El sistema económico-social más aceptable es el que mejor concilia el mayor bien posible del individuo con el mayor bien posible de la colectividad*».[10]

Más tarde, en mayo de 1932, cuando aún proseguía el genocidio en El Salvador, a raíz de la insurrección de enero, monseñor Belloso y Sánchez escribiría otra Pastoral, titulada «Importancia económico-social-religiosa del salario agrícola en El Salvador».

Está fuera de los propósitos del presente trabajo hacer algunos comentarios pertinentes a las pastorales en mención, reduciéndose a la trascripción de algunos párrafos.

Comienza el autor:

> Nunca creímos al escribir nuestra Pastoral del 31 de octubre de 1927 que la realidad de los hechos comprobara con evidencia tan dolorosa cuanto en aquella Carta os decíamos de la naturaleza y tendencias del comunismo. Y no porque dudáramos de lo que allí con tanta aseveración os denunciábamos sino porque el amor a la Iglesia, a la Patria y a vosotros, amados y fieles hijos, nos hacía concebir siempre nuevas esperanzas de que nuestro señor apartaría de nosotros tan acerbas calamidades.
>
> [...]
>
> Harto sentíamos que ni aquel primer grito de alarma ni las exhortaciones que después acá hemos hecho se recibían como deseábamos; antes se tergiversaban nuestros conceptos, y se nos motejaba de parciales y mal informados, mientras se permitía propalar al sol y al aire ideas subversivas y cargadas de dinamismo destructor. Cuán agradecidos hemos de vivir al

Padre que está en los cielos, por no haber dejado que esta vez llegase la desdicha a sus últimas consecuencias».[11]

Es advertible que, en la práctica, monseñor no solamente rendía agradecimientos al Padre celestial, sino también al que habitaba en la casa presidencial, bendiciendo, así, la matanza capitaneada por el general Hernández Martínez.

La extensa Carta Pastoral concluye con varios párrafos de los cuales se escoge los siguientes:

> Dos caminos se bifurcan ante nosotros para ir derecho a la restauración del orden social: primero, el comunista que clara y abiertamente y por todos los medios y aún los más violentos enseña y pretende dos cosas: la lucha de clases rabiosa; y la desaparición completa de la propiedad privada *(Quadragésimo anno,* III, 2, a.). Segundo, la asociación libre sindicalizada que se funda en las corporaciones profesionales confederadas. Y de tal manera hemos puesto los pies en este arranque de caminos; o nos arrastra el torbellino comunista que ha prevalecido sobre los demás sistemas socialistas; o hemos de reorganizar la sociedad con otros principios. Pues una organización tanto vale cuanto valga el principio que enlace los individuos, incorpore las colectividades diversas y unifique y dé vía al todo. Tres principios han dirigido hasta ahora la reconstrucción social: la libertad económica; la intervención del Estado; la eficacia de la religión. Pero la libertad no ha logrado curar nunca los abusos de la libertad; las leyes del Estado laico se reducen a la coacción destituida de moralidad; el influjo de la religión solo ha sido pleno y eficaz allí donde la religión cristiana, única, verdadera y eficaz, se halla en su plenitud y pujanza, en la Santa Iglesia Católica. Luego, si queremos obras sociales, busquemos hombres católicos, porque no hay obras sin hombres. Así que, empiece la reforma social por los individuos: vuélvanse a Dios, confiesen con rubor sus pecados y satisfagan por ellos como es debido haciendo frutos

dignos de penitencia, detestando los vicios y amen y ejerciten virtudes cristianas, particularmente la abnegación, la caridad con el prójimo y la obediencia legítima a toda autoridad.[12]

Una gran distancia se interpone entre esta posición y la del Concilio Vaticano II, el del agiornamiento del Papa Juan XXIII y el de las posiciones de la Teología de la Liberación. Medellín estaba aún muy lejos. Lo mismo puede decirse de Puebla. Las posiciones que adoptaría la Teología de la Liberación no quitaban el sueño a los ocupantes del Vaticano, y en lo que corresponde a América Latina, la Iglesia Católica, en general, era una fiel sirviente de las oligarquías dominantes.

X
Agustín Farabundo Martí y Augusto C. Sandino

En la primavera de 1928 Agustín Farabundo Martí se sitúa en Nueva York, domicilio de la Liga Antiimperialista de las Américas. La policía allana sus oficinas, en momentos en que se encontraba en estas de visita Martí, quien es objeto de un corto arresto. Después de este contacto con la dirección central de la Liga regresa a El Salvador para una breve estancia durante la cual prepara su viaje a El Chipotón, en las selvas de Las Segovias de Nicaragua, con la mira de incorporarse a las huestes guerrilleras de Augusto C. Sandino.[1] Este gran patriota, llamado por Henri Barbusse «General de los hombres libres», combatía, en desigual lucha, el poderío del imperialismo yanqui, cuyos infantes de marina, que sumaban miles, pisoteaban a Nicaragua. Martí, por estos días, parecía estar poseído por una irresistible fuerza para cumplir un deber imperioso.

Es necesario precisar que la FRTS, en sus planes de enviar voluntarios a Nicaragua en apoyo de la lucha libertaria de Sandino, brindaba ayuda a los latinoamericanos que pasaban por El Salvador en dirección de las selvas segovianas. Asimismo, recibía a no pocos heridos de guerra que llegaban de suelo nicaragüense con destino a México.

La FRTS por medio de la Universidad Popular, en la cual tenía gran influencia, envió a Martí, junto con otros salvadoreños, para su incorporación a la lucha sandinista.

X. AGUSTÍN FARABUNDO MARTÍ Y AUGUSTO C. SANDINO

En carta dirigida a Santiago David García, de fecha 26 de septiembre de 1928, escrita en el campamento guerrillero de El Chipotón, Martí comunicaba entre otras cosas:

> Llegamos al campamento de nuestro jefe supremo, general Augusto C. Sandino, el 22 próximo pasado, quedando incorporados al Ejército Defensor de la Soberanía Nacional de Nicaragua. Nuestra guerra contra los invasores de Centro América está empeñada de manera formal. Se ha iniciado en Nicaragua la lucha libertadora de las Américas y se espera la acción conjunta de todos los pueblos oprimidos del Continente para barrer hasta el último vestigio del imperialismo yanqui.

Enseguida, Martí hacía recomendaciones prácticas acerca de la forma de hacer el viaje hasta Las Segovias, lo que necesariamente debía llevarse —revelador de las escaseces que sufrían los guerrilleros—, así como daba otras instrucciones:

> Habiendo en El Salvador muchos compañeros que desean venir a incorporarse a las filas libertadoras le ruego hacerles saber que pueden hacer el viaje sacando pasaporte en La Unión, en donde no importa más que 35 centavos plata. Que obtengan el pasaporte para cualquier parte de Honduras y llegando a Tegucigalpa procuren hablar con don Froylán Turcios por medio de un intermediario. Don Froylán les dirá el camino a seguir hasta los campamentos nuestros.
>
> El viaje no se puede hacer con menos de 60 colones y si fuere posible traer más hasta aquí será mucho mejor, porque lo que no se pueda traer en maletas se puede adquirir aquí mismo. Es conveniente que traigan pistolas y suficiente parque de ellas. Lo que pueda traer cada uno de papel, repuestos de ropa, sombreros, capas de hule, ropa de lana, etc., pueden traerlo porque siempre es conveniente venir bien provisto.

En su tránsito de Tegucigalpa a Danlí deben decir que vienen a trabajar a los minerales de Agua Fría que están en las inmediaciones de Danlí.

A nadie le deben decir que vienen hasta Nicaragua, ni aun a quienes se presenten amigos de su causa. En Danlí procuran evitar que sepa Manuel Guillén que vienen a Nicaragua porque es un traidor que les puede perjudicar.

Esta carta se la muestra al Dr. Merlos[2] y le dice que por no traer nada escrito de la Joven Centro América ni siquiera hemos querido hablar de ella al general Sandino. Que si acaso quieren expresarle algo al general deben enviarlo por escrito y quienes vengan que lo traigan. En el viaje no se necesita más que serenidad ante los miedos en que hacen caer las versiones que corren en Honduras. Nosotros, mediante esa serenidad, hicimos el viaje sin el menor estorbo.[3]

Martí llegó a El Chipotón, acompañado de los salvadoreños José Adán González, Luis Mariona y Guillermo Ajuria, quienes, asimismo, se sumaron a las guerrillas sandinistas.

Cabe consignarse que Sandino era exigente en la selección de sus guerrilleros. A este propósito, el periodista Carleton Beals en una ocasión le preguntó al «General de los hombres libres»:

— *¿Es cierto, como se ha dicho, que la mayor parte de su ejército está formado por aventureros de México y de otros países de América Central?*

—No. Tengo oficiales de Costa Rica, de Guatemala, de El Salvador, de Honduras, y aun dos o tres de México, que llegaron atraídos por la justicia de mi causa, pero están en una minoría. La médula de mi ejército es nicaragüense y los oficiales que más tiempo han permanecido a mi lado son nicaragüenses. He recibido muchos oficiales de afuera, pero en la mayoría de los casos los he despedido.[4]

X. AGUSTÍN FARABUNDO MARTÍ Y AUGUSTO C. SANDINO

Por otra parte, no se debe omitir un significativo hecho que enaltece a la mujer salvadoreña. Santos López, quien comenzó a pelear en el ejército sandinista a los doce años de edad e integró el «Coro de los ángeles», en sus *Memorias de un soldado* refiere:

> Es en El Chipote en donde Sandino da inicio al entrenamiento y tácticas de guerrillas, les habla a sus hombres, les explica que el enemigo es poderoso y hay que maltratarlo poco a poco, que será la lucha larga y dura y que deben prepararse para ella. La organización comienza. A cada quien se le da su tarea a realizar [...] Todos los jefes de Sandino ya nombrados van a trabajar con el campesinado para sentar las bases del futuro movimiento guerrillero. Sandino se mantendrá en contacto y hará recorridos por todas las bases para seguir el entrenamiento general, el estado mayor con su sede en El Chipote está compuesto por el coronel Juan Gregorio Colindres, mayor Manuel Salas, coronel Carlos Quesada, capitán Dolores Echeverría, general Francisco Estrada, hombre de confianza de Sandino y otros, catorce mujeres, entre ellas tres salvadoreñas hermanas de apellido Villatoro».

Y más adelante, en forma patética, después de narrar las grandes dificultades de convivir con la selva y de apuntar que las mujeres trabajaban en todo lo que podían, ayudaban a preparar las comidas y curar a los heridos y enfermos, relata:

> Sandino ordena que en toda la montaña donde existan bases no se cocinara de días,[5] solamente de noche las comidas podrían prepararse; es difícil olvidar la abnegación, el dolor y el sacrificio de las mujeres durante el bombardeo (los bombardeos), cargando a sus hijos, sufriendo con valor toda aquella inhumana metralla del invasor. Ellas, las que junto con sus esposos se habían internado en las montañas siguiendo a Sandino en su llamado a la lucha. Los hijos de esas mujeres que nacían en el campo de

batalla, bautizados con la sangre derramada día a día, tenían que ser doblemente patriotas.⁶

El mismo Santos López recuerda también que entre los salvadoreños que combatieron al lado de Sandino, estaban, además de los mencionados, el general José León Díaz,⁷ José García y Moisés Escobar.

De conformidad con el testimonio del general Carlos Quesada —quien fuera del estado mayor de Sandino— Agustín Farabundo Martí tomó parte en acciones de armas y llegó a ser, rápidamente, secretario privado del gran patriota nicaragüense. Martí ayudó al desarrollo de las relaciones internacionales del movimiento sandinista, que logró despertar y mantener la atención de varios Gobiernos del mundo sobre la lucha desigual librada por un puñado de heroicos combatientes contra el poderío norteamericano. Por su distinguida participación en el movimiento, Martí fue investido con el grado de coronel del Ejército Defensor de la Soberanía Nacional de Nicaragua.

Miguel Mármol refiere que cierto día en que Martí se hallaba escribiendo, la aviación yanqui apareció y desató un nutrido bombardeo sobre las posiciones sandinistas. Como el ataque persistió, el revolucionario salvadoreño hizo a un lado la máquina de escribir, diciendo: «Cuando la historia no se puede escribir con la pluma, entonces debe escribirse con el fusil». Acto seguido, tomó un arma, se parapetó en un árbol y se puso a disparar a los aviones.⁸

Sumamente escaso de implementos bélicos, lo cual se acentuaba en la medida en que las filas combatientes de la guerrilla crecían, Sandino sintió la imperiosa necesidad de salir personalmente, acompañado de parte de su estado mayor, para gestionar ayuda material y apoyo internacional del Gobierno mexicano. Envió, para ese efecto, con el capitán José de Paredes —de nacionalidad mexicana—, miembro del estado mayor sandinista, el mensaje que, literalmente, dice:

El Chipotón, Nicaragua, C.A., 10 de enero de 1929

Señor Licenciado Emilio Portes Gil,

Presidente Provisional de los Estados Unidos Mexicanos,

México, D.F.

Muy señor mío:

En la confianza de que es usted representante del heroico y viril pueblo mexicano, no vacilo en solicitar de su Gobierno la protección necesaria para lograr y tener el alto honor de ser aceptado con mi estado mayor en el seno de su ejemplar pueblo.

No es posible manifestar por escrito los trascendentales proyectos que en mi imaginación llevo, para garantizar el futuro de nuestra Gran América Latina. El capitán José de Paredes, portador de la presente, expondrá verbalmente, en parte, a usted, la actual situación política de Nicaragua y nuestros cálculos. El mismo joven capitán sabrá explicar a usted en qué forma deseamos el apoyo de su Gobierno. En la esperanza de saludarle personalmente, mediante su valiosa cooperación, y anticipándole mi gratitud, tengo el honor de suscribirme de usted atento y seguro servidor.

Patria y Libertad
A.C. Sandino[9]

El capitán De Paredes hizo entrega, personalmente, de la carta al presidente provisional, Emilio Portes Gil, quien en su libro de memorias *Quince años de política mexicana*,[10] da cuenta de la entrevista con el enviado de Sandino:

Verbalmente, el mencionado capitán De Paredes me expresó estar ampliamente autorizado para exponerme la situación en que se encontraba, que era bien difícil, tanto por la persecución de que venían haciéndolo objeto los invasores norteamericanos, que habían realizado gran concentración de tropas y de aviones, cuanto porque los elementos de guerra se le estaban casi agotando y, sobre todo, porque el propio general Sandino se hallaba seriamente enfermo de un fuerte paludismo que padecía de tiempos atrás. Añadió que, por todas estas razones, su jefe solicitaba la protección del Gobierno de México; que se le acogiera en territorio nacional en calidad de asilado y que, de ser posible, se le proporcionaran los elementos de guerra necesarios para continuar la lucha en contra de los soldados yanquis.

Portes Gil, añade enseguida:

En debida respuesta, manifesté al enviado del general Sandino que, desde luego, —y con todo gusto— el Gobierno de México lo acogería y le brindaría el asilo a que tenía pleno derecho, considerándolo como huésped de honor tan pronto quedara bajo la protección de la bandera mexicana. Que, en cuanto a los elementos solicitados para continuar la lucha en contra de los norteamericanos, no obstante que el Gobierno y el pueblo de México simpatizaban sinceramente con su gallarda actitud, no podía yo proporcionárselos en atención a que, desde hacía dos años, México mantenía las más cordiales relaciones con los Estados Unidos y no podía ni debía ejecutar ningún acto que significara falta de lealtad hacia aquella cordialidad.[11]

Estas citas, así como otras posteriores, son necesarias a fin de encontrar algunas de las causas que determinaron la ruptura entre Martí y Sandino, en México, punto que se desarrollará en el siguiente capítulo.

Sandino, según sus propias palabras, parte de su campamento segoviano ya «con los ofrecimientos verbales del Gobierno de México y pasaporte del Gobierno de Honduras y la anuencia de El Salvador y Guatemala para cruzar sus territorios hasta México, en mayo [de 1929. Nota de J.A.G.], por lo que traspasé la frontera para internarme en territorio hondureño en los primeros días de junio».

«Fui recibido —añade— en el río Guayape, Honduras, por fuerzas del Gobierno al mando del general Maximiliano Vásquez, quien me acompañó hasta La Unión, puerto salvadoreño».[12]

Sandino era acompañado por Agustín Farabundo Martí, quien ya ostentaba el grado de coronel y fungía como secretario privado del líder nicaragüense; de José Esteban Pavletich, del Perú; José de Paredes, de México y Gregorio Gilbert, de la República Dominicana. En La Unión, abordaron un tren especial que los esperaba.

Portes Gil asegura que en su entrevista con el capitán De Paredes este le manifestó que Sandino «podía ser víctima de un atentado» y que, por las vías respectivas, inmediatamente instruyó al Sr. Cristóforo Canseco, representante de México en Honduras, «a efectos de que tan pronto como el general Sandino lograra salir del territorio nicaragüense y entrara en Honduras, le tomara bajo su protección, manifestándoselo así al Gobierno de aquel país hermano».[13] No se encontró documento alguno que acreditara esta protección, sino tan solo el dicho de Sandino, quien habla del acompañamiento que recibiera de parte de autoridades hondureñas.

Ya en territorio salvadoreño, no llegó hasta la capital, sino que bajó con sus lugartenientes en la estación del pequeño pueblo de Ilopango, donde abordaron un automóvil particular. En las afueras de la capital, en el lugar denominado Agua Caliente, fue saludado Sandino personalmente por el ministro de la Guerra, Dr. Alberto Gómez Zárate, miembro del Gabinete de Gobierno del presidente Pío Romero Bosque. Luego, en la inmediata estación de

La Garita, tomaron otro tren especial del ferrocarril de occidente y descendieron en el lugar denominado El Congo, a un lado de la carretera internacional. Tomaron nuevamente un automóvil que los llevó a Guatemala. Aquí, en la estación Morán, cercana a la capital de Guatemala, Sandino y su comitiva fueron saludados por el presidente de la república, general Lázaro Chacón. Sandino y sus acompañantes de nuevo abordaron un tren especial con destino a la frontera mexicana.

A su paso por Honduras, El Salvador y Guatemala, el pueblo supo del viaje de Sandino hasta que este había salido de sus respectivas fronteras. Sin embargo, en El Salvador por lo menos los periódicos le dieron importancia a la noticia y rindieron homenaje al héroe de Las Segovias.

Es digno de anotarse, aunque sea de paso, que periódicos como *Diario Latino* y *Patria*, dirigidos, respectivamente, por Miguel Pinto y Alberto Masferrer, permanentemente estuvieron al lado de la lucha sandinista y que condenaron, con palabra inflamada de patriotismo, la intervención yanqui en Nicaragua.

Sandino y sus compañeros cruzaron la frontera de México el 25 de junio, y tres días más tarde llegaron al puerto de Veracruz en donde recibieron un saludo multitudinario. Portes Gil expresó:

> En esa época se encontraban al frente de las jefaturas de operaciones en los estados de Chiapas, Veracruz y Yucatán, respectivamente, los señores general José J. Méndez, Miguel M. Acosta y Lucas González, a quienes se dieron instrucciones por la Secretaría de Guerra y Marina, para que se hicieran a Sandino honras de general de División y se le proporcionaran toda clase de elementos para continuar el viaje hasta la ciudad de Mérida, Yucatán.[14]

El hecho de que a Sandino y a sus acompañantes no se les permitiera llegar inmediatamente hasta México, D.F., bajo el

X. AGUSTÍN FARABUNDO MARTÍ Y AUGUSTO C. SANDINO

pretexto de su seguridad personal y que, prácticamente, fueran confinados por orden gubernamental en la capital yucateca, era parte de un inconfesado plan fraguado por el presidente provisional mexicano. Este, en sus memorias ya mencionadas, hace referencia, precisamente, a ese plan, del cual hacemos la siguiente apretada síntesis:

En abril de 1929, cuando Portes Gil ya había recibido la solicitud de Sandino, el embajador de los Estados Unidos de Norteamérica en México, Mr. Dwight W. Morrow, se entrevistó con el presidente mexicano. El objeto de la entrevista era lograr del Gobierno azteca el reconocimiento del Gobierno de Nicaragua, presidido por el general Moncada, quien había sido colocado en la presidencia de la república por las bayonetas norteamericanas. Portes Gil le dio una respuesta negativa, argumentando que era imposible el establecimiento de relaciones con un Gobierno cuyo territorio estaba ocupado por fuerzas armadas de otro país. Sin embargo, le propuso a Morrow este proyecto: dirigirse, en forma confidencial y amistosa, al presidente de Nicaragua, haciéndole sugestión de que pidiera al Gobierno norteamericano el retiro de la marinería yanqui «a condición de que yo me comprometa a que el general Augusto César Sandino depondrá inmediatamente las armas y se pondría a sus órdenes»,[15] es decir, al servicio del general Moncada. El mismo Portes Gil agrega que Zepeda, representante de Sandino, estaba plenamente autorizado por este para hacerle presente la determinación de que «se sometería al Gobierno de Nicaragua y le prestaría todo su apoyo tan pronto salieren del territorio invadido por los marinos norteamericanos», y que al conocer el mismo Dr. Zepeda el proyecto, le expresó que «a fin de evitar malas interpretaciones, quedaba yo desde luego, autorizado para hacer saber al Gobierno de Washington, que los patriotas nicaragüenses depondrían las armas con solo recibir la promesa formal del Departamento de Estado en el sentido de que las fuerzas de ocupación serían retiradas posteriormente».[16]

Mr. Morrow, según Portes Gil, quedó impresionado y se comprometió dirigirse a su Gobierno en el sentido expuesto. El presidente mexicano hizo de su parte las gestiones ante el general Moncada por medio de un emisario especial, a fines de abril, pero el resultado de la misión fue negativo:

> Por más que yo quiero acceder —respondió el general Moncada— a los deseos del Gobierno de México, no puedo hacerlo. Las tropas norteamericanas son necesarias aquí para mantener el orden. En cuanto saliera el último marino yanqui, un Gobierno no tendría posibilidades de sostenerse, de manera que le ruego decir al Gobierno de México que es por una simple cuestión de orden interior, de paz y seguridad por lo que no pido yo el retiro de las fuerzas norteamericanas al Gobierno de Washington.[17]

Portes Gil dice que le comunicó sus gestiones a Mr. Morrow, y que al hacerle «conocer el sentido del Gobierno de Nicaragua, se limitó a encogerse de hombros, lamentando aquella actitud del presidente Moncada que echaba por tierra nuestros planes, y diciéndome que él ya llevaba muy adelantados sus trabajos ante el Departamento de Estado de Washington».[18]

El mismo Portes Gil refiere que en los propios días que se concedió asilo al general Sandino, recibió la visita del embajador Morrow, quien, con instrucciones del Departamento de Estado, deseaba obtener información al respecto. La respuesta fue afirmativa.

México le depararía a Sandino y a su estado mayor decepciones y sinsabores. Dejemos a un lado lo que dice Selser, en el sentido de que alrededor del gran patriota nicaragüense se tejía toda suerte de enredos de carácter político que hacían presa de su conciencia, así como que se le transformó en víctima de cuestiones de carácter personal originadas por gente que se aproximaba a él para explotar y sacar ventaja de su buena fe y su honradez a toda prueba.[19]

X. AGUSTÍN FARABUNDO MARTÍ Y AUGUSTO C. SANDINO

La cuestión central para Sandino era la obtención de ayuda, fundamentalmente en armas, para proseguir su lucha. Sin embargo, en Mérida se le otorga como regalo oficial la hacienda «Santa Cruz» para que la explotara juntamente con sus compañeros. Esta y otras medidas, como la de radicar al héroe nicaragüense en Yucatán, eran claras manifestaciones del presidente Portes Gil de considerar a Sandino como a un asilado político especial, sin tiempo determinado para permanecer en el país, cosa totalmente contraria a sus patrióticos designios que pueden resumirse en estas frases suyas: «Yo estoy en la brecha aun fuera de Nicaragua [...] Esta lucha está completamente desligada de todo interés económico, y por el dinero se siente el más profundo desprecio en los campamentos de nuestro ejército».[20]

Dicho todo lo anterior, en relación con el viaje de Sandino a México y de las dificultades que en este país encontró, dejemos la palabra al mismo «General de los hombres libres».

El texto que se transcribe está contenido en *Maldito país*, de José Román[21] que es, con toda propiedad, el producto de largas conversaciones entre Román y Sandino sostenidas en el mes de marzo de 1933.

> [...] el viaje a México es un embrollo en el que solo yo tengo la culpa de haberme metido. El principal motivo de mi viaje fue la urgencia que teníamos de elementos bélicos y sobre todo de apoyo económico substancial. Pues bien, un joven de Guadalajara, México, José de Paredes, que se presentó voluntario y que me resultó buen ayudante porque sabía trabajar de oficina y porque hablaba inglés por haber vivido en California, oportunamente me informó de haber conocido bien al presidente Portes Gil, antes de ser designado a concluir el período presidencial del general Álvaro Obregón y además de tener parientes que trabajaban muy cerca de Portes Gil. Me sugirió que le dejara ir a ver si era posible conseguir la ayuda de México. Pensé que nada se

perdería con probar. Se fue y al tiempo regresó con las más halagadoras ofertas del presidente Portes Gil, que naturalmente no podían ser por escrito por razones de seguridad, según me dijo, pero trajo consigo los pasaportes y salvoconductos para todos los que habíamos planeado me acompañaran.

Nos preparamos lo más rápidamente posible y partimos. Yo lo sé, le repito, la culpa fue solo mía. ¡Tan matrero que soy y confiarme de un culo cagado como Paredes! Los pasaportes y salvoconductos resultaron legítimos. Así fue que a principios de junio de 1929 salimos para México, vía Honduras, El Salvador y Guatemala. Me acompañaban entre otros de mi estado mayor, los siguientes oficiales de la Legión Latinoamericana: Rubén Artila Gómez, de Colombia;[22] Agustín Farabundo Martí, de El Salvador; Gregorio Gilbert, de la República Dominicana; Esteban Pavletich, de Perú y José de Paredes, de México. De cada uno de ellos le hablaré más adelante.

Sandino prosigue:

Pues bien [...] con una serie interminable de pretextos y barajos me hicieron esperar en Yucatán. Casi sin recursos e ignorando en lo absoluto qué planes tendrían para conmigo, me encontraba en Mérida. Me habían soplado que el embajador de los Estados Unidos, Mr. Morrow, en combinación con Portes Gil y algunos de mis allegados, trataban únicamente de retenerme como secuestrado y desacreditarme.

Mientras tanto la prensa contribuía a convertir en un pleito de perros y gatos el asunto de mi representación [...] Por un lado Farabundo Martí, con los comunistas; por el otro Pavletich, con los apristas y De Paredes que resultó un zángano y mentiroso, aunque le doy a él beneficio de la duda porque podría ser que hubiera actuado equivocadamente por su entusiasmo juvenil, pero como quiera que fuera fue el causante directo del enredo.

La verdad es que al presidente Portes Gil no le dijeron que yo solicitaba ayuda militar y económica de México, sino asilo y esto no se lo dijo a Paredes, quien nunca vio al presidente Portes Gil sino que por medio de interpósitas personas. Era tal mi desesperación por las calumnias que me levantaban debido a las intrigas de los comunistas, apristas y otros grupos revolucionarios, que expulsé de mis filas a Martí, Pavletich y De Paredes, diciéndoles que no los quería volver a ver jamás. Inmediatamente escribí una larga y detallada carta al presidente Portes Gil pidiéndole su respuesta definitiva y que me dejara regresar a mis montañas. Usted vio la copia de esa carta, fue fechada en Yucatán, el 4 de diciembre de 1929 y recibida por el señor presidente a fines de ese mismo mes. Para hacer la historia corta e ir directamente al grano, en los primeros días de febrero de 1930 el señor presidente de México, Emilio Portes Gil, me recibió en entrevista especial en el Castillo de Chapultepec. Me manifestó muy amable que el Gobierno de México nunca había tenido ni podía tener intenciones de ayudarnos para la guerra porque era un problema internacional muy delicado intervenir en la política interna de otro país. Que así como México, en la medida de sus fuerzas, no permitiría que intervinieran en los asuntos suyos, tampoco intervendría en los de otros y que él entendió que únicamente le solicitaba asilo hospitalario para mí. Esta es la pura verdad. Nada más ni nada menos.

Estos párrafos se cierran con las siguientes aclaraciones:

Debo además mencionar que todos mis gastos de viaje y permanencia en México me fueron reconocidos y fueron por cuenta del Gobierno de México. Conste, que sin solicitarlo ni empeñarnos en ningún compromiso político.

Esta entrevista, hecha casi trece meses después del fusilamiento de Martí, contiene el siguiente pasaje:

> [...] Martí, estudiante de leyes de nacionalidad salvadoreña, en el fondo tenía grandes méritos, pero desgraciadamente combinados a un carácter sumamente rebelde. Tuve que expulsarle del ejército por haberme querido enmarañar, en México, en un enredo con los comunistas que me costó muchos dolores de cabeza. Después continuó dedicándose a esas actividades, por las que fue fusilado en El Salvador por el déspota Martínez. Realmente, yo nunca tuve una disputa ideológica con él, pero por su rebeldía no supo comprender las limitaciones de mi misión en México, ni su categoría de subordinado. Antes de ser fusilado vivó al Comunismo Internacional y dijo que antes de morir, aunque había sido expulsado de su ejército, quería morir gritando: ¡Que viva el general Sandino!

XI
Ruptura entre Sandino y Martí

Enderredor de la separación entre Sandino y Martí, que presentaba todas las características de una ruptura, han sido vertidas no pocas especies y opiniones.

De acuerdo con una versión —dice Anderson— la ruptura entre Martí y Sandino aconteció en Mérida, cuando Martí trató de convencerle acerca de que el Gobierno mexicano lo estaba tratando de envenenar. Sandino, presumiblemente enfadado por esta sugerencia casi patológica, lo despidió. Sin embargo, es más probable que la ruptura ocurriera cuando Martí abandonó los intentos de convencer a Sandino de las virtudes del marxismo internacional.

Y, líneas adelante, el mismo autor recoge la versión de que «Sandino lamentó la pérdida de Martí «tanto como si hubiera perdido una batalla».[1]

Por su parte José N. Román consigna que Martí fue expulsado del ejército sandinista por sus ideas comunistas.[2]

Jorge Schlesinger sostiene que Sandino «no era hombre de avanzada», no iba más allá de la lucha armada para expulsar a los yanquis de Nicaragua; que desconoció y menospreció las inquietudes de renovación social»; y que su vida en la selva segoviana «lo identificó con ella, y las ideas de otro mundo más humano y justo, no tuvieron cabida en su imaginación de guerrillero audaz». Enseguida, hilvana estas suposiciones:

> Por esas razones pronto embargó la decepción a los apóstoles de la causa roja; y cada cual por su lado, en la misma forma misteriosa y aventurera en que habían llegado, desaparecieron de pronto del campamento rebelde situado en el corazón de las montañas, burlando las intenciones del caudillo, que pretendía fusilarlos, como enemigos de su causa; tan distinta de la de Martí y Pavletich. Estos salieron de la sierra nicaragüense y volvieron a El Salvador.[3]

Respecto a la ruptura, las investigaciones nos han llevado a encontrar el hilo que pueda conducir a la elucidación de las causas que impulsaron a Martí para consumarla. En efecto en *El Machete*, órgano central del Partido Comunista de México (PCM) —Sección de la Internacional Comunista—, número extra de junio de 1930, fue publicado un extenso documento contentivo de las declaraciones calzadas por el Comité Central del PCM. El título desplegado de tal documento, era así: «La traición de Augusto C. Sandino», seguido de este subtítulo: «El guerrillero nicaragüense, al aliarse al Gobierno contrarrevolucionario de México, se ha convertido en instrumento del imperialismo yanqui». Las declaraciones, aunque en su encabezamiento llevan fecha 26 de mayo, sin embargo son fechadas en la publicación el 29 del mismo mes.

Ciñéndonos estrictamente al documento, se hace un resumen de aquellos pasajes que nos conducen a la aclaración del punto que nos ocupa.

Es preciso anotar que en México se desempeñaba, como representante de Sandino, Pedro José Zepeda, quien a raíz del regreso del «General de los hombres libres» a Nicaragua desde la república mexicana, hizo varias declaraciones públicas que ponían en entredicho al PCM. Este hizo girar su documento aclaratorio de dos puntos:

1. Sobre lo que dijo Zepeda acerca de Agustín Farabundo Martí, asegurando que este había sido destituido y dado de baja del ejército por haberse aclarado que era de filiación comunista y que se desempeñaba como espía en favor del PCM.

2. Que Sandino no tuvo nunca conexión con los comunistas; que lejos de haber sido molestado por el Gobierno mexicano, solo había recibido de él atenciones, y que, en consecuencia, era absurdo pensar que pudiera tener nexos con opositores al Gobierno mexicano.

En sus aclaraciones, el PCM destaca que «Todo el mundo sabe que su campaña en favor del movimiento de Sandino fue hecha en México por el Comité "Manos fuera de Nicaragua" iniciado, organizado y dirigido por el Partido Comunista». Que este hecho había tenido el reconocimiento del propio Sandino en carta del 2 de enero de 1930, en la cual, entre otras cosas, decía que era «del Partido Comunista de México del que más apoyo hemos recibido en nuestra lucha antiimperialista en Nicaragua».

Enseguida, el PCM pasa a relatar incidencias de la reunión del 3 de febrero de 1930 de Sandino y miembros de su estado mayor con representantes del Comité Continental de la Liga Antiimperialista de las Américas y del Comité Central del PCM, en la cual se discutió el concepto de la lucha antiimperialista en la situación actual, llegándose a conclusiones que se hicieron constar en acta. El párrafo fundamental decía que los reunidos

«[...] arribaron sin reservas a la conclusión de que la acción antiimperialista en el continente solo podía ser efectiva y eficiente de producirse sobre las bases de una lucha implacable y bifronte contra los imperialismos y sus aliados nacionales, las clases dominantes y los Gobiernos de los países latinoamericanos sin excepciones, de la internacionalización práctica de la lucha revolucionaria y de la armonía entre la acción armada contra las agresiones militares imperialistas y el movimiento sindical y político de las masas oprimidas, obreras y campesinas del continente.

Según el documento citado, representantes del Comité Central del PCM y Sandino tuvieron varias entrevistas, y se acordó que este «se pondría a disposición de la Liga Mundial contra el Imperialismo para realizar una gira de propaganda antiimperialista por Europa y los países latinoamericanos».

Cabe recordar que cuando Sandino concierta compromisos con el PCM y organizaciones antiimperialistas, los comunistas mexicanos estaban en abierta oposición contra el Gobierno de Ortiz Rubio y que, llegada la segunda quincena de febrero del ya mencionado año de 1930, se agudizó la situación con motivo de las persecuciones contra el PCM y demás organizaciones revolucionarias. Por esta razón, el Comité Central del PCM discutió la necesidad de que Sandino adoptara una actitud definida ante el Gobierno dicho, y aprobó el 22 de febrero una resolución que en su parte esencial, decía:

> Usando de su prestigio antiimperialista en el país, en el continente y en el mundo, Sandino debe denunciar al Gobierno contrarrevolucionario, acusándolo públicamente, primero, de haberse prestado a servir de instrumento al imperialismo para poner término a la lucha en Nicaragua, sacando a Sandino con engaños y promesas de ayuda, que no ha cumplido ni cumplirá, y tratando de mantenerlo en México, inactivo y silencioso, al margen de toda actividad antiimperialista; y segundo, de estar tratando de aplastar al movimiento obrero y campesino de México, en beneficio de los intereses imperialistas.

En la misma resolución se decía que Sandino «debe denunciar el papel que juega México, como instrumento de Washington, en el campo de la política internacional» al haberse incorporado «de un golpe al bloque anti-soviético, al frente imperialista que prepara la guerra de agresión contra la Unión Soviética...».

El PCM transcribe en sus aclaraciones párrafos de una carta de Sandino, del 7 de marzo, en la que manifestaba estar absolutamente de acuerdo con los puntos de vista anotados en la resolución adoptada por el Comité Central, añadiendo que a dicha resolución «ceñiremos completamente las declaraciones que tanto ese Comité Central como nosotros consideramos que debemos hacer inmediatamente».

Nuevamente, el 12 de marzo, desde Mérida, Sandino escribe al Comité Central del PCM y, entre otras cosas, dice:

> Estamos en la preparación de las declaraciones que debemos hacer ante la actual situación de la política internacional de México. Contamos, como ustedes comprenderán, con la documentación que les dará un valor irrefutable a tales declaraciones. Siempre ha sido nuestra táctica la de llevar un absoluto encadenamiento que nos permita en cualquier momento decir las cosas con claridad, y ha llegado el momento de que, si bien se puede creer que procedíamos ingenuamente, probemos que no procedíamos así más que para poder desenmascarar con pruebas irrefutables a los vendidos al imperialismo yanqui.

Con lo dicho el PCM consideraba que bastaba «para demostrar que no solo tuvo Sandino conexiones con el Partido Comunista, sino que aceptó expresamente nuestro concepto de la lucha antiimperialista y se comprometió por escrito y bajo su firma a aplicarlo en la práctica». Sin embargo, el documento que venimos citando consigna que había ocurrido otros hechos que se sintetizan siguiendo el texto de las declaraciones del PCM.

En la segunda quincena de abril (siempre del año 1930), Sandino volvió a la ciudad de México, de incógnito y procurando eludir todo contacto con el PCM. Celebró una entrevista con Emilio Portes Gil, quien le entregó dos pistolas Thompson y 4 000 cartuchos, más 2 000 pesos para sus gastos de viaje a Nicaragua, con promesa de una ayuda ulterior más importante. A cambio de esta «ayuda» — palabra que el PCM entrecomilla— «Sandino rompió prácticamente su compromiso con nosotros, se guardó las declaraciones que estaba preparando contra el Gobierno de México y salió del país sin contestar nuestras últimas cartas ni decir una sola palabra a cerca de sus nuevos propósitos».

Ante esta actitud que el PCM considera «vergonzosa», reitera las consideraciones teóricas y prácticas que debían normar la lucha antiimperialista en la América Latina:

> No hay ni puede haber lucha antiimperialista efectiva sin la cooperación de las organizaciones revolucionarias, obreras y campesinas, que representan las clases más oprimidas por el imperialismo y las únicas capaces de luchar contra él hasta el fin [...] No hay ni puede haber lucha antiimperialista sin lucha irreconciliable contra los instrumentos nacionales del imperialismo entre los cuales nuestro Partido incluye al Gobierno contrarrevolucionario de México (punto de vista aceptado por el propio Sandino, según documentos que han quedado transcritos).

Enseguida, el PCM expone sus criterios sobre la ayuda de Portes Gil a Sandino, diciendo de este que se había prestado a la maniobra del Gobierno yanqui. Esta consistía, según sus análisis, «en sacar a Sandino de Nicaragua e inmovilizarlo en Mérida», lo cual tenía esta explicación: «el Gobierno yanqui necesita en estos momentos una reanudación de la lucha armada en Nicaragua, para obtener mayores franquicias y ventajas que las obtenidas hasta hoy, ya sea presionando a Moncada bajo la amenaza de un posible triunfo sandinista, o bien entendiéndose con Sandino en caso de que su movimiento cobre fuerza».

Las conclusiones que infería el PCM de toda esta situación, eran, literalmente, las siguientes:

> [...] la ruptura de Sandino con el Partido Comunista de México, y su aceptación de la «ayuda» de Portes Gil, significan que ha dejado de ser el suyo un movimiento antiimperialista, apoyado en las grandes masas obreras y campesinas, conectado con el movimiento revolucionario mundial, para convertirse en una lucha de facciones pequeñoburguesas que se disputan el poder en Nicaragua.
>
> [...]
>
> La conclusión es que, sea cual fuere el rumbo ulterior de los acontecimientos, sea que Sandino tenga éxito en su aventura o que resulte vencido, el antiguo jefe del movimiento antiimperialista de Nicaragua ha traicionado cobardemente a las masas obreras y campesinas de su país y del continente, ha traicionado al movimiento antiimperialista y revolucionario mundial.

El documento que venimos citando contiene un largo párrafo titulado «La verdad sobre el compañero Martí», el cual se transcribe íntegramente:

> Para liquidar definitivamente las habladurías de Zepeda sobre el caso del compañero Martí, bastará lo siguiente: En marzo 22 envió al compañero Martí, a Mérida, una carta acreditándolo como representante nuestro ante Sandino y su ejército, el primer párrafo de esta carta decía textualmente: «La presente le acredita como representante del Comité Central de nuestro Partido ante el Ejército Defensor de la Soberanía Nacional de Nicaragua, y en particular ante el jefe del mencionado ejército, compañero general Augusto C. Sandino». El 29 de marzo nos escribió

Sandino, diciéndonos entre otras cosas lo siguiente: «Hemos tenido el gusto de leer la carta credencial que el Comité Central del Partido Comunista de México le extiende al compañero coronel Agustín F. Martí, como representante del propio Comité Central ante nuestro ejército y en particular ante mí en mi carácter de jefe del mismo ejército. A este respecto considero que lo conveniente es que dicha credencial sea extendida para representar al Comité Central ante la jefatura del Ejército Defensor de la Soberanía Nacional de Nicaragua y no ante el ejército mismo [...] En todo lo demás estamos de acuerdo y será reconocida la representación en cuanto venga en la forma que les insinúo». No tuvimos ningún inconveniente en atender la indicación de Sandino, y enviamos a Martí la nueva credencial. Se ve, pues, que Martí era el representante del Comité Central de nuestro Partido ante Sandino, y por lo tanto, es estúpido el cargo de espionaje, que hoy le lanza Zepeda. En realidad, la cuestión de Martí solo ha sido un pretexto de Sandino para justificar su vergonzosa e injustificable actitud.

La más superficial de las lecturas del documento del PCM, del cual se han resumido aquellos pasajes atinentes que ayudarán a encontrar algunas de las razones de la ruptura de Martí con Sandino, pone en evidencia ciertas posiciones de los comunistas mexicanos que, irremediablemente, tendrían que chocar con la personalidad de Sandino. De tales posiciones resalta a simple vista el sectarismo que impulsaba ciertas exigencias importantes a un aliado, dirigente de una lucha extremadamente difícil y en esos momentos en situación muy crítica, quien demandaba la más amplia solidaridad no solamente de los comunistas.

Tampoco debe marginarse en ningún momento la sangrienta represión de que era objeto el PCM, a raíz de la cual cuadros campesinos y obreros fueron fusilados sumariamente y sin formación de causa por las tropas federales.

XI. RUPTURA ENTRE SANDINO Y MARTÍ

Precisamente, en el mes de junio de 1929, días antes de que Sandino arribara a México con miembros de su estado mayor, el Gobierno de Emilio Portes Gil clausuraba las oficinas del Comité Central del PCM y la redacción de *El Machete*, y llegado el 29 de agosto del mismo año, el presidente ordenó a la policía y al cuerpo de bomberos el saqueo y destrucción de los modestos talleres del periódico obrero y campesino fundado en 1924 por el grupo de pintores revolucionarios, entre quienes figuraban Diego Rivera, Clemente Orozco y David Alfaro Siqueiros.

Sobre este particular, Arnoldo Martínez Verdugo, quien fuera secretario general del PCM, dice:

> No se trataba de un hecho aislado, sino de la culminación de un meditado plan de persecuciones contra el movimiento obrero y campesino revolucionario [...] En su libro *Quince años de política mexicana* Portes Gil confiesa que ante la negativa de los comunistas de colaborar con el Gobierno dio instrucciones para que su actividad fuera perseguida. Allí reconoce haber dictado medidas enérgicas para terminar con una propaganda que consideré y sigo considerando como la más perjudicial para la Nación.[4]

Asimismo, no debe marginarse la opinión del mismo Martínez Verdugo expresada en el prólogo citado, cuyo tenor literal es el siguiente:

> La orientación que guiaba en estos años el trabajo del PCM y que su periódico expresaba, había sido elaborada por el Pleno del Comité Central de julio de 1929, que introdujo una desviación sectaria en la línea del Partido. Esta desviación se originó, por una parte, como reacción al giro derechista del *maximato* y como resultado de la incomprensión de la lucha por la hegemonía en el Estado y en el partido oficial y, por otra parte, a causa del traslado mecánico a las condiciones del México de entonces, de

> las conclusiones izquierdistas del X Pleno del Comité Ejecutivo de la Internacional Comunista (julio de 1929), que llamó a considerar a los socialdemócratas los enemigos más peligrosos del comunismo en las filas del movimiento obrero y el mayor freno a la combatividad de las masas obreras. La desviación izquierdista y sectaria —añade Martínez Verdugo—, bajo cuya óptica se juzgaba la posición de corrientes democráticas opuestas al callismo y de sectores del movimiento obrero influidos por la ideología reformista, retrasó la formación de una amplia coalición obrera y popular para hacer frente a la profunda crisis económica y a la política reaccionaria de los gobiernos del *maximato*.[5]

El izquierdismo emergido del X Pleno del Comité Ejecutivo de la Internacional Comunista prodigó indiscriminadamente a lo largo de América Latina el calificativo de fascista a todo aquel que no estuviera total y absolutamente de acuerdo con los comunistas. De esta manera, los socialdemócratas pasaron a ser denominados «socialfascistas». En cuanto a táctica, ese mismo pleno proclamó la lucha frontal de «clase contra clase». De tal manera que estas concepciones erradas que se lanzaban como consignas al Movimiento Comunista Internacional de la época, se transformaron en serios obstáculos que impidieron la busca de alianzas de todo tipo.

Vistas así las posiciones del PCM, que tuvieron en no poca medida que ver con las concepciones de los grupos comunistas salvadoreños, antes de la fundación del Partido Comunista de El Salvador (PCS) y con su fundación misma, es que podríamos explicarnos, en gran medida, la conducta sectaria que dominara a este y su aislamiento con relación a otras clases y sectores sociales que no fueran los obreros y los campesinos.

Todo aquel que contradijera tal desviación sectaria y que no propendiera a la defensa incondicional de la Unión Soviética, sometida al cerco imperialista y amenazada, además, de una

XI. RUPTURA ENTRE SANDINO Y MARTÍ 129

guerra contra ella, se transformaba en blanco de las críticas y de una abundosa gama de calificativos, muchos de los cuales no tenían ninguna base real. Tal fue el caso de Sandino, que fue incomprendido hasta su muerte. Precisamente, en *El Machete*, no. 286, del 8 de marzo de 1934, en una pequeña nota titulada «La muerte de Sandino», dice de este que

> [...] todo lo que logró fue morir como un pobre diablo, cuando podía haber sido un verdadero campeón de la lucha contra el imperialismo y por la liberación nacional de los pueblos del Caribe. Esto muestra mejor —sigue diciendo la nota— que cualquier explicación teórica la impotencia de los caudillos pequeñoburgueses, incapaces de llevar hasta el fin la lucha contra el imperialismo, que solo la Internacional Comunista conduce consecuentemente en todo el mundo capitalista y colonial.

Expresado todo lo anterior, se deja constancia de nuestro punto de vista sobre la separación de Martí y Sandino.

Para comenzar, existe un dato que hasta ahora no habíamos confirmado: Martí, cuando se incorporó al ejército sandinista, ya era miembro del PCM.[6]

Esta circunstancia daría suficiente base para suponer que a Martí, como incansable y tenaz agitador, se le encargaría de parte del PCM la tarea de atraer a Sandino, si no a la militancia en las filas del comunismo, por lo menos a apoyar puntos programáticos de este, lo mismo que a la observancia de la estrategia y tácticas de la lucha antiimperialista de la época, trazadas por la Internacional Comunista. Lo que expondremos enseguida confirma tal suposición, que se había venido sosteniendo como hipótesis, ya que existen documentos, tanto de Martí como de Sandino, que nos informan acerca del punto.

En cuanto a los íntimos sentimientos de Martí respecto a Sandino, es posible descifrarlos aunque sea en parte.

En efecto, en un informe que Martí presentó al Comité Central Ejecutivo del Secretariado del Socorro Rojo Internacional, de fecha 22 de febrero de 1931, y en el cual describe detalladamente su singular exilio a bordo de naves mercantes, aparece un párrafo con opiniones desfavorables para el gran patriota nicaragüense:

> En Nicaragua —decía— está en el poder Moncada, agente del imperialismo yanqui, a quien combatimos desde las Segovias, cuando Sandino estaba apoyado por las organizaciones antiimperialistas revolucionarias, antes de que Sandino traicionara el movimiento antiimperialista mundial para convertirse en un caudillo pequeño-burgués liberal con aspiraciones a gobernar Nicaragua dentro de los moldes semi-feudales y semicoloniales.[7]

Esas opiniones contrastan con las contenidas en carta del mismo mes de febrero, que escribió a la poetisa uruguaya Blanca Luz Brum, en la que decía, en parte: «Mi rompimiento con Sandino no se debió, como algunas veces se dice, a divergencias sobre principios morales o normas de conducta opuestas [...] Él no podía aceptar mi programa comunista. Su bandera era únicamente la de la independencia nacional, no la de la revolución social [...] Declaro solemnemente que el general Sandino es el patriota más grande del mundo».[8]

Por otra parte, en declaraciones que Martí hiciera antes de su fusilamiento ratificó la rectitud de Sandino, aunque, al mismo tiempo señalara algunos de los errores que, a su juicio, este cometió.

Oigamos de Sandino lo que dijo de la ruptura en referencia.

Un periodista español, Ramón de Belausteguigoitia, quien en febrero de 1933 entrevistó al general Sandino en su campamento guerrillero, preguntó: «Se ha dicho en ocasiones que su rebelión tenía marcado carácter social. Hasta se les ha tildado de comunistas. Entiendo que este último dictado ha obedecido a una pregunta tendenciosa. ¿Pero hay programa social?». Respuesta:

En distintas ocasiones se ha tratado de torcer este movimiento de defensa nacional, convirtiéndolo en una lucha más bien social. Yo me he opuesto con todas mis fuerzas. Este movimiento es nacional y antiimperialista. Mantengamos la bandera de la libertad para Nicaragua y para toda Hispanoamérica. Por lo demás, en el terreno social, este movimiento es popular y preconizamos un sentido de avance a las aspiraciones sociales. Aquí han tratado de vernos, para influenciamos, representantes de la Federación Internacional del Trabajo, de la Liga Antiimperialista, de los Cuáqueros. Siempre hemos opuesto nuestro criterio decisivo de que esta era esencialmente una lucha nacional. Martí, el propagandista del comunismo, vio que no podía vencer en su programa y se retiró.[9]

Más adelante, Sandino niega la versión que circulaba en México, en el sentido de que su movimiento «era fundamentalmente agrarista», y subrayaba: «El agrarismo [...] no tiene un gran campo de acción».[10]

En segundo término, no debemos dejar de referirnos a los arraigados fundamentos de la ideología de Sandino, aunque sea en forma menos que somera, porque ellos aportan datos de carácter decisivo para formular la hipótesis de una contradicción marcada entre Martí y el héroe de las Segovias.

En efecto, el general Sandino pertenecía a una secta masónica y profesaba la teosofía. Sus maneras y sus expresiones reflejaban su ideología. «Es, sin duda, un cultivador de la "yoga", un discípulo de Oriente», dijo el periodista español[11] ya mencionado, después de largas conversaciones con Sandino. En las mismas entrevistas se advierte que Sandino, pese a que no profesaba ninguna religión en particular (decía Sandino: «[...] las religiones son cosas del pasado. Nosotros nos guiamos por la razón») creía que desde los inicios de la vida ha existido «una gran voluntad», «la gran fuerza primera» que «es el amor», «voluntad», a la cual debe denominarse Jehová,

Dios, Alá, Creador. Estaba convencido, asimismo, y en forma muy firme, de la supervivencia del espíritu y del cumplimiento de un destino predeterminado para cada ser humano. «Sí, —expresaba—, cada uno cumple con su destino; yo tengo la convicción de que mis soldados y yo cumplimos con el que se nos ha señalado. Aquí nos ha reunido esa voluntad suprema para conseguir la libertad».[12]

No es difícil imaginar que entre Martí y Sandino, vale decir entre el comunista y el teósofo, entre el combatiente internacionalista y el combatiente nacionalista, surgieran contradicciones ideológicas si tomamos en cuenta que cada uno poseía una recia personalidad sólidamente establecida, con sus características comunes y con sus disimilitudes.

Martí, expulsado de México, estaría nuevamente de regreso en El Salvador en los primeros días de julio de 1930 como representante del Socorro Rojo Internacional, e ingresa al PCS que, como ya se dijo, fue fundado el 28 de marzo del mismo año. Por consiguiente, Martí no fue fundador del mismo.

Es realmente lamentable que del líder revolucionario salvadoreño no se conozcan, fuera de dos o tres cartas, documentos que testimonien intimidades de su lucha y de sus relaciones. Hay mucha oscuridad. Por esta razón, cuando se desarrollaba la guerra civil en El Salvador, a comienzos de los años ochenta, y apareciera cierta persona que hablaba de fundar el «farabundismo» a imitación del «sandinismo», no pudo menos que causar una cierta sonrisa semejante ocurrencia, por tal anhelo de trajinar por una inédita vereda de audacia intelectual; vereda que, a estas alturas, ya no existiría porque habría sido cubierta por una gran variedad de hierbas malas de arrepentimientos y del más denso y oscuro de los olvidos oportunistas.

Para cerrar el presente capítulo es oportuno referirse a un dato referente a Martí que se halla consignado en *El Movimiento Obrero en Nicaragua*.[13]

XI. RUPTURA ENTRE SANDINO Y MARTÍ

En efecto, sus autores dicen que el Partido Trabajador Nicaragüense —«la primera experiencia de los trabajadores organizados en un partido de clase políticamente independiente»— surgió dentro del mismo marco histórico de la lucha de Sandino. Enseguida, agregan, sin ninguna precisión, que «antes del 31, cuando en las ciudades del Pacífico maduraba la organización y la conciencia política de los trabajadores, en las montañas del norte del país y concretamente en el centro minero San Albino, el general Sandino y su gente, entre ellos Agustín Farabundo Martí, trabajaban a los mineros y trabajadores a favor de la idea de organizar un partido político popular y revolucionario». Se sigue diciendo que cuatro trabajadores no mineros que temporalmente laboraban en San Albino, tuvieron una reunión con Martí para tratar de «una organización partidaria de los trabajadores de Nicaragua».

En lo referente a Martí, siguen los siguientes párrafos:

> Esta excitativa de Martí fue precedida de una profunda explicación del significado del pensamiento y acción sandinistas para la liberación de Nicaragua y el resto del continente, sometidos a la dominación imperialista. Para conjugar la lucha de liberación sandinista con la lucha por el progreso social del pueblo nicaragüense, Martí trató de hacer comprender a los trabajadores la necesidad de una organización política de clase que los condujera a la acción revolucionaria contra las injusticias propias del sistema y por las reivindicaciones de carácter patriótico —como la de Sandino—, llevadas al seno de los trabajadores de la ciudad.
>
> Ustedes —les dijo Martí— deben organizar el partido político de los trabajadores para deslindar campos entre la burguesía y el pueblo, y lograr que los pasos y la lucha de Sandino sean fructíferos en favor de los desposeídos de Nicaragua.

Los autores de la obra citada, dicen que «el proyecto histórico de construir el partido de clase se llevó a cabo, pero orgánicamente separado del movimiento armado antiintervencionista».

Se dejan las citas anteriores sin comentario alguno, con la esperanza de que en el futuro investigaciones pormenorizadas más profundas y documentadas puedan confirmar o no lo aseverado por los autores Pérez Bermúdez y Guevara López.

XII
Farabundo Martí, impulsor del Socorro Rojo Internacional

A fines de septiembre de 1929, Sandino había tomado la decisión de enviar a Martí a Las Segovias en una misión desconocida. Sin embargo, días después, ya consumada, en forma intempestiva, la separación, Sandino explica el cambio de comisionado, aduciendo que «el coronel Martí [...] actualmente se encuentra enfermo en un sanatorio de esta ciudad» (en Mérida).* La supuesta misión es interpretada por Anderson[1] como una forma suavizada para ocultar la ruptura con Martí.

En El Salvador se propagó el rumor de que Martí había perdido sus facultades mentales en Yucatán y que estaba internado en un hospital para dementes.[2] La prensa salvadoreña propagó la especie, indudablemente promovida por sus adversarios políticos.[3] Lo cierto es que cuando Sandino relevó a Martí de la misión, este había tomado rumbo a la ciudad de México. Se afirma que aquí estaba viviendo temporalmente su madre, quien, según el escritor Mauricio de la Selva, se encontraba separada de su esposo, don Pedro Martí, y que este, por esa época, era Alcalde de Teotepeque. Agustín Farabundo permaneció al lado de su madre, doña Socorro, desde octubre o noviembre de 1929 hasta junio del siguiente año, cuando fue expulsado por el Gobierno mexicano.

---

*   Aclaración del autor.

Se asegura que Martí fue arrestado y encarcelado brevemente, acusado de haber tomado parte en el abortado golpe de Daniel Flores contra el gobierno mexicano.[4]

Una carta de Tina Modotti, revolucionaria italiana internacionalista, dirigida a la revista *Amauta*, fechada en Nueva Orleans el 6 de marzo de 1930 —en momentos en que José Carlos Mariátegui, fundador de la misma, agonizaba—, denunció la persecución anticomunista desatada por el gobierno mexicano. Precisamente el 5 de febrero anterior, ella había sido capturada cuando regresaba de su casa acompañada de Farabundo Martí. Modotti no habló de que su acompañante fuera capturado. Sin embargo, la Secretaría de Gobernación ordenó el 27 de mayo la expulsión de Farabundo Martí —quien aparecía con nacionalidad nicaragüense—, así como de Esteban Pavletich, comunista de nacionalidad peruana. La orden fue cumplida el 17 de junio, cuando, además de los dos mencionados, fue deportado Gregorio Frenco Fannia, y salieron todos a bordo del vapor «Cristóbal Colón» del puerto de Veracruz. Su próximo punto de destino sería, para Martí, la ciudad de Guatemala.[5]

Martí, pues, estaría de regreso a El Salvador a principios de julio de 1930, en calidad de representante del Socorro Rojo Internacional ante la Sección de esta organización que ya funcionaba en nuestro país.

Con la presencia de Martí, dicho movimiento de solidaridad revolucionaria y de ayuda a víctimas y perseguidos por sus luchas por el socialismo, cobró gran impulso y ganó entre las masas mucho prestigio y fuerza. Fungía como secretario General del Comité Ejecutivo del SRI, Sección de El Salvador, Ismael Hernández, de oficio zapatero.

Martí se incorporó a las tareas revolucionarias en El Salvador en momentos de una grande y tensa lucha de masas. Esta se desarrollaba en el marco de la crisis mundial desatada en octubre de 1929, la cual había venido conmoviendo los cimientos del régimen político y social salvadoreño. A la par del movimiento sindical y de las organizaciones campesinas, marchaba un amplio movimiento democrático del pueblo. Los despidos masivos en la ciudad y en el campo agravaron la desocupación crónica existente; la miseria y el hambre cundieron como jamás se había visto por todos los rumbos y, paralelamente a ellas, crecieron las protestas airadas.

La irritación de la oligarquía agroexportadora, frente a un pueblo cuyo movimiento reivindicador parecía amenazar sus privilegios inveterados, fue en rápido crecimiento hasta tal punto que la represión gubernamental, en mayor escala, no se hizo esperar.

Por este tiempo a los trabajadores urbanos y rurales que eran capturados por cuestiones políticas, se les obligaba a realizar trabajos forzados en carreteras y canteras, y para evitar su fuga se les sujetaba con una gruesa cadena y grilletes en los pies. Doña Concepción v. de Regalado, latifundista, heredera de un ex presidente de la república, tan inmensamente rica como religiosa, hizo un singular y «pesado» regalo al gobierno, destinado a esta clase de reos: 300 cadenas de hierro.[6]

Los campesinos medios y pequeños, endeudados con préstamos hipotecarios, cayeron en mora ante la imposibilidad de saldar sus compromisos. El fenómeno fue general con la consiguiente pérdida de sus tierras a manos de los prestamistas usureros, en su mayor parte latifundistas. Se calcula que en los primeros años de la crisis económica mundial, en El Salvador casi el 30% de las fincas de café pasó al dominio de los ricos usureros, realizándose así una mayor concentración de la tierra en pocas manos y el coetáneo agravamiento del agudo problema agrario.

A fin de paralizar las ejecuciones hipotecarias, e impedir, por consiguiente, la pérdida de las pequeñas propiedades, se levantó el clamor en demanda de una ley moratoria. Sin embargo, el gobierno, dominado por la oligarquía, desoyó la justa y a la vez desesperada petición dejando que el proceso siguiera inexorablemente su curso, bajo el dominio del principio liberal «dejad hacer, dejad pasar».

Por otra parte, las acciones represivas amparadas en leyes ad hoc, fueron puestas en práctica. El 12 de agosto y el 30 de octubre de 1930 fueron emitidos sendos decretos ejecutivos con el propósito de impedir las reuniones públicas de los trabajadores, la agitación y propaganda comunistas, así como la impresión y circulación de la prensa obrera. Al director de Correos Nacionales se le dio autorización para decomisar impresos y correspondencia sindical, tanto nacional como extranjera. Al mismo tiempo, fue reformado el Código Penal y establecidas nuevas figuras delictivas contra los agitadores y propagandistas del comunismo, y se dictaron penas que corrían desde las multas hasta la prisión. También, en forma expresa, se prescribía que las organizaciones obreras y campesinas que quisiesen hacer manifestaciones contra empresas, individuos particulares o contra actos de autoridad, debían solicitar permiso a la Policía. Basadas en estos decretos, las fuerzas represivas procedieron a realizar no pocas masacres de reuniones y manifestaciones, pues las organizaciones populares no quisieron observarlos por violatorios de derechos y garantías constitucionales.

Los decretos en mención fueron emitidos con posterioridad a los hechos que a continuación se reseñan. El 1ro. de agosto de 1930, la FRTS intentó celebrarlo en cumplimiento de la consigna de lucha contra la guerra, tanto entre los países imperialistas como contra la agresión que los países capitalistas pretendían desatar contra la URSS. La demostración fue impedida por el gobierno del doctor Romero Bosque, quien usó medidas extraordinarias de fuerza. Resultado: más de cien trabajadores encarcelados y veinte de ellos sometidos a procesos penales. Ante esto, las acciones callejeras no se hicieron esperar. El Partido Comunista y «la Regional» convocaron a masivas manifestaciones de protesta, a las que el gobierno respondió con nutridas detenciones y nuevos procesos penales. En un lapso de dos años y tres meses fueron encarcelados más de 1 200 trabajadores, cuya libertad fue conquistada por la incansable actividad de la sección salvadoreña del Socorro Rojo Internacional.

¿Qué era el Socorro Rojo Internacional (SRI)? El SRI, Secretariado del Caribe —del cual dependía la Sección de El Salvador—, tenía su asiento en la ciudad de New York. Dicho Secretariado, a su vez, dependía de un organismo central, integrado por delegados de movimientos revolucionarios de varios países, con sede en Moscú.

Más o menos en mayo de 1930 ya habían sido formulados en El Salvador los estatutos del SRI, en cuyas disposiciones transitorias se consignaba que entrarían en vigor «hasta que se reúna la primera conferencia del Caribe en la que serán adoptadas las necesidades y problemas de toda la zona».[7] En el proyecto de estatutos proponíase, además, el emblema distintivo de la organización: una reja de prisión a través de cuyos barrotes una mano agita un pañuelo rojo, en demanda de auxilio. Lemas del SRI eran: «La defensa de las víctimas de la lucha irreconciliable de clases y del movimiento antiimperialista; en defensa de la revolución social, un luchador que sucumbe lo hace en interés de todos. ¡Defendámonos! ¡Por las víctimas de la reacción y del imperialismo!».

Entre los motivos de lucha estaban la obtención de la libertad de los presos políticos, la derogatoria de leyes inconstitucionales limitantes de los derechos de los trabajadores y la defensa de las organizaciones sindicales.

El Secretariado del Caribe del SRI, en una de sus circulares decía:

> Camaradas: es necesario que les aclaremos a todos ustedes que el SOCORRO ROJO INTERNACIONAL no es una organización comunista. Es cierto que dentro del SRI hay comunistas; pero

eso no quiere decir que el SRI es una organización con partido. El SOCORRO ROJO INTERNACIONAL es una organización sin partido, de lucha de clases, y cuyos objetivos son ayudar a todas las víctimas de la reacción, del fascismo y del imperialismo, ayuda que es legal en lo que corresponde al compañero caído, económica en lo que se refiere a sus familiares. Esta ayuda y defensa de todos los trabajadores que luchan en este terreno de la lucha de clases, constituye la función central del SRI.

Y, enseguida, añadía:

EL SRI agrupa a todos los obreros, trabajadores de la ciudad, del campo, a los campesinos pobres (pequeños propietarios de tierra que tienen que ir a trabajar a la finca cercana para poder vivir), estudiantes, intelectuales, antiimperialistas, etc., no por esto debe creerse que el SRI, es una organización anodina; todo lo contrario, el SRI, es una organización basada en los principios de lucha de clases que ayuda, moral y jurídicamente a todos los compañeros, sin distinción, caídos en la lucha de clases; idénticamente ayuda a sus familiares y lucha por restituir a la lucha, a la «libertad» a los dirigentes de nuestra clase trabajadora. Por ello nosotros utilizamos todas las demostraciones de fuerza, manifestaciones, como medio de protesta contra todos los atentados a las libertades individuales a que legítimamente tenemos derecho. Por esto es necesario no confundir el Partido Comunista de El Salvador Sección de la IC (Internacional Comunista)* con la Sección Salvadoreña del SRI.[8]

El calendario anual de acciones de agitación comprendía, además de las campañas especiales para casos concretos y nuevos que la sección salvadoreña acordara, las siguientes campañas obligatorias:

---

* Nota del autor.

a) Semana Mella, Lenin y Rosa Luxemburgo, del 10 al 21 del mismo mes. b) 18 de marzo, aniversario de la proclamación de la Comuna de París; por primera vez en la historia, el proletariado toma el poder en sus manos en 1871. c) Primero de Mayo, Jornada Internacional de protesta y de combate contra el capitalismo, contra el terror blanco y el fascismo. d) Cuatro de Mayo, aniversario de la iniciación de la lucha en Nicaragua contra los marinos yankees (1927), enviados por el imperialismo de Wall Street. e) Primero de Agosto, Jornada Roja Internacional contra la guerra. Especialmente en este día deberán hacerse manifestaciones antiimperialistas contra la guerra y este día deberá ser preparado con mítines públicos por lo menos durante los quince días anteriores al primero de agosto. f) 23 de agosto, aniversario del asesinato de Sacco y Vanzetti, jornada continental antiimperialista contra el terror blanco y el fascismo. g) 21 de septiembre (1924), aniversario de la fundación de la Federación Regional de Trabajadores de El Salvador, como organización de resistencia. h) 7 de noviembre, aniversario de la revolución rusa. Fecha en la cual los obreros y campesinos de ese país tomaron el poder e instauraron la dictadura del proletariado. i) 26 de noviembre (1922), fundación del Socorro Rojo Internacional (Esta es una cita textual del artículo 13 de los Estatutos del SRI).[9]

La aclaración reiterada de los dirigentes del SRI, en el sentido de que esta era una organización sin partido, chocaba con la realidad, como lo veremos. La creación de la Liga Pro Luchadores Perseguidos, fue acordada por el Congreso Regional Obrero Campesino. En una muy explícita circular del Consejo Federal de la FRTS, de fecha 9 de enero de 1930, se comunicó la fundación de la referida Liga, como Sección Salvadoreña del SRI, bajo el patrocinio de «la Regional». El nombramiento del Comité Central del nuevo organismo había sido hecho el 26 de diciembre anterior, el cual «fungía —se decía— hasta en tanto no se celebre el Congreso Nacional, que deberá nombrar a los definitivos; por ahora el actual es provisional».[10] En esta misma circular se daban instrucciones para que todas las organizaciones y sindicatos, los afiliados a la FRTS, tomaran nota del Comité Central de la Liga Pro Luchadores Perseguidos y que se interesaran en formar ligas locales en cada población; y que la Liga y sus organizaciones locales podrían adherirse a la FRTS. «La Liga Pro Luchadores Perseguidos —se señalaba— es la Sección Salvadoreña del Socorro Rojo Internacional. El Socorro Rojo Internacional es una organización sin diferencias para la defensa y ayuda a todos los caídos en la lucha de clases contra la reacción, la burguesía nacional y el imperialismo». Y enseguida se añadía:

> La Constitución de la Liga Pro Luchadores Perseguidos viene a llenar un hueco existente, y ha de desempeñar las funciones siguientes: Defensa y ayuda para todos los compañeros y sus familiares perseguidos, encarcelados y caídos en la lucha de clases contra la reacción, la burguesía nacional y el imperialismo.
>
> La Liga Pro Luchadores Perseguidos proporciona ayuda moral, jurídica y económica a todos los caídos en la lucha de clases. La ayuda moral y la solidaridad es la base sobre la cual trabaja la Liga Pro Luchadores Perseguidos, sus fines son ayudar y defender a todos los caídos en la lucha de clases. La organización sindical no puede llenar tales fines, pues la organización sindical es el arma de los trabajadores para sus luchas, y, en tales condiciones, la Liga Pro Luchadores Perseguidos sirve a los trabajadores a fin de que puedan luchar decididamente por su clase, proporcionándoles la ayuda y la defensa en todos los casos y en todas las circunstancias en que estos sean requeridos o sean necesarios.[11]

Si bien es cierto que el SRI era una organización sin partido, de carácter amplio, según las bases de su organización internacional, llama la atención que el primer Comité Central de la Liga Pro Luchadores Perseguidos fue integrado con reconocidos miembros del grupo comunista, a saber: Víctor M. Angulo, secretario general; Tomás Coto González, secretario de Organización; Juan A. Guardado, secretario de Agitación y Propaganda; Rafael Bondanza, secretario de Finanzas, y los secretarios de Actuación, Lucio Díaz y Humberto Bonilla.

Esta política del grupo comunista (recordemos que aún no había sido fundado el Partido Comunista) de asumir el control absoluto de las organizaciones de masas, excluyente de cualquier tendencia que tuviese la menor disensión, culminó en el VI Congreso (Extraordinario) de la FRTS, el cual fuera nominado, asimismo, «Primer Congreso Extraordinario Regional Obrero y Campesino». Precisamente en el decreto de convocatoria, fechado el 21 de enero de 1930, se precisaban, en cuatro de sus considerandos, las causas que motivaron la reunión del congreso extraordinario: existencia de «disensiones originadas entre miembros federados»; divergencias que «amenazan la existencia de la Federación o por lo menos su desarrollo normal»; la «urgencia» de «deliberar», eliminando lo nocivo o enmendar errores que obstaculizan el programa de la Federación; y «que es de utilidad colectiva revocar las funciones, parcial o total del Secretariado del Consejo de la Federación».

Los días 9 y 10 de febrero se reunió el Congreso que, por cierto, sería el último que celebraría la FRTS.

Comentando este Congreso, Miguel Mármol dice: «Se efectuó un golpe de audacia» y que «[...] para evitar las provocaciones de los divisionistas se dispuso que el Congreso fuera a puertas cerradas».[12] El mismo Mármol manifiesta que el VI Congreso de la FRTS encontró errores y deficiencias como estas: existencia de sindicatos de oficios varios por falta de una adecuada organización de los obreros gremiales; no distinguir en el campo de la organización de campesinos pobres y medios; que tales deficiencias habían conducido a que artesanos pobres y medios dirigieran los sindicatos de oficios varios y que los campesinos pobres y medios dirigieran, comúnmente, los sindicatos de obreros agrícolas. Además, se consideró que la propaganda había sido carente de contenido, al descuidarse el planteamiento de las demandas específicas y más urgentes del proletariado, razón por la cual, hasta entonces, no respondían los obreros fabriles y los de las demás empresas como la de los ferrocarriles, alumbrado eléctrico y las mineras. «Al considerar el Congreso el caso de las depuraciones, amplia y serenamente, ratificó la expulsión de tanto maleante».[13] «El VI Congreso —afirma Mármol— fue un éxito. Pero es que para entonces ya había algo nuevo en el movimiento revolucionario salvadoreño: ya había surgido nuestro Partido Comunista».[14]

Este último Congreso de la FRTS finalizó sus labores con estos otros acuerdos: no apoyar ninguna candidatura presidencial para las elecciones que se celebrarían el siguiente año, y combatir sus posiciones demagógicas. Por otra parte, se votó el apoyo más vigoroso a la lucha sandinista.

Bien vistas las cosas, el VI Congreso de la FRTS tuvo un gran acierto: el de empeñarse por trabajar mejor entre las masas de la ciudad y del campo. Sin embargo, la autocrítica no tocó las profundas raíces del sectarismo, fenómeno este que condujo no solo al hegemonismo de los comunistas en las organizaciones populares, sino también a algo sumamente grave como fue el aislamiento del propio partido y de las organizaciones controladas por él. Si era comprensible que el proletariado debía tener su propio partido, ello no significaba en absoluto renunciar de antemano a posibles alianzas tácticas con otras fuerzas sociales, tal como lo había sostenido el leninismo desde hacía tiempo.[15] El sectarismo del PCS resalta en su equivocada opinión de que la candidatura de Arturo Araujo no recibiría el apoyo de ingentes masas trabajadoras y de que, entre estas, hasta las dirigidas u orientadas por el PCS y la FRTS votarían por el candidato del Partido Laborista. Por otra parte, la desviación izquierdista incidió en el aislamiento del PCS

XII. FARABUNDO MARTÍ, IMPULSOR DEL SOCORRO ROJO... 145

respecto de los sectores sociales que pudieron abrazar o apoyar la causa revolucionaria.

En el proceso de consolidación del movimiento sindical, el Comité Federal Ejecutivo de la FRTS giró una especie de circular denominada «Plan de Trabajo del Sindicato», suscrito el 1ro. de diciembre de 1930, cuya procedencia indudable era de la Confederación Sindical Latino Americana, integrante de la Internacional Sindical Roja. En ella se hacía críticas al sindicalismo tradicional y al sindicalismo revolucionario, y se daba instrucciones acerca de la forma de organizar sindicatos de fábrica, de taller, etc. Se entraba a caracterizar el régimen político-económico de El Salvador, como «nacionalfascismo semifeudal» y que todas las tendencias que le teman a leyes, decretos, etc., etc., se decía, «constituyen el mayor peligro y deben ser liquidadas y extirpadas violentamente de nuestro Sindicato». Más adelante, hay un párrafo sumamente significativo y aleccionador sobre todo para el presente, por cuanto nos pone a la vista algunas concepciones dominantes en la época entre núcleos dirigentes a escala latinoamericana. Helo aquí:

> Nuestra lucha debe ser dirigida no solo contra los explotadores, sino también contra todos los reformistas, social-fascistas, oportunistas, traidores, derrotistas, liquidacionistas, pacifistas, y todos los que en alguna forma den ilusiones pequeñoburguesas como los anarquistas, anarco-sindicalistas (Centro Libertario Sindical) y contra todo el régimen actual y por la emancipación de nuestra clase, sobre la base de los Soviets y de la Dictadura Democrática de los Obreros y Campesinos en un Gobierno Obrero y Campesino que solo puede ser conquistado bajo la dirección del Partido Comunista de El Salvador, Sección de la Internacional Comunista, de una manera consciente, organizada, rápida y enérgica, a fin de mantenernos constantemente a la ofensiva o en la contraofensiva.[16]

Cuando Agustín Farabundo Martí retorna a El Salvador, se halla, pues, ante varios hechos importantes ya protagonizados por el primer grupo de comunistas y ante un amplio, así como difícil y apasionante, campo de combate.

XIII
Fundación del Partido Comunista de El Salvador

Durante muchos años, se sostuvo que el Partido Comunista de El Salvador (PCS) había sido fundado el 28 de marzo de 1930. Sin embargo, se ha llegado a establecer con certeza absoluta que la fecha corresponde al 30 de marzo del año en mención. Según testimonio de Miguel Mármol, fundador del PCS, este fue creado como Sección de la III Internacional (la Komintern), fundada por Lenin en 1919. Nuestras investigaciones no han podido establecer si el PCS fue admitido o no a la III Internacional, por lo que prosigue esta duda. Es un vacío que merece llenarse, aunque debe advertirse que el PCS no estableció relaciones oficiales con varios partidos ya pertenecientes al movimiento comunista internacional, entre otros el Partido Comunista de la Unión Soviética, sino hasta la segunda mitad de los años cincuenta.

La reunión constitutiva —realizada a orillas del lago Ilopango, en las proximidades de Asino—, que no pasaba de treinticinco personas, eligió el primer Comité Central. Entre los miembros de este órgano partidista estaban Luis López, albañil; Víctor Manuel Angulo, maestro, como secretario de Organización; Juan Campos Bolaños, maestro, como secretario de Propaganda. Estos dos maestros normalistas fueron los primeros intelectuales en el seno de la dirección del PCS, «aunque la verdad es que a esas alturas

—dice Miguel Mármol— ya estaban sumamente proletarizados e inclusive trabajaban como obreros y no como profesores».[1]

En la misma reunión, fue fundada la juventud Comunista Salvadoreña.

Por acuerdo del IV Congreso del PCS (marzo de 1964), se resolvió que la reunión constitutiva del 30 de marzo de 1930 se tuviera como el Primer Congreso del PCS. De tal manera que el IV Congreso, por esa misma resolución, pasó a ser el V.

Miguel Mármol proporciona datos importantes en torno a la fundación del PCS. Leámoslo:

> En tanto se atendía el agitado movimiento obrero y campesino, una comisión especial se encargó de preparar la fundación del Partido Comunista, formulando para ello, las tesis que habrían de fundamentar la existencia del Partido. En la elaboración de las tesis sobre propaganda, agitación, organización y política a seguir, participaron los camaradas Luis Díaz, Víctor Manuel Angulo, Gregorio Cortez Cordero y Narciso Ruiz, los que tuvieron la asesoría del camarada Jorge Fernández Anaya, miembro de la Juventud Comunista Mexicana.[2]

Asimismo, Mármol habla de que

> «[...] en marzo de 1930 se citó para reunión de constitución del Partido Comunista Salvadoreño. Fueron convocados a ella los cuadros más destacados, más firmes, más revolucionarios, del movimiento obrero y sindical de aquella época. No forzamos la historia cuando decimos que nuestro Partido Comunista se hizo de la clase obrera salvadoreña, pues entre nosotros no se dio el caso, ocurrido en otros países, de que el partido comunista se organizara primeramente en el medio universitario o entre la intelectualidad pequeñoburguesa. Nuestro Partido Comunista salió de las entrañas mismas de nuestra clase obrera, de nuestro

XIII. FUNDACIÓN DEL PARTIDO COMUNISTA DE EL SALVADOR

movimiento sindical, como una forma superior, política, de organización de clase. Los cuadros intelectuales que dieron los aportes principales en el aspecto teórico, fueron cuadros ya formados por el movimiento obrero mundial. La intelectualidad pequeñoburguesa salvadoreña, propiamente dicha, jugó un importante papel de precursora del Partido con la divulgación de algunos elementos de la ideología comunista, pero su papel directo en la creación del Partido, en los momentos de su fundación, fue escaso. En el futuro inmediato sí sería importante la penetración de los pequeñoburgueses, por lo menos de los pequeñoburgueses de origen, en el seno del Partido. Para bien o para mal.[3]

El PCS nace en el marco de una aguda crisis económica que, como secuela de la crisis mundial del sistema capitalista, azotaba a nuestro país y frente a la cual las masas trabajadoras, golpeadas severamente por la miseria, se agitaban con los puños en alto. La fundación del PCS

> [...] obedeció a la necesidad histórica del proletariado salvadoreño de tener su propio partido de clase que dirigiera y orientara a las masas trabajadoras, de la ciudad y del campo, hacia la conquista de sus más sentidas reivindicaciones económico-sociales, políticas y culturales, hacia la conquista de una democracia verdadera, la emancipación del dominio imperialista sobre nuestra patria y el logro de una verdadera independencia nacional, hacia la liberación social, el fin de la explotación del hombre por el hombre —decía, en parte, el Manifiesto del PCS en ocasión de su cincuenta aniversario.[4]

Desde su nacimiento, el PCS se trazó como objetivos encabezar las fuerzas motrices de la revolución salvadoreña y constituirse en vanguardia política de los trabajadores. Estos objetivos no se cumplieron cabalmente debido, en lo fundamental, al aislamiento en que el PCS se precipitó, desde sus primeros pasos, por desviaciones sectarias e izquierdistas.

Los nueve años anteriores al aparecimiento del PCS, constituían apenas un pequeño lapso caracterizado por intensas luchas reivindicativas de las masas, que si bien es cierto que fueron predominantemente económicas, sirvieron para acumular valiosa experiencia agitativa y organizativa, aunque no la teórica suficiente como para conducirse, lo mejor posible, en la situación revolucionaria que se configuró en 1932. Durante esos nueve años, los dirigentes de los movimientos populares, así como grandes sectores de las masas, experimentaron en forma directa que la respuesta que se daba a sus demandas, cada vez que eran planteadas, era corrientemente la violencia aplicada por el brazo armado de la oligarquía, el Ejército y demás cuerpos represivos. Esto condujo a la convicción de que ya no bastaba la práctica de una lucha económica contra la oligarquía.

La lucha resultaba ineficaz frente a una economía dependiente del imperialismo, en la que existían fuertes remanentes precapitalistas en el campo, como decir la existencia de un numeroso sector de mozos colonos (semisiervos) superexplotados, el trabajo gratuito de estos y de familiares suyos en beneficio de los terratenientes, el pago de salarios con piezas metálicas amonedadas (llamadas «fichas») por los hacendados, y que solo tenían valor en las tiendas de raya de la finca o hacienda, etc. Había, pues, la necesidad histórica de un partido clasista de los trabajadores que propusiera cambios estructurales profundos y que luchara por los mismos. El surgimiento del PCS significó el rechazo a las agrupaciones que, con ocasión de los procesos electorales presidenciales, proliferaban como hongos y que giraban en torno a personalidades de todo tamaño, en medio de un derroche de demagogia. Más que rechazo, era el fracaso de un sistema electoral.

XIII. FUNDACIÓN DEL PARTIDO COMUNISTA DE EL SALVADOR

Las causas de las desviaciones izquierdistas y de las debilidades teóricas de los dirigentes comunistas salvadoreños merecen un análisis especial que no es posible hacer, dadas las dimensiones de la presente obra. Significaría abordar el estudio crítico de la III Internacional o Internacional Comunista (IC).

Un estudio de tal naturaleza, referido a nuestro país, debe partir, indefectiblemente, de esta pregunta:

¿Qué grado de responsabilidad cupo a la Komintern en lo referente a los yerros sectarios y dogmáticos en que incurrió el PCS en el lapso que corre de 1930 a 1932?

En busca de la verdad histórica —y tomando en cuenta el contexto nacional e internacional de la época—, encontramos una problemática muy compleja que, en esos años, ni la propia Komintern pudo elucidar para así orientar correctamente al naciente movimiento comunista internacional.[5]

La Internacional Comunista (IC) fue fundada a iniciativa de Lenin en Moscú, en marzo de 1919, con ocasión de la celebración de su Primer Congreso.

Las condiciones internacionales existentes cuando se dio ese paso las describe Palmiro Togliatti así:

> El movimiento revolucionario surgido después de la Revolución de Octubre y de la terminación de la Primera Guerra Mundial a diferencia de lo sucedido en otras etapas de la Historia, no solo afectó a un grupo limitado de países, sino que se extendió, en formas diversas y con mayor o menor intensidad, a todos los países de la Tierra; a pesar de las diferencias en la situación de cada país, a pesar de la diversidad de condiciones económicas, un régimen político, de relaciones entre las clases, de intereses y de tradiciones nacionales, los objetivos de la lucha tenían en todo el mundo un parecido asombroso. En este aspecto destacan algunos de ellos: la liberación definitiva de la explotación capitalista, el fin de los regímenes de tiranía y el colonialismo, la

libertad de todos los pueblos, la marcha hacia el socialismo y la paz. La conquista del Poder, la construcción del Primer Estado Socialista y su avance victorioso estrecharon la unidad de todo el mundo y aproximaron a los hombres y a los pueblos en la lucha por acercar el día en que esa unidad pudiera descansar sobre una base real, única, que permitiera forjar unas relaciones de fraternal colaboración universal.[6]

Entre los objetivos de la IC se hallaba el de cohesionar a las fuerzas revolucionarias en torno a una plataforma de principios marxistas. De estos, para la IC, los fundamentales eran: la dictadura del proletariado y la instauración del Poder Soviético. El reconocimiento de los mismos y la correspondiente lucha por llevarlos a la práctica sería, según la IC, lo que distinguiría a los verdaderos revolucionarios de los que no lo eran.

Los partidos que se adhirieran a la IC debían someterse a «Las 21 Condiciones», que propendían a la implantación de una sola disciplina revolucionaria en el movimiento comunista internacional.

En «Las 21 Condiciones», se sintetizaban los principios fundamentales del partido de nuevo tipo, a semejanza del Partido Bolchevique. Además, se estableció el principio del centralismo democrático como rector de la III Internacional, es decir, la obligación de los partidos pertenecientes a ella de someterse a las decisiones de los congresos y del Comité Ejecutivo de la Komintern. El nombre de «comunista» se declaró obligatorio para todos los partidos pertenecientes a la IC, exigiéndose que la agitación y la propaganda fueran realmente comunistas.

«Las 21 Condiciones» establecieron que todo partido que deseara ser miembro de la IC, debería reconocer la ruptura completa y absoluta con el reformismo y con la política centrista.

XIII. FUNDACIÓN DEL PARTIDO COMUNISTA DE EL SALVADOR

La IC creó, pues, una especie de estado mayor político-ideológico del movimiento revolucionario a escala mundial, y se estableció, de esta manera, un centro desde el cual irradiaban los planes y consignas que debían ser puestos en práctica en diversos países del mundo.

La IC funcionó cerca de veinticinco años. Fue disuelta en 1943, en medio de la Segunda Guerra Mundial, en momentos históricos en que se había sellado la alianza entre la URSS, los Estados Unidos e Inglaterra para combatir el fascismo alemán e italiano y al militarismo japonés.

De manera que es en el propio punto de partida de la fundación de la IC, donde se debe buscar las raíces profundas de las concepciones con las cuales, como herramientas, se les entregó a las organizaciones revolucionarias de los países coloniales, semicoloniales y dependientes, para que labraran su propio destino. De esta manera, encontraremos que la Revolución rusa fue elevada a la categoría de paradigma, de modelo a seguir por los partidos adherentes de la IC. En este sentido, acertadamente ha sido señalado que entre los dirigentes de la IC dominó un método: el de la analogía histórica con la Revolución rusa, conducente a un análisis de carácter formal y no estructural. Precisamente, Rodolfo Cerdas Cruz ha expresado:

> El acontecimiento constituido por la Revolución de Octubre fue uno de los puntos obligados de comparación en la Internacional, para entender los procesos revolucionarios en los países coloniales, semicoloniales y dependientes, como en los países capitalistas desarrollados. Esto representó una forma particular de análisis social y político, en la medida en que el método de la analogía histórica se facilitó por el proceso de dogmatización del movimiento comunista internacional.

Y, seguidamente:

> Este método determinaba la certeza o el error de una posición política, no en virtud de un análisis estructural basado en un conocimiento estricto de las condiciones económicas y sociales en las cuales tenía que desenvolverse el proceso político y social concreto, sino en virtud de su semejanza o disparidad con la experiencia ya acumulada en el proceso revolucionario ruso.[7]

Este análisis de tipo formal y no estructural, sigue diciendo el autor citado, indudablemente permitía a los dirigentes de la IC «encontrar ciertas regularidades, que no siempre se entendían como simples similitudes, sino que, por el contrario, impulsaron la tendencia dogmática a interpretarse como leyes sociales de validez universal».[8] Es aquí, por consiguiente, en donde aceptándose lo expresado por el escritor costarricense, debemos encontrar «una de las causas fundamentales de los errores cometidos por la Internacional Comunista, al tratar de determinar una estrategia y una táctica para los países periféricos de la Rusia soviética».[9]

Hay que hacer notar que, al revisar la historia moderna, encontramos la tendencia de las grandes revoluciones triunfantes a extenderse allende sus fronteras. Tal fue el caso de la Revolución francesa, de la Revolución rusa, de la Revolución china y de la Revolución cubana. Tal tendencia siempre ha tenido por mira no declarada establecer, mediante el triunfo revolucionario en otros países, una especie de escudo defensivo, protector, de la propia revolución triunfante.

La determinación de esa estrategia y táctica únicas, a que hemos aludido, en la práctica marginaba el análisis concreto de la situación concreta de parte de los partidos adherentes a la IC. Por ejemplo, no pocos enfoques del problema medular de la cuestión colonial, pese a esfuerzos empeñosos por entenderlo, se contradecían con la realidad vivida en los países sometidos a ese sistema. Una de las expresiones de esos enfoques es el de las clasificaciones incorrectas que antes de 1928 se trató de hacer, atendiendo a tipos de países. Además, debido a una visión teñida de eurocentrismo, según la cual se esperaba a corto plazo el triunfo de alguna revolución socialista en el viejo continente, la idea que prevaleció fue la de entender el movimiento de emancipación colonial como mero complemento de la revolución europea, la cual compartían delegados de los países coloniales en la Komintern.

Por consiguiente, una de las debilidades de la IC fue la de no profundizar debidamente en el problema colonial, con lo cual se condujo por una visión unilateral, y hasta plana, de los países coloniales y dependientes. Era una visión muy europea, sostenida por los partidos de los países capitalistas más desarrollados del mundo. Una visión unilateral porque en los hechos esta no correspondía, en gran medida, a la visión que tenían los propios actores que estaban en las primeras líneas de combate haciendo una nueva práctica, dura y difícil, contra el colonialismo y el neocolonialismo, así como contra la dependencia.

Aún en agosto de 1935, cuando se celebra el VII Congreso de la IC, que marcara nuevas y positivas pautas para el movimiento comunista internacional ante la amenaza del fascismo alemán, se siguió considerando a las colonias y semicolonias como una de las «reservas principales del proletariado».

O sea que en 1935 todavía no se había abandonado la idea del triunfo de la revolución anticapitalista en Europa, en términos cortoplacistas, sino que además, como consecuencia de este triunfo, el resto del mundo, comprendidas las colonias y semicolonias, accedería al socialismo. En estas circunstancias, los países coloniales y dependientes tenían que ser apreciados en ese VII Congreso de la IC, como fuerzas potenciales y de reserva.[10]

La vida se encargó de romper esquemas. Me remito a los ejemplos. El proceso revolucionario chino, bajo las concepciones de Mao Tse Dong, fue algo que no cabía en las directrices de la Komintern. Ya desde la segunda etapa de la Revolución china había conciencia, en un apreciable número de dirigentes de la Tercera Internacional, de que esta había errado en sus concepciones acerca del problema colonial. Entre 1927 y 1935, en China ya había sido establecida una organización revolucionaria autónoma cuya forma no obedecía a los esquemas europeos tradicionales. Sobre este particular se ha escrito mucho, pero precisa recordarse que, según el Comité Ejecutivo de la IC, la consigna acerca del establecimiento de los soviets debía entenderse en un sentido estrictamente insurreccional y urbano. Sin embargo, los campesinos chinos tomaron en cuenta las condiciones propias de su densidad demográfica para hacer, bajo la dirección de Mao, un «poder de Estado Rojo» organizado en las zonas guerrilleras. Como ya casi es un lugar común de parte de los estudiosos de la Revolución china, en este paso histórico no había ninguna huella de utopismo, ninguna práctica de asimilación abstracta y servil de otros procesos revolucionarios. Mao, por ejemplo, cambia la consigna de nacionalización de las tierras (prescrita por el VI Congreso de la IC) por el del reparto de tierras comunales y de grandes propiedades, sin tocar las de las grandes explotaciones. Por este motivo, la Komintern acusó a Mao de «desviacionismo kulak».

En 1930-1931, cuando el Ejército Rojo chino disponía ya de cincuenta mil hombres, Stalin aconsejaba «no enamorarse del movimiento guerrillero».

Al estudiarse capítulos de la Revolución china, se puede recordar que, por esa época, precisamente Mao tenía contradicciones con la dirección del propio Partido Comunista Chino.

El ejemplo de la Revolución china fue seguido en varios países asiáticos, y cuando ella triunfó, varios partidos comunistas de América Latina volvieron sus ojos a ella, encontrando no pocas similitudes entre las condiciones chinas y latinoamericanas.

Otra de las rupturas de los esquemas de la Komintern fue la realizada por el Partido Comunista de Francia, que, echando a un lado la errónea y extremadamente dañina lucha de «clase contra clase», aprobada por la IC, puso en práctica la formación de un Frente Popular. Precisamente, la política de frente único, como una forma superior de alianzas, fue proclamada por el VII Congreso de la IC, ya antes referido. Esta proclamación no fue sino el reconocimiento de la creatividad de los comunistas franceses.

Fue en el VI Congreso de la IC, celebrado en agosto de 1928, en donde por primera vez hubo delegados latinoamericanos, y también fue la primera vez en que la cuestión colonial fue debatida con amplitud. Sin embargo, como lo anota Cerdas Cruz, la cuestión acerca de si las revoluciones coloniales eran fuerza auxiliar o parte integrante de la revolución socialista mundial, no tuvo respuesta, ya que Otto Kuusinen —miembro del Comité Ejecutivo de la IC, encargado de las cuestiones latinoamericanas—, se limitó a decir que «[...] lo que es cierto, es que las revoluciones coloniales, serán nuestros aliados [...] en la lucha contra el imperialismo y el capitalismo».[11]

Basado en la obra de Cerdas Cruz, debe consignarse que en este VI Congreso fue presentado un co-informe por Jules Humbert-Droz (el otro informante era Kuusinen), dedicado específicamente a los países latinoamericanos. Humbert-Droz formaba parte de la dirección del Buró Latino de la Internacional, que agrupaba a países como Portugal, España, Bélgica, Francia, Italia y los de América Latina. Este «buró» no usaba, como criterio determinativo para la inclusión en el mismo de uno u otro país, uno de carácter político, sino el de hablar lenguas romances.[12]

Del estudio de las importantes como largas citas que el autor costarricense hace del co-informe de Humbert-Droz, se hace una lista de algunos de los temas analizados:

1. América Latina como uno de los factores más importantes de la revolución socialista internacional y, en especial, contra el imperialismo norteamericano.

2. Reconocimiento de diferencias variadas y profundas entre los países latinoamericanos.

3. Inexistencia en América Latina de un capitalismo nacional desarrollado y, por ende, imposibilidad de que la burguesía nacional pudiera jugar un papel revolucionario.

4. Una estructura social de clases entre las cuales mencionaba, en primer término, la gran masa de campesinos pobres y de obreros agrícolas; en segundo término, una clase obrera débil; y en tercer lugar, una masa de la pequeña burguesía formada por intelectuales, artesanos, pequeños comerciantes, etc., amenazados por la penetración del imperialismo, que jugaba un papel social y político considerable, particularmente en aquellos lugares en donde el proletariado era aún débil, y que estas eran las fuerzas democráticas que marcaban el proceso revolucionario latinoamericano.

5. El importante papel que le correspondía a las tribus aborígenes en la estructura social de los países de América Latina y, en particular, de los llamados países bolivarianos.

6. El carácter de los movimientos revolucionarios en América Latina, que clasificaba como de tipo democrático-burgués, en países de condición semi-colonial, donde la lucha contra el imperialismo ocupaba un lugar muy importante y donde dominaba no la lucha de una burguesía nacional por el desarrollo autónomo sobre la base del capitalismo, sino, por el contrario, la lucha de los campesinos por la revolución agraria contra el régimen de los grandes propietarios terratenientes.[13]

Estas referencias a la IC se concluyen con la palabra crítica y autorizada de Palmiro Togliatti:

No podemos cerrar los ojos y afirmar que las posiciones de la Internacional Comunista fueron totalmente justas y correspondieron a la situación en todo momento. No se puede negar que al lado de un amplio y acertado análisis marxista y de la definición del desarrollo de la crisis del capitalismo, surgida con la Primera Guerra Mundial, y de una justa acción revolucionaria orientada a la formación y reforzamiento de los partidos comunistas, en condiciones a veces difíciles, hubo también vacilaciones que merecen una crítica justa de posiciones a las que se renunció más tarde porque no respondían a todos los elementos de la realidad social y política; a veces se reaccionaba ante los acontecimientos con cierto retraso, e incluso se dieron casos de exageración en la propaganda.

Y, más adelante señala:

No se puede decir que en aquellos años [de 1922 a 1926. Nota de J.A.G.] todo el movimiento comunista se inspirase en [...] claras y precisas posiciones marxistas. En general no había una clara conciencia ni una justa apreciación de las condiciones concretas en cada país y existía la tendencia a proclamar formal y superficialmente el deseo de «hacer lo que se había hecho en Rusia», sin comprender lo que esto podía y debía significar para cada país. La ruptura con el oportunismo llevó fácilmente a formas de sectarismo que aislaban a los comunistas, con frecuencia poco numerosos, de las grandes masas organizadas en sindicatos o inorganizadas; es más, hubo gentes que elevaban este aislamiento al grado de teoría, afirmando que había que esperar a que las masas «vinieran a nosotros»; otros, por último, crearon la «doctrina de la ofensiva», según la cual una pequeña minoría, aunque estuviese aislada de las grandes masas, podía asaltar victoriosamente la fortaleza del poder. Estaban bastante difundidas la incomprensión de las reivindicaciones nacionales y la opinión de que, como había comenzado un período revolucionario, no tenían ya ningún valor las reivindicaciones democráticas.[14]

Finalmente, se toma de las opiniones de Togliatti la relativa a que partidos comunistas europeos, tales como el de Italia, de Bulgaria y de Polonia, subestimaron la capacidad de recuperación y maniobra de las clases burguesas en sus respectivos países y que el ataque del fascismo los desorientó puesto que no habían logrado comprender, desde que comenzara su despliegue, ni las proporciones ni el significado del mismo.

Cuando es fundado el PCS, la Regional de Trabajadores de El Salvador agrupaba en su seno a las siguientes organizaciones: En San Salvador: Sindicato de Trabajadores Manuales e Intelectuales de los Diarios, Sindicato de Panificadores, Sindicato de Ferrocarrileros, Sindicato de Trabajadores de Salón, Sindicato de Servicios Domésticos, Sindicato de Sorbeteros y Refresqueros, Unión de Pintores, Sindicato de Construcción, Sindicato de Tejedores, Unión Sindical de Barberos, Sindicato de Instaladores Eléctricos, Unión de Sastres, Sindicato de Zapateros, Unión de Empleados de Comercio y Sociedad de Motoristas y Mecánicos. En Santa Ana: Sindicato de Panificadores, Liga de Albañiles y Carpinteros, Sindicato de Oficios Varios, Comité Pro Acción Sindical. Cantón Calzontes Arriba: Sindicato de Campesinos del Potrero Grande, Sindicato de Obreros y Campesinos. Ilopango: Sindicato Fraternidad de Obreros y Campesinos. Soyapango: Sindicato «Julio Antonio Mella». Cantón los Planes de Renderos: Sindicato de Trabajadores y Jornaleros. Santiago Texacuangos: Sindicato de Obreros y Campesinos. Panchimalco: Sindicato de Obreros del Campo y del Taller. Puerta de la Laguna: Sindicato de Obreros y Campesinos. Santa Tecla: Sindicato de Albañiles y Carpinteros, Sindicato de Panificadores. Armenia: Sindicato de Oficios Varios. En los cantones de Azacualpa: Sindicato de Campesinos. Sonsonate: Unión Sindical de Proletarios, que comprendía varios sindicatos. Juayúa: Sindi-

XIII. FUNDACIÓN DEL PARTIDO COMUNISTA DE EL SALVADOR

cato General de Trabajadores. Nahuizalco: Unión de Trabajadores Federada. Cantón La Libertad: Sindicato de Campesinos. Atiquizaya: Sindicato de Oficios Varios. Ahuachapán: Unión Sindical de Proletarios. Ataco: Sindicato General de Trabajadores. Chalchuapa: Unión de Obreros Federada. El Refugio: Sindicato de Campesinos.

XIV
Elección presidencial de 1931

Después de su retorno en julio de 1930 Agustín Farabundo Martí llegó a ser, en muy corto tiempo, la figura central en la lucha popular y, particularmente, entre la clase trabajadora organizada dirigida por el Partido Comunista de El Salvador y la Federación Regional de Trabajadores Salvadoreños.

Martí logró atraer hacia las filas revolucionarias a elementos radicalizados de la clase media, entre los que se encontraban algunos estudiantes. De estos días data la incorporación al movimiento comunista de Alfonso Luna y Mario Zapata, estudiantes de la Facultad de Jurisprudencia y Ciencias Sociales de la Universidad Nacional de El Salvador. Ellos morirían, juntamente con Martí, ejecutados por un pelotón de fusilamiento.

En diciembre de 1930 el país estaba en plena efervescencia electoral. El Poder Legislativo, con fecha 27 de septiembre anterior, había convocado a los pueblos de la república «para que, durante el tiempo fijado por la ley, comenzando el segundo domingo del mes de enero de 1931, procedan a la elección del presidente y del vicepresidente de la república, que funcionarán en el próximo período constitucional; y de tres diputados propietarios y dos suplentes por cada Departamento, a la próxima legislatura».[1]

Pío Romero Bosque, con ocasión de la apertura de las sesiones ordinarias de la Asamblea Nacional Legislativa, celebrada el 20 de febrero de 1930, al referirse a la cuestión electoral expresó sus apreciaciones, así como «la firme actitud que asumirá el poder ejecutivo para conservar sin menoscabo el orden público, la libertad de los ciudadanos, la disciplina administrativa e imponer los principios de la más rigurosa justicia en todo cuanto se relacione con el debate político que ha empezado a plantearse».

Más adelante, decía:

> El Poder que presido comenzará su cuarto año de labores, y si ha de esforzarse por seguir mereciendo, como hasta hoy, los valiosos estímulos de la opinión pública, espera también que todos los ciudadanos contribuyan, franca y lealmente, a que la era de paz y libertad de que gozamos sea para el país una conquista definitiva.

Agregaba:

> Hago este formal llamamiento al patriotismo salvadoreño por estar próxima la contienda que decidirá el problema político de la sucesión presidencial, y por ser de todo punto necesario que ella se desarrolle en forma que patentice nuestra cordura y confirme nuestra preparación para la vida democrática.[2]

Conocida públicamente la actividad y prestigio popular de Martí, no faltó el funcionario gubernamental que, extralimitándose de su cometido, considerara nociva la presencia del agitador comunista. Además, ya la FRTS se había pronunciado en el sentido de no apoyar ninguna candidatura presidencial. Es en esa situación que se ordenó la captura de Martí y la de Ismael Hernández, este secretario general del Comité Ejecutivo del SRI, Sección de El Salvador.

Como respuesta a su detención y cautiverio, ambos respondieron con una huelga de hambre. Después de cuatro días de ayuno fueron conducidos ante el director de Policía. Este hizo un amanerado como fingido saludo cordial a los reos. Martí, con desprecio manifiesto, y en forma zahiriente, lo rechazó. El jefe policial ordenó su retorno a las celdas y, poco después de este incidente, Martí fue expulsado una vez más del país.

El 19 de diciembre de 1930, un amanuense del director general de Policía llevó papel, tinta y pluma a la celda en donde se encontraba Martí a fin de que con su puño y letra redactara una solicitud de pasaje para trasladarse a otro país. Se le prometía que se arreglaría un viaje a Italia. La respuesta de Martí fue categórica: «No estoy dispuesto a salir del país —dijo— y no me presto para poner una tan sola letra que signifique que yo he salido voluntariamente de mi patria».

Al siguiente día, el propio director general de Policía le preguntó a Martí si deseaba ir a Panamá o a México. La respuesta fue que solamente violentado podría ser consumado su destierro. En la tarde del mismo día, se le comunicó que estaba listo el pasaporte, sin decírsele a qué país se pretendía enviársele. A Martí se le ofreció una pequeña suma, pero el ofrecimiento lo interpretó como un insulto y fue, consiguientemente, rechazado. En su bolsillo solo tenía doce dólares de su propiedad.

En horas de la mañana del 20 de diciembre, Martí fue embarcado en el buque mercante «Venezuela», a cargo del capitán Walter N. Prengel.[3] Este llevaba instrucciones de desembarcar a Martí en el puerto de San Pedro, California, Estados Unidos de Norteamérica, y debido a esta orden, al tocar puertos intermedios, se le encerraba bajo llave. En enero Martí desembarcó en el puerto de destino y permaneció allí hasta la segunda quincena del mismo mes. Conocida por la International Labor Defense la situación de Martí, envía representantes a fin de gestionar su ingreso legal a los Estados Unidos, mediante un recurso de amparo. Sin embargo, Martí, argumentando que cualquier amparo de las Cortes norteamericanas liberaría al capitán del buque de la obligación de conducirlo de regreso a El Salvador, no acepta las gestiones. Así es como Martí reembarca en el mismo buque «Venezuela», que ya enfilaba su proa hacia el sur. Fueron a despedirlo los norteamericanos George Mauren y Emma Butier y el español Juan Vilariño, todos miembros de la International Labor Defense.

Cuando el barco toca puerto salvadoreño, Martí hace una tentativa de reentrar al país, pero es detenido en el muelle por la policía y, nuevamente, es reembarcado con instrucciones de dejarlo en territorio nicaragüense. Este designio del gobierno salvadoreño, de entregarlo a las autoridades de Nicaragua, es abandonado ante las protestas de organizaciones de masas de El Salvador. De manera que Martí continúa su viaje forzado, pasando por el puerto de Puntarenas, Costa Rica, en donde se le dijo que no se le permitiría desembarcar. A esto respondió que no estaba dispuesto a hacerlo en otro país que no fuera El Salvador. En Puntarenas se presentó el agente de la Panamá Mail, compañía a la que pertenecía el buque «Venezuela», para manifestarle a Martí que el Encargado de Negocios de El Salvador le enviaba un pasaje para dirigirse al Perú y 28 dólares, oferta que es rechazada. Al llegar a Balboa, Panamá, se le trasladó al barco «Colombia» de la misma compañía, nave que salió rumbo a Centroamérica el 28 de enero. El capitán observó una actitud diferente al manifestarle a Martí que no estaba dispuesto a repetir los actos del capitán Prengel. De esta manera logró desembarcar, por fin, en Corinto, Nicaragua, el 1ro. de febrero de 1931, y arribó a San Salvador el 20 del mismo mes.

Cuando retornó a El Salvador, las elecciones presidenciales se habían realizado durante los días 11, 12 y 13 de enero, y solo faltaban pocos días para la toma de posesión del nuevo presidente.

Contrariamente a lo que se ha venido diciendo, el Partido Comunista de El Salvador no participó en las elecciones presidenciales de 1931. Es falso, asimismo, que haya dado su apoyo a la candidatura de Arturo Araujo, postulado por el Partido Laborista.

En este esbozo biográfico, creo necesario exponer algunos rasgos de la personalidad del Ing. Araujo, de las circunstancias en que fue electo y de algunos datos ilustrativos sobre su corto gobierno de nueve meses.

Arturo Araujo, miembro de una acaudalada familia de terratenientes, nació en Suchitoto el 6 de marzo de 1878. A los quince años de edad obtuvo su diploma de bachiller, y fue enviado por sus padres a Londres. Hizo estudios de Ingeniería Civil y de idiomas en la ciudad de Zurich. De conformidad a los reglamentos universitarios ingleses, los egresados estaban obligados a realizar prácticas en centros afines a la especialidad que habían estudiado. Así fue como a Araujo se le destinó a una fábrica en Liverpool. Por decisión propia, vivió en la casa del capataz de una fábrica, lo que dio origen a una estrecha amistad. A Araujo le causaba extrañeza que el capataz se ausentara los sábados por la noche. Acicateado por la curiosidad, le preguntó a su amigo las causas de sus ausencias regulares y este le manifestó que era presidente del Partido Laborista de la localidad.

Dotado de una sensibilidad poco común entre los de su clase, Araujo se dedicó durante su permanencia en Inglaterra, entre otras cosas, a conocer la doctrina laborista y a observar muy de cerca el funcionamiento del Partido Laborista.

Cuando regresó a El Salvador, a la edad de 22 años, se distinguió por vivir de fijo en las propiedades agrícolas de sus padres. Los salarios de sus trabajadores eran el doble de los que comúnmente se pagaban en la época, y se otorgaba, además, algunas prestaciones sociales entonces desconocidas en El Salvador. En sus haciendas había escuelas, clínica asistencial, casa para cada colono y su familia, así como semilla y aperos. Había, asimismo, capilla católica y capilla evangélica. En 1917, y a raíz de un violento terremoto que causó gran destrucción en las zonas central y occidental del país, Araujo hizo un donativo de 250.000 colones a la ciudad de Armenia —lugar en donde poseía propiedades— para su reconstrucción. Era práctico y bondadoso, características que con el correr de pocos años, le granjearon simpatías entre amplios círculos de artesanos y campesinos.

Inspirado en sus experiencias en Inglaterra, Araujo fundó el Partido Laborista Salvadoreño. Ideológicamente, le imprimió una tendencia reformista, que logró atraer a algunos sectores importantes de la pequeña burguesía, principalmente de los propietarios y obreros artesanales de la ciudad y de grandes núcleos de los sectores campesino y de obreros agrícolas.

Casi inmediatamente después de creado el Partido Laborista Salvadoreño, se distinguieron en él dos alas: una, bautizada con el nombre de «Partido del Proletariado Salvadoreño», estaba dirigida por el periodista Luis Felipe Recinos[4] y otra, a cuya cabeza se hallaba un intelectual reformista: el escritor y combativo periodista Alberto Masferrer. Esta ala era la que más se acercaba a la idiosincrasia e ideología del Ing. Araujo. Cabe decir que esto no era de extrañar a nadie, porque el propio Araujo, antes de fundarse el Partido Laborista, consultó la idea con Masferrer y este le dio tanto su apoyo como su aliento.

Masferrer, acompañado de varios estudiantes universitarios, recorrió el país anunciando el surgimiento del nuevo partido, y se les recibió con entusiasmo de parte de nutridos sectores de trabajadores de la ciudad y del campo.

En 1918, con ocasión de los preparativos del Congreso Obrero Salvadoreño en la ciudad de Armenia, Araujo construyó con sus fondos un edificio en terreno de su propiedad destinado al evento. La asistencia de más de 129 delegados de la clase trabajadora, es indicativa de la importancia que tuvo este congreso, al cual ya nos referimos en páginas atrás.

El Partido Laborista, como se ha opinado con certeza, más que un partido era, propiamente, un movimiento caudillista con débiles propuestas de reforma social. El caudillismo seguía campante como fenómeno histórico. Sin embargo, tal partido se situó, por diversas circunstancias, en el centro del vasto movimiento social de la época, entre las posiciones del Partido Comunista y de la Federación Regional de Trabajadores de El Salvador, por un lado, y las tendencias ultraconservadoras de lo más recalcitrante de la oligarquía terrateniente, por la otra. Explotando con los medios que tuvo a su alcance esta posición centrista, logró atraer fuertes corrientes de simpatía y sembrar, entre considerables masas de la ciudad y del campo, no pocas ilusiones sobre rápidas y profundas transformaciones que, si bien eran parte de la propaganda verbal, jamás aparecieron escritas en ningún documento. Los propagandistas del laborismo no solo lo insinuaron, sino que, asimismo, plantearon el reparto de tierras, tocando así una de las fibras más sensibles de los sectores campesino y jornalero.

Por su parte, Alberto Masferrer, desde el diario *Patria*, del cual era director, empleando el gran prestigio ganado como crítico agudo y severo, aunque equilibrado, del sistema de tenencia de la tierra en El Salvador, clamaba contra el monopolio de esta, y se convirtió su palabra en abono de las ilusiones de las masas campesinas por una pronta solución favorable a sus necesidades.

El Partido Laborista tuvo un programa de gobierno. En su edición del 2 de marzo de 1931, el diario *La Prensa* inserta, íntegramente, el plan de gobierno dado a conocer por el propio Ing. Araujo días antes de asumir la presidencia. He aquí, parcialmente reproducido, el texto de las declaraciones:

De manera sucinta esbozaré lo que yo haría en el Gobierno, en mi calidad de administrador de la nación. De las cosas que intentaría realizar, unas estarían casi enteramente en mi mano y en las de mis colaboradores de gabinete, y son las que incluyo bajo el título de «Plan de Trabajo». Otras se refieren a ideas y reformas que anhelaría ver realizadas, pero que, por su carácter legislativo, no podrían recibir de mí sino una propaganda empeñosa, a fin de conseguir el consentimiento y el asentimiento de los legisladores. Esto significa que como hombre de reforma, yo no emplearía más que dos instrumentos: nuevas leyes, emitidas por la voluntad libre de los legisladores y nuevas instituciones y costumbres, creadas por influencia de la prensa libre. «Mi Plan de Trabajo», incluyendo en este únicamente lo que es trascendental, comprende:

1. Reducir a seis horas diarias la venta de licores, como primero y significativo esfuerzo del Gobierno para liberarse de la triste servidumbre que le impone la renta de aguardiente. La nación entera desea verse liberada del envenenamiento alcohólico, y ya no puede diferirse esa reducción, que iniciará el saneamiento de la raza y la restauración de fuerzas muy grandes, hoy atrofiadas, que darían vigor creciente a la economía nacional.

2. Mejorar y ensanchar la educación que recibe el soldado en el cuartel, con la mira de que este se convierta en la más eficiente escuela de alfabetismo y oficios manuales, prácticos y lucrativos; de aquellos que no han adquirido suficiente desarrollo, y que sin daño a nadie ampliarían nuestras actividades económicas.

3. Llevar el agua en cantidad bastante y de buena calidad, a todas las poblaciones que aún no disfrutan de ese vital e importante elemento.

4. Llevar al más alto nivel la autonomía municipal en las veinticinco o treinta poblaciones que tienen condiciones económicas y mentales para regirse por sí mismas; dejándoles, desde luego, el uso de todas sus rentas y exigiéndoles las responsabilidades

consiguientes, especialmente en lo que se refiere a una esmerada limpieza de las poblaciones y al sostenimiento y educación de sus huérfanos desvalidos.

5. Proteger en la medida más amplia el trabajo de los obreros salvadoreños, encomendándoles, desde luego, todas las obras que sean capaces de hacer y que se destinen para el uso del gobierno o de las municipalidades; acudiendo si fuese indispensable, a la colaboración de técnicos extranjeros solo para que dirijan y enseñen a los trabajadores del país. Las edificaciones rurales, la colonia penal y la introducción de agua a numerosas poblaciones, proporcionarían ocupación a un considerable número de trabajadores, además del que hallarían en las carreteras y otras obras ya emprendidas. Con eso, me parece, quedaría solucionado por bastante tiempo el problema de los sin trabajo, ocasionado por la crisis actual. Pero si no fuera suficiente, yo me esforzaría por ensanchar la construcción de las obras públicas, a fin de que a ningún proletario le faltara trabajo. Tal sería mi actitud de laborista convencido, y de representante y candidato del laborismo.

6. Orientar a la escuela primaria en un sentido de que sea, antes que todo, el laboratorio en que se formen trabajadores eficientes. Sus programas, horarios y procedimientos deben encaminarse a que todo alumno que de ella salga, pueda, en uno o dos años de especialización, convertirse en un trabajador perfectamente capacitado para ganar su vida y la de los suyos, o para entrar con una suficiente preparación, a los estudios especiales. Y como el problema escolar es ahora entre nosotros, especialmente, un problema de la escuela rural, incluyo en este plan de trabajo la construcción de 200 casas de escuela rural, con habitación para los maestros y terrenos anexos para las varias enseñanzas necesarias o útiles para la vida de los campesinos.

7. Proteger empeñosamente y en toda forma, el trabajo de la mujer proletaria salvadoreña, a fin de facilitarle sus labores y de que estas le produzcan el máximo de provecho. La mujer es, quizás, el principal resorte de nuestra economía nacional y necesita que se la ayude y favorezca en cuanto sea practicable.

8. Fundar la Colonia Penal insinuada ya en la conciencia pública por nuestro mandatario el doctor Pío Romero Bosque, y que vendría a culturizar y modernizar nuestro sistema penitenciario.

9. Contribuir en cuanto dependa de mí a que la Universidad se convierta en el grande y eficaz crisol en que se forme nuestra clase dirigente, en el sentido más amplio de esta palabra: altos estudios, cátedras de Filosofía y Letras; de Ciencias Sociales y Administrativas; de Educación Universitaria, Secundaria y Normal Superior, profesorado escogido y bien remunerado, protección a los estudiantes pobres y merecedores de ello, y a los recién titulados de cualquier profesión, ayuda para que se establezcan; edificio digno de tal Institución, eso implica, a mi parecer la Reforma Universitaria que es ya una aspiración de todas las gentes cultas del país.

10. Establecer en toda la república la asistencia médica gratuita, encomendándola a médicos del pueblo, y encargados muy particularmente de velar por la salud de los niños de las escuelas, a quienes, si fueren pobres se les dará también medicina suministrada en los botiquines escolares.

Llama la atención que en el Plan de Trabajo nada se dice respecto al problema agrario y a su punto central: el monopolio de la tierra. Es digno de señalarse que el contenido del Plan refleja parte de la ideología de Alberto Masferrer, vertida principalmente en su «Doctrina del Mínimum Vital». No sería extraño pensar que el Plan de Trabajo presidencial fuera redactado por el propio Masferrer.

La inexperiencia de los dirigentes del Partido Comunista, quienes no supieron aplicar una táctica adecuada a las circunstancias interiores del país, les condujo a adoptar una postura de aislamiento respecto al proceso electoral, lo cual no impidió que importantes contingentes de las masas que el PCS orientaba, se adhirieran a las filas del laborismo y que favorecieran a este con su voto.

Recinos, quien perteneció al Partido Comunista —del cual fue expulsado— se caracterizó por sus disidencias con este. Al amparo de la campaña presidencial de 1930-1931, y bajo las banderas del laborismo, hizo al campesinado promesas de reparto de tierras que Araujo no tenía idea de cumplir.

Fue tal el recelo que despertó su propaganda dentro de las filas terratenientes, que en diciembre de 1930 —dos semanas antes de las elecciones— para desvirtuar mayores malentendidos con la oligarquía latifundista, el propio Araujo declaró públicamente: «No soy ni puedo ser comunista», definiendo así campos entre el Partido del Proletariado Salvadoreño y Partido Comunista y el Partido Laborista. Esta declaración no llevaba ningún rechazo a los votos que pudiera obtener provenientes de las filas de la izquierda radical. Además, en manifiesto suscrito por el mismo Araujo, publicado el siete de enero de 1931, puede leerse: «No quiero terminar este manifiesto, sin dejar una constancia más de mis ideas de respeto a los derechos y creencias ajenas, que me hacen militar en el Partido Laborista, el único partido de ideología definida que puede oponerse al comunismo».

Por su parte, Alberto Masferrer no estuvo muy a la zaga de Recinos en cuanto a promesas a las masas populares y de la divulgación de su ideología mínimumvitalista. Esta, vestida con un ropaje literario sumamente sugestivo y atractivo para importantes sectores de la pequeña burguesía, era un conjunto de ideas que habían venido madurando en Masferrer desde hacía muchos años, y que fueron, asimismo, expuestas fragmentariamente en múltiples artículos periodísticos y folletos. Su exposición sistemática no fue hecha sino hasta el año de 1929, en el agitado marco de la profunda crisis económica y del afloramiento de un hondo descontento popular, así como del ascenso marcadamente revolucionario de sus organizaciones.

La «Doctrina del Mínimum Vital» tenía carácter reformista. Era una mezcla de algunas ideas fisiocráticas, de un ánimo anticapitalista irracional, de normas morales del evangelio cristiano y de doctrinas éticas orientales. Estaba hilvanado por un hondo espíritu de religiosidad y por el expreso reconocimiento de la existencia eterna de las clases sociales, así como la prédica del conformismo y de la no violencia. Aunque en forma muy debilitada, y observando las exactas dimensiones históricas e intrínsecas virtudes de cada personalidad, Masferrer, con su mínimumvitalismo, obligadamente nos recuerda la figura anarquista del Conde Tolstoi. Masferrer propugnaba en favor de los trabajadores una serie de prestaciones indispensables que les permitieran vivir con decencia y decoro; trabajo higiénico, perenne, honesto y remunerado en justicia; habitación amplia, seca, soleada y bien aireada; agua buena y bastante; vestido limpio, correcto y de buen abrigo; asistencia médica y sanitaria; justicia pronta, fácil e igualmente accesible a todos; educación primaria y completamente eficaz para formar hombres cordiales, trabajadores expertos y jefes conscientes; descanso y recreo suficientes y adecuados para restaurar las fuerzas del cuerpo y del ánimo. Estos objetivos mínimumvitalistas, según Masferrer, no debían ser obtenidos mediante la lucha, la confrontación, sino por el convencimiento de los ricos, de los poderosos, a fin de que estos se desprendieran de parte de sus bienes en forma voluntaria. Masferrer predicaba la no violencia y recomendaba al trabajador, al proletario y al asalariado: «confórmate con lo indispensable; conténtate con que se te asegure aquello indispensable». Y al rico, al poseedor le pedía:

«Traza una línea máxima a tus adquisiciones, y no pases de allí, para que no te desvele el odio de tus víctimas; para que dejen gozar en paz, riendo y cantando, tú y tus hijos de lo que atesoraste».

La «Doctrina del Mínimum Vital» pretendía ser el remedio para evitar la lucha de clases en El Salvador, el arma supuestamente eficaz para combatir el «bolchevismo ruso» y el imperialismo que «son dos venenos mortales e insidiosos». El anticomunismo de Masferrer, envuelto en su doctrina, ni siquiera conmovió en su época a los oligarcas, aunque posteriormente a la insurrección y genocidio de 1932 y, más exactamente, después de la muerte de su autor, aquellos aspectos inocuos de su ideología han sido enarbolados, no pocas veces, como «filosofía oficial» de algunos gobiernos.

La ideología mínimumvitalista logró capitalizar conciencias a su favor porque reflejaba el generalizado ánimo reformista pequeñoburgués imperante entre apreciables sectores del pueblo. Los ataques morales al latifundio y los encendidos pronunciamientos de Masferrer a favor de la entrega de la tierra a quienes la trabajaban, reivindicación que desde hacía mucho tiempo estaba en el orden del día de nuestra historia, logró adeptos entre el proletariado y semi-proletariado agrícola. Esto explica la razón por la cual Masferrer, como tribuno político, lograra atraer al Partido Laborista, a ingentes masas de simpatizantes. Pese a los obstáculos que la ultrarreacción ponía a Masferrer, a quien muy equivocadamente se le llegó a tener por comunista, siempre gozó de facilidades para difundir su pensamiento. Un personaje rico, de pensamiento progresivo, le proporcionó un medio eficaz para exponer sus ideas al fundar el diario *Patria*, del cual Masferrer fue su director durante varios años.

La «Doctrina del Mínimum Vital» traspasó las fronteras salvadoreñas al ámbito centroamericano y fue aplaudida en varios países de América Latina. Masferrer, entusiasmado con sus éxitos de propagación, hasta llegó a hablar de una «religión vitalista» y de un «Partido Vitalista Centroamericano».

Durante la campaña electoral, todo mundo se preguntaba qué cartera ministerial se le daría a Masferrer dentro del gobierno de Araujo, cuyo triunfo se daba por descontado. Una vez triunfante, Araujo le ofreció a Masferrer el cargo de «colaborador especial del presidente». Con dignidad lo rechazó, aduciendo que no se hallaba previsto en el presupuesto de la nación.

Sin embargo, de conformidad a una entrevista hecha por la poetisa Mercedes Durand al Ing. Araujo,[5] este le declaró que a Masferrer no le quiso nombrar en ningún ministerio para que no estuviera lejos de él. Por tal razón, junto a su despacho presidencial le equipó una oficina y lo nombró consejero y confidente.

En esta lucha política, en la cual participaban seis facciones, el Partido Comunista decidió no favorecer a nadie con el voto de las organizaciones de masas, optando por la abstención.

Durante los días 11, 12 y 13 de enero de 1931, se realizaron las elecciones presidenciales en un ambiente de absoluto orden, y de acuerdo a instrucciones de Pío Romero Bosque, contenidas en una circular del 21 de abril de 1930, dirigida a los gobernadores políticos, comandantes departamentales y jefe de la Organización de Milicias del Departamento de San Salvador y demás autoridades de la república.

En los días señalados para sufragar, se montó un dispositivo preparado hasta el último detalle, «para restablecer el orden en la capital en caso de motines», en cuyo Destacamento Mixto Especial, aparecían integrando la Plana Mayor, un general, dos tenientes coroneles, un mayor, dos capitanes, dos tenientes, un médico, un practicante, dos enfermeros, ocho camilleros, seis jinetes como agentes de enlace y dos cornetas señaleros. La tropa puesta al servicio del operativo era la siguiente:

Compañía de la Guardia Nacional	4 oficiales y 100 de tropa
Compañía de la Policía	4 oficiales y 100 de tropa
Compañía del 1ro. de Infantería	4 oficiales y 100 de tropa
Compañía de Ametralladoras del Regimiento del Arma	3 oficiales y 35 de tropa
Batería del 1er. Regimiento de Artillería (sin piezas)	3 oficiales y 35 de tropa
Escuadrón del 1ro. de Caballería	3 oficiales y 60 de tropa
Total	21 oficiales y 430 de tropa

«Todas estas unidades —se decía en la orden del día— llevarán por lo menos un fusil ametralladora por sección y el mayor número de municiones que fuere posible».[6]

Similares medidas fueron tomadas en todas las cabeceras departamentales.

En obsequio de la memoria histórica, en lo que a procesos electorales se refiere, es útil consignar lo siguiente: cinco días antes de que la Asamblea Nacional Legislativa, o sea el 22 de septiembre de 1930, convocara «a los pueblos de la república» (sic) a proceder a la elección del presidente y del vicepresidente de la república, Romero Bosque, junto con su gabinete de gobierno, tuvo una reunión con los candidatos que las diversas agrupaciones políticas proponían para acceder a la primera magistratura. En la junta, él leyó un documento en el cual, a manera de exordio, rogaba a cada uno de los concurrentes «[...] recibir las protestas de mi agradecimiento por haber atendido tan bondadosamente mi excitativa de venir a considerar las condiciones en que se presenta el problema de la sucesión presidencial». Asimismo, expresaba su confianza «[...] en que con la misma buena voluntad se servirán acoger las ideas y sugerencias que voy a exponer enseguida».

En efecto, el expositor partía del hecho de que el aparecimiento de seis agrupaciones políticas distintas, solo podía explicarse «[...] como efecto de la confianza que han merecido al pueblo las seguridades dadas por el Gobierno, de que se respetará y hará que se respete por todos los funcionarios civiles y militares la libertad electoral». Sin embargo, para Romero Bosque, la proliferación de candidatos era una circunstancia que complicaba seriamente la solución del problema electoral. Y aducía lo siguiente: «de continuar planteado en esta forma, originaría profundas divisiones en la sociedad, causa inmediata de las dificultades para el poder público y amenaza constante para la tranquilidad del país». Este argumento no era ajeno a las agrupaciones políticas, las cuales ya habían conversado entre sí para llegar a un acuerdo, en el sentido de reducir el número de candidatos a la presidencia. Sin embargo, los intentos no cristalizaron. Por esta razón, el presidente Romero Bosque, hizo a los presentes, tres proposiciones que son resumidas a continuación.

Primera proposición: que con los partidos organizados en todo el país, se formaran dos agrupaciones políticas, así:

> 1ra. Agrupación integrada por los partidos que postulaban al doctor Enrique Córdoba, al ingeniero Arturo Araujo y al general Maximiliano H. Martínez.

> 2da. Agrupación integrada por los partidos que postulaban a los doctores Alberto Gómez Zárate, Miguel Tomás Molina y general Antonio Claramount Lucero.

Sería reconocido como candidato único de cada una de estas agrupaciones, el aspirante que contara en sus registros de partidarios el mayor número de ciudadanos inscritos hasta el 22 de septiembre.

Segunda proposición: con los partidos organizados, se formarían tres agrupaciones políticas, así:

1ra. Integrada por los partidos del doctor Miguel Tomás Molina y el general Maximiliano H. Martínez.

2da. Integrada por los partidos postulantes del doctor Enrique Córdoba y el ingeniero Arturo Araujo.

3ra. Integrada por los partidos postulantes del doctor Alberto Gómez Zárate y general Antonio Claramount Lucero.

La condición para el reconocimiento del candidato único, era similar a la de la primera proposición.

Tercera proposición: designar a tres ciudadanos que se distinguieran por sus méritos y cualidades, «[...] a fin de estudiar serenamente quién de ellos sería mejor garantía para los intereses de la república, comprometerse a reconocer al escogido como candidato único a la presidencia y a apoyarlo incondicionalmente con todos los elementos de que disponga cada uno de los actuales aspirantes».

Como producto de esta reunión, esa misma mañana fue firmado un convenio por los candidatos, cuya parte medular era la aceptación de «que se limite a dos el número de candidatos que han de disputarse el triunfo electoral en los comicios de enero próximo, de los cuales uno será civil y otro militar». Además, acordaron que para adoptar el procedimiento más práctico y equitativo para la designación de dichos candidatos, los actuales aspirantes a la presidencia, cada uno por separado y dentro de un plazo de seis días, presentarían a Pío Romero Bosque, un proyecto que indicara la forma de llevarse a cabo la designación de los candidatos de referencia.

XIV. ELECCIÓN PRESIDENCIAL DE 1931

Todos los candidatos presentaron sus respectivos proyectos que fueron considerados en Consejo de Ministros el 11 de octubre. Cabe anotarse que los proyectos del ingeniero Araujo y del doctor Córdova, obtuvieron un voto cada uno; y que los cuatro restantes obtuvieron dos votos cada uno. Era evidente, pues, la falta de votación mayoritaria para todos los proyectos, lo cual, en la práctica, equivalió a un rechazo de todos ellos y, por consiguiente, el fracaso del propósito de reducir a dos los candidatos a la presidencia de la república.[7]

Los resultados de las elecciones, fueron los siguientes, de conformidad a datos oficiales:

Ing. Arturo Araujo	106 777 votos
Dr. Alberto Gómez Zárate	64 280 votos
Dr. Enrique Córdoba	34 499 votos
General Antonio Claramount L.	18 399 votos
Dr. Miguel Tomás Molina	4 911 votos
Total	228 866 votos

Debo anotar que, según la Dirección General del Censo, el número de electores ascendía a 392 383, de tal manera que solo votó un 58,3%. De esta forma, hubo, pues, un 41,7% de abstención.

En vista de que ninguno de los candidatos obtuvo la mayoría absoluta, le correspondía, constitucionalmente, a la Asamblea Nacional Legislativa elegir por votación pública entre los tres que habían obtenido mayor número de sufragios. Tal elección fue hecha el 12 de febrero, y el decreto respectivo la declaratoria de electos estableció, por unanimidad, como presidente al Ing. Arturo Araujo; y como vicepresidente al general Maximiliano Hernández Martínez.

XV
Inauguración del Gobierno de Araujo. Situación económico-social del país

La inauguración del período presidencial fue el primero de enero del mismo año. En esta fecha, en su discurso de estilo, Araujo reiteró su oposición al comunismo.

El nuevo Gobierno encontró un país golpeado frontalmente por la crisis económica mundial.

A fin de situarnos mejor en la atmósfera de este tiempo, volvamos la mirada a diciembre de 1929 para percatarnos, de propia voz de los titulares oficiales del gobierno, cómo analizaban el momento económico actual.

En efecto, Pedro S. Fonseca, quien fungía como director general de Estadística, en un breve artículo titulado «Divisando el año de 1930»,[1] expresaba, entre otros conceptos, lo siguiente: «Bien quisiéramos arrancar con pleno optimismo la última hoja del calendario de 1929, pero los hechos se imponen a los deseos más generosos».

Enseguida decía que en 1928 todo había marchado viento en popa «por las abundantes y bien pagadas cosechas de café anteriores», pero que en el primer semestre de 1929 «hubo algunas nubes iniciales de mal tiempo» en lo que respecta a la balanza comercial, ya que esta, sin ser negativa, bajó con respecto al primer semestre de 1928 cerca de 5 millones de dólares. Añadía que si la baja de precios del café persistía «tal depresión afectará sensiblemente las rentas públicas, el comercio, la industria y el trabajo». Y aconsejaba «sacrificio absoluto de lo superfluo por lo necesario; y dejar lo útil si se puede»; que «los agricultores no deben pensar en disminuir los salarios a los peones. Esto sería un grave error, injusto e inconveniente».

El artículo terminaba con esta expresión: «¡Que Dios y el patriotismo nos ayuden en 1930!».

La calidad de país exportador prácticamente de un solo producto principal —el café— en los años veinte, hacía totalmente vulnerable la economía salvadoreña a profundas depresiones, puesto que se hallaba sometida a las crisis económicas periódicas del sistema capitalista. Precisamente el mismo Fonseca, en bien documentado ensayo que fuera presentado como ponencia de El Salvador al Tercer Congreso Científico Panamericano, celebrado en Lima, Perú, en diciembre de 1924,[2] habló sobre la crisis que llegó a nuestro país después de la Primera Guerra Mundial, a mediados de 1920: «Nuestros artículos exportables —escribió— bajaron súbitamente de precio; la balanza económica se mostraba desfavorable, y la reducción de créditos contrajo la circulación». Y, seguidamente:

> Síntomas de pánico había ya entre agricultores y comerciantes, porque muchos trabajaban con el crédito. La crisis fiscal se presentó simultáneamente, y la preocupación del Gobierno era tanta como la de los agricultores y comerciantes. Y el fenómeno fue más singular, porque pasamos del optimismo al pesimismo sin escala, y ocurrió algo así como una fiesta interrumpida por un duelo.

Para ilustrar con algunas cifras esta crisis, citamos líneas de la ponencia:

> La circulación de billetes al 31 de diciembre de 1919, la más alta de nuestra historia, se elevó a 14 635.848 colones y la garantía

metálica en oro era 10 690.904 colones. La circulación el 30 de junio de 1920 se había reducido a 13 848.996 colones, y el 31 de diciembre del mismo año, aún más, a 8 219.410 colones. El cambio naturalmente subió, y los comerciantes obtenían oro por billetes para exportarlo.

John Parke Young, en artículo de 1925, apunta:[3]

> El oro americano salió de El Salvador en grandes cantidades, ya sea con permiso o clandestinamente. El contrabando de moneda era relativamente fácil. Los billetes americanos eran más fácil [sic] de exportar que las monedas de oro y, como no se exigía permiso para exportar billetes, estos llegaron a tener un premio de un 3% sobre las monedas de oro. Los registros oficiales de El Salvador muestran que la exportación de monedas de oro americano llegó a un millón y medio de dólares, y el Ministerio de Hacienda estimó que más de esa suma salió clandestinamente. Además, prácticamente todos los billetes americanos existentes en el país fueron exportados.

En cuanto al valor de las exportaciones de café, en los cinco años que corren entre 1926 y 1930, había disminuido de 42 721.335 colones —en 1926— a 23 914.481 colones —en 1930—; o sea en un poco más del 50%. El precio por quintal, de 46 kilogramos de café, se había reducido en ese mismo lustro de 42.45 colones a 18.76 colones. En 1930, del volumen de las exportaciones el café representó el 88,11%. En 1931, el valor de las exportaciones de café fue de 21 695.441 colones, y representó el 94,09% del volumen de las exportaciones de El Salvador. Las drásticas disminuciones del precio de nuestro principal y casi único producto de exportación, fue catastrófico para la economía salvadoreña. Por otra parte, las rentas de aduanas, principalmente de ingresos fiscales, estaban intervenidas —desde el 24 de junio de 1922— por los prestamistas norteamericanos a raíz de deudas contraídas por gobiernos anteriores con los Estados Unidos. En suelo salvadoreño funcionaba una oficina interventora cuyo encargado, un ciudadano norteamericano, solo le permitía al Estado de El Salvador la utilización del 30% de los impuestos recaudados, y se destinaba el 70% de los mismos al pago de intereses y capital a los tenedores de bonos.

La usura y la intermediación en la contratación de emprésitos internos y externos, por esa época, constituyeron un gran negocio para los únicos tres bancos particulares que funcionaban en el país. No existía una tan sola institución bancaria de carácter estatal.

De la memoria de Hacienda, Crédito Público, Industria y Comercio correspondiente a 1930, presentada por el secretario de Estado, señor José Esperanza Suay, permítasenos reproducir grandes períodos que, dada la objetividad con que él analiza la situación económica general del país relacionada con la internacional, ahorran información y argumentos. Tal análisis tiene una relevante importancia porque, proviniendo de un ministro del Dr. Pío Romero Bosque, es un juicio oficial. He aquí los párrafos escogidos:

> Cada vez que se produce la baja en los precios del café, automáticamente nuestra economía nacional entra en crisis, las actividades comerciales decaen, el valor de la propiedad disminuye, las operaciones de compra y venta de propiedad se paralizan, los bancos por razón de su estatuto incierto, cortan los créditos y disminuyen la circulación monetaria y billetaria, y como consecuencia de todo esto, el Fisco ve disminuir sus rentas: no es pues extraño que el presupuesto se desequilibre.
>
> La actual crisis es mundial; sus fenómenos se producen en casi todos los países, aun en aquellos que gozan de mayor potencialidad en sus finanzas, de grandes riquezas y de reservas cuantiosas.

Enseguida, el señor Suay anotaba:

> Lo que prevalece esencialmente es que el café exportado de las cosechas 1926-1927, 1927-1928 y 1928-1929, produjo cincuenta millones de colones que quedaron en el país y que las últimas cosechas 1929-1930 y 1930-1931 solo tienen un valor de veinticinco millones de colones libres. Es claro, pues, que los veinticinco millones de diferencia, faltan en el activo de la economía nacional. El problema urgente que hoy se presenta es de reajuste para todo el mundo, ceñir los presupuestos de los particulares y el de la nación al límite de sus entradas actuales, mientras se sustituye paulatinamente la producción de café con otros productos y se establecen nuevas industrias que nos permitan importar menos artículos extranjeros y exportar más productos nacionales.

Párrafos más adelante, cuando se refiere a las causas y efectos generales de la crisis económica, señalaba:

> En los tiempos actuales, nos encontramos en presencia de una crisis económica de carácter universal, que afecta en diversas formas a todos los países, repercutiendo con manifestaciones de gravedad ostensible en aquellos que cuentan con menos elementos de resistencia, propios de una economía y unas finanzas saneadas, y la intervención decisiva de circunstancias de índole mundial en el proceso de la crisis actual, es innegable. La generalización de sus consecuencias y la persistencia de estas, lo están proclamando así.
>
> Si analizamos, aunque a grandes rasgos, los orígenes del proceso de la crisis, podremos afirmar que, en primer término, la última contienda armada se promovió por razones de preponderancia económica entre potencias que gozaban de la más alta capacidad en esta fase del progreso humano. En la serie

concatenada de los agentes promotores aparece también el ansia inusitada de expansión colonial, con fundamento ineludible de predominio mercantil, ya que poseer colonias equivale a poner nuevos mercados de consumo al servicio exclusivo de la potencia colonizadora que se capacitaba para desalojar a los competidores y aun eliminarlos definitivamente; vienen después los consorcios realizados entre los productores y los círculos bancarios, cuyas actividades incansables se encaminaron a la intensificación, hasta cierto punto artificiosa, del consumo, creando, para los consumidores, facilidades en la adquisición de mercaderías mediante el uso amplio de créditos que protegían las ventas a plazos; luego, arrastrados por el torbellino de ese superconsumo artificioso, se dedicaron a la producción *standard* en series y en grandes proporciones, y, cuando las capacidades de consumo se ofrecían decadentes ante el volumen de la producción en masa, actuando de acuerdo con los círculos dirigentes, fomentaron el desenvolvimiento de prácticas expansionistas desde el punto de vista económico y político también, sobre países menos preparados, por ser jóvenes y débiles, para hacer resistencia a esa suerte de invasiones y fatalmente destinados, por lo mismo a servir de centros consumidores de las potencias productoras y económicamente mejor organizadas.

El uso inmoderado del crédito contribuyó, en principio, a elevar el costo de las subsistencias, a pesar del fenómeno de una producción superior a las necesidades de consumo del mundo. Con el agotamiento de los créditos amplios que habían sido extendidos hasta sus límites extremos, culminó la crisis que ahora experimentamos.

Cuando el secretario Suay se refiere a la situación interna, primero reconoce la impreparación del país, su atraso en materias económicas, financieras y carencia de espíritu de cohesión y solidaridad, para sostener enseguida:

Pero debemos reconocer que, precisamente por nuestra impreparación, el fenómeno de la crisis no se ha hecho sentir en toda la extensión nefasta, ni ha revestido las gravísimas complicaciones que están caracterizando su influencia en otros países. Si se juzga con cierto criterio superficial, parece errónea la anterior aseveración; pero si escrutamos a fondo el proceso de la crisis, resulta ser una afirmación paradójica, mas no por ello menos cierta. La condición embrionaria de la economía y finanzas patrias, como natural consecuencia de su constitución elemental, ha mantenido al país al margen de los grandes consorcios internacionales y alejado de las vastas combinaciones financieras, donde en el juego participan cuantiosos intereses con la perspectiva de superiores beneficios, pero al propio tiempo, sujetos al grave riesgo de llegar a las proximidades del desastre.

De ahí que ninguna influencia haya podido ejercitar el país en la transformación benéfica de los factores de índole internacional.

Sobre los factores que intervinieron en la crisis interna, enumeraba estos:

a) Las condiciones depresivas del valor de venta de la producción nacional en los mercados de consumo, que entorpecía la expedición de los embarques del producto principal exportable y su venta normalizada, restringía la importación de nuevos capitales, la concesión de créditos y la circulación de numerario.

b) La contienda eleccionaria, que si bien significó el ejercicio de un derecho legal y un entrenamiento saludable desde el punto de vista cívico, suscitó inquietud transitoria en el ánimo público.

Hubo intranquilidad en el ambiente, se carecía de confianza y de fe en las garantías que el capital exige para actuar libremente, infundiendo calor y vitalidad al organismo económico y auspiciando su prosperidad.

Hubo depresión de las transacciones, y el capital, esquivo por naturaleza para afrontar cualquier inversión que no garantice un reintegro lucrativo, experimentó apatía y temor.

c) Se provocó el alza de los cambios, con tendencias hacia la especulación, aunque afortunadamente transitorias.

d) La propagación exagerada de los acontecimientos político-sociales y especialmente de los brotes disociadores, las crónicas escandalosas de la delincuencia, que en casos frecuentes solo son producto de la imaginación periodística, estuvieron preparando inconscientemente la ruina del crédito nacional en el exterior, reagravando la crisis económica local.

e) Falta de trabajo de las clases proletarias.

f) Existencia de un malestar ostensible entre los elementos de la clase media, que estaba soportando de modo proporcional los mayores sacrificios con motivo de la situación.

El señor Suay enfatizaba: «Lo que más íntimamente nos afecta es la crisis de superproducción del café, que ha perdido su valor por causa del mayor volumen de las cosechas, excedente a las capacidades de consumo», y no dejaba de reconocer la existencia de un «ambiente hasta cierto punto refractario al florecimiento de toda innovación». «En el espíritu público —sostenía— se hace ostensible cierta impermeabilidad en la comprensión diáfana de las cuestiones de índole económica y financiera...».

En forma crítica, señalaba: «De la situación del país en materia de finanzas y de economía es responsable, en gran medida, la iniciativa privada. Si la iniciativa particular procede con orden, cordura y espíritu de organización, sin lanzarse a la especulación desatinada», era posible, según el señor Suay, salir airoso de la crisis.

La oligarquía fue sorda a esas palabras oficiales. Ella, afectada por la crisis, sometía a las masas obreras y campesinas a una tremenda explotación. Los salarios en las actividades agrícolas llegaron a ser hasta de veinte centavos diarios (algo así como ocho centavos de dólar) por jornadas mayores de ocho horas y trabajos verdaderamente agotadores. En el campo no corría la moneda, sino piezas, llamadas «fichas», acuñadas por cada hacendado a fin de que solo pudieran circular dentro del radio de su propiedad. Había en cada hacienda o explotación agrícola, la denominada tienda de raya en donde los trabajadores obligatoriamente compraban sus víveres, artículos para vestirse y otros objetos. Ningún trabajador que tuviera deudas pendientes podía dejar de trabajar o irse a otra parte, y cuando moría insolvente, la deuda pasaba, «como herencia» a sus hijos. Los colonos que vivían en calidad de semisiervos pagaban hasta el agua que utilizaban para sus necesidades vitales. El peso de la crisis, en pocas palabras, era descargado sobre las magras espaldas del pueblo. Todas estas circunstancias, unidas al hecho de que entre las masas campesinas de algunas zonas se guardaba aún el recuerdo de que sus ancestros habían sido dueños de la tierra bajo el régimen de propiedad comunal, destruido hacía algunos cincuenta años por gobiernos antipopulares para favorecer a gamonales y altos funcionarios, condicionaban el ascenso impetuoso de la lucha en el campo, en pos de diversas reivindicaciones, en cuyo centro se hallaba la reforma agraria.

XV. INAUGURACIÓN DEL GOBIERNO DE ARAUJO... 189

Esto explica, en parte, por qué en la zona occidental del país las masas de campesinos proletarios y semiproletarios vieron en la Federación Regional de Trabajadores su organización. «La Regional» logra en 1930, en el lapso de escasos tres meses, organizar sindicalmente a 80 000 trabajadores agrícolas. El 1ro. de mayo de ese mismo año, Día Internacional de los Trabajadores, desfilaron en la capital, San Salvador, muchos miles de personas, en una población citadina que no llegaba a 90 000 habitantes.

Araujo, al inaugurar su período presidencial lo primero que hizo fue olvidarse completamente de las promesas hechas en su propaganda electoral. El mínimumvitalismo de Masferrer no encontró eco, tal como lo esperaba inútilmente su autor, en el nuevo gobierno. De manera que, en corto tiempo, el presidente Araujo, sin ningún apoyo y sin brújula, se vio acosado desde diversas direcciones: la oligarquía cafetalera, recelosa de la tendencia reformista del nuevo gobernante, a quien calificaba de comunista, le negó todo tipo de colaboración; la intelectualidad, que había apoyado en las elecciones a Enrique Córdova, no aceptó ningún puesto importante de gobierno; las masas que le habían otorgado su voto al laborismo, fueron prontamente presas del más profundo de los desengaños; las organizaciones populares dirigidas por el Partido Comunista y «la Regional», le disparaban, sin darle cuartel, todas las baterías de sus críticas. Arturo Araujo tenía el poder, pero no mandaba, ni gobernaba. Sin dotes de organizador y sin facultades de dirigente, acompañado de elementos oportunistas, desacreditados e incapaces, el gobierno acabó de sumir los negocios públicos en la anarquía. El atraso de salarios de los trabajadores al servicio del Estado prosiguió al mismo ritmo que durante la administración anterior. Se debía planillas atrasadas hasta por tres y cuatro meses. La corrupción política amparaba, al igual que durante el gobierno de Romero Bosque, a individuos inescrupulosos que compraban los recibos de sueldos impagados, hasta por el tercio de su valor, pero que les eran inmediatamente cancelados en su totalidad al ser presentados en las pagadurías del Estado. Esta situación era general dentro de la administración pública, tanto para civiles como para militares.

Viene al caso recordar que entre los sectores intelectuales que le dieron su apoyo a la candidatura de Enrique Córdova, se hallaba un buen porcentaje del estudiantado universitario. Córdova, quien contraponía sus tesis de la evolución (reformismo) en contra de la revolución, fue Rector de la Universidad de El Salvador en varios períodos. En 1931 fue designado una vez más, para el desempeño de ese mismo cargo.

Entre los estudiantes que militaron en las filas del «evolucionismo» cordovista se operó un cambio radical frente a las cuestiones político-sociales. De adversarios de la doctrina comunista varios de ellos se transforman en sus simpatizantes y públicos defensores. En *Opinión Estudiantil*, periódico que por esas fechas ya gozaba de prestigio entre el pueblo por su larga trayectoria combativa, se dedicó en forma permanente una sección destinada a divulgar los fines del «Socorro Rojo Internacional».

Acosado por la crisis, el gobierno de Araujo creyó oportuno contratar un empréstito extranjero. En cuanto se tuvo conocimiento público del proyecto, la oposición encontró un motivo común de unidad de acción. Las manifestaciones no se hicieron esperar.

Escenarios de desfiles masivos fueron San Salvador y otras ciudades importantes del país. El repudio a los empréstitos era acendrado; existían motivos más que suficientes. El pueblo comprobaba, día a día, que los empréstitos contraídos en el extranjero estaban ligados a la venta de la soberanía. La presencia de un representante yanqui como Agente Fiscal del Empréstito contratado con prestamistas norteamericanos en 1922, era una ofensa flagrante para el pueblo salvadoreño.

Además, el odio al imperialismo norteamericano era significativo. Entre las agresiones de la época estaba la de la marinería yanqui al pueblo nicaragüense. De tal forma que la contratación de un nuevo empréstito hacía que se concentraran en un solo punto las más disímiles tendencias políticas: oportunistas, unas; patrióticas, otras.

Frente a la formidable agitación, caracterizada por sus ordenados desfiles silenciosos, el gobierno decretó el estado de sitio en julio de 1931. Entre las garantías constitucionales suspendidas se hallaba la de libertad de prensa. Censor oficial de toda publicación fue Luis Felipe Recinos.

El presidente Araujo se deslizó hacia la represión contra el pueblo.

Las huelgas de trabajadores agrícolas, que habían venido sucediéndose desde 1930, prosiguieron en diversas haciendas en el año de 1931. Tales movimientos fueron siempre reprimidos con violencia. La Guardia Nacional, brazo armado de la oligarquía para defender sus intereses en el campo, operaba sin ninguna contemplación y sanguinariamente, como obedeciendo a un premeditado plan, sembrando el odio general y una abrasante sed de venganza entre las masas campesinas. En Santa Tecla, a fines de febrero, una demostración que se organizaba para protestar contra el destierro de Agustín Farabundo Martí, fue masacrada. Saldo: ocho muertos y quince heridos y más de ochenta obreros y campesinos arrestados.

La Confederación Sindical Latinoamericana acordó que el 20 de marzo sería el «Día Continental de los Desocupados». En nuestro país, «la Regional» tomó a su cargo la celebración de actos de protesta contra la falta de empleo y convocó a una manifestación que se protagonizaría en el Parque Libertad (entonces Parque Dueñas). Se instaba, en hoja suelta que circulaba, a que se exigiera pan y trabajo, el seguro social para los desocupados por cuenta del

Estado y de los patronos, comprendiendo una cuota para los sin trabajo y sus familias.

La fuerza pública impidió la demostración empleando para ello grandes contingentes armados; y pese al claro objetivo de la convocatoria de los organizadores, la prensa decía al día siguiente que «grupos comunistas habían tratado de alterar el orden».

Días después, el presidente Araujo publicaba un manifiesto en el que se decía que las propagandas desordenadas comprometen la paz pública; y que el gobierno no era indiferente a la suerte de los trabajadores, pero que no toleraría que al amparo de ellos se difundieran teorías disociadoras. Además, prometía la creación de un Departamento Administrativo de Trabajo.

A raíz de este suceso, Martí fue detenido a principios de abril por la Policía Nacional, y se le encerró en la Penitenciaría Central. Fue sometido a juicio en un tribunal común, bajo la acusación de «ser agitador comunista y principal instigador de la manifestación comunista que fracasó el 20 de marzo».[4]

En su declaración de indiciado, rendida ante el Juez Segundo de Primera Instancia de lo Criminal, Lucilo Villalta, Martí dijo que en la Constitución democrática liberal que regía al país no estaba previsto el delito de que se le acusaba y que, por lo tanto, se pretendía aplicársele leyes de excepción.

La crónica periodística registró un incidente sumamente ilustrativo, protagonizado por los testigos de cargo. Estos manifestaron que sabían que Martí era comunista. Sin embargo, no pudieron dar una definición más o menos exacta de lo que significaba el comunismo. Por ejemplo, José Valladares dijo «[...] que sabía que Martí era comunista por habérselo manifestado este, invitándolo a entrar al comunismo». Por su parte, el testigo Manuel Pérez, declaró que el acusado era comunista «porque el mismo reo así se lo declaró incitándolo a seguirlo». El Juez dictó auto de detención provisional por considerar que había mérito suficiente.

En varias ciudades del país se organizaron mítines en pro de la libertad del líder preso. El gobierno expresó su decisión de reprimir con mano de hierro las manifestaciones comunistas que estaban llevándose a cabo dos semanas antes del primero de mayo, fecha en la cual se celebraría por «la Regional» el Día Internacional de los Trabajadores.

Interpuesto un recurso de habeas corpus, el juez Ejecutor decreta la libertad de Martí el 23 de abril, resolución a la que se le da cumplimiento. Sin embargo, Martí se hallaría unos días después nuevamente en la cárcel bajo la acusación de injurias al presidente de la república.

En crónica de *La Prensa* (11 de mayo de 1931), se decía:

> Martí se declaró en huelga de hambre... hace seis días que se niega a tomar alimentos. El famoso líder se encuentra detenido en la penitenciaria Central por injurias al señor presidente de la república, se halla en huelga de hambre desde el martes, de modo que tiene seis días de no querer alimentarse, no obstante las repetidas invitaciones que se le han hecho para que abandone su determinación.

La agitación en torno a la libertad de Farabundo cobra mucho cuerpo en escala nacional. En el seno de la Asamblea Legislativa se levanta la voz del diputado José Mejía pidiendo la excarcelación del detenido y exhortando a que se permitieran las reuniones políticas sin cortapisas artificiosas. La moción contenía:

Primero: solicitar de ese Augusto Cuerpo la gestión más eficaz y enégica para la liberación del reo don Agustín Farabundo Martí; segundo: solicitar que esta Asamblea nombre una comisión especial para que en la sesión de mañana dictamine, si hay o no lugar para la derogación de la Ley Reglamentaria de Manifestaciones y Reuniones de carácter político, emitida por el poder ejecutivo el

30 de octubre del año próximo pasado y su adición y reforma decretada el 12 de noviembre del mismo año.

Después de dos semanas de huelga de hambre, Martí es trasladado al Hospital Rosales el día 18 de mayo. Largas colas de parte de nuestro pueblo se hicieron a las puertas de ese centro de salud, en espera de turno para manifestar su simpatía por el líder.

Finalmente, después de veintisiete días de huelga de hambre, el gobierno se vio obligado a decretar la libertad, mediante una amnistía acordada por la Asamblea Legislativa.

En Sonsonate, el 17 de mayo, cuando en todo el país se desarrollaba una gran movilización que tenía por objetivo lograr no solo la libertad, sino salvar la vida de Martí, quien se encontraba en su segunda huelga de hambre a la que hemos aludido, obreros y campesinos realizaron una manifestación.

Las fuerzas represivas dispararon a la multitud matando a tres obreros e hiriendo a veinticinco personas. Fueron arrestadas más de sesenta y cinco personas. El gobierno comisionó al general José Tomás Calderón, (a) «Chaquetilla», para que, en lugar de los hechos, se informara de los sucesos. La primera recomendación que hizo por medio del telégrafo el día 18 de mayo, en cuanto puso pies en la ciudad de Sonsonate, fue la de que, con el mayor sigilo, fueran enviadas piezas de ametralladora para ser situadas en lugares estratégicos, y evitar movimientos de tropa hacia el lugar a fin de contener cualquier sospecha de movilización bélica.[5]

El comisionado oficial se percataba del explosivo estado de ánimo ante el crimen cometido. En su informe oficial, rendido el 22 de mayo, el general Calderón decía que el juez de Primera Instancia de lo Criminal de Sonsonate, Felipe V. Villatoro, señalaba como cabecilla de la manifestación masacrada a Manuel Mojica. Este es, agregaba el general, «uno de los más activos propagandistas del comunismo, y a quien sus correligionarios le guardan todo respeto y acatamiento, por ser el predicador más asiduo de tal organización. La entrevista con este sujeto me convenció de que el comunismo bolchevique se ha hecho como una segunda naturaleza en muchos individuos de aquella ciudad y de otros lugares del departamento de Sonsonate, sobre todo en el distrito de este nombre». El informe decía, además, que otro de los cabecillas, Julián Ortiz, padre, «indígena y uno de los más activos comunistas y predicadores» del Cantón El Cacao y de otros lugares vecinos, era obedecido ciegamente por los demás indígenas.

No escapaba detalle alguno al informe. En él se mencionaba «el decomiso de placas fotográficas al Sr. Francisco Ríos, del féretro de uno de los cabecillas que murió en la refriega, aduciendo como razón, el evitar su publicación la que podría alimentar más la protesta de los ofendidos. Se agregaba que bajo sobre había circulado en Sonsonate, en fecha reciente y posterior a los sucesos, «una composición en verso [...], denominada *La Internacional* [...]».

En cuanto al papel de las fuerzas represivas, el general Calderón decía que habían estado «a la altura de su deber en circunstancias tan críticas, dada la agresividad de los comunistas, quienes abiertamente hicieron resistencia a las autoridades con ostentanción de carteles injuriosos y excitación de las masas al desorden por medio de hojas sueltas». Hojas sueltas contra fusiles. ¡Carteles contra ametralladoras!... Nuestra eterna historia.

Cuanto más duros eran los golpes contra el pueblo, más ardía su ansia de revancha. Esto hacía muy difícil la aplicación de una línea orientadora correcta de parte de los líderes revolucionarios, por cuanto las masas, después de cada golpe recibido, más anhelaba que llegara el día del desquite y poder hacerse justicia con su propia mano. No pocas fueron las veces en que cuadros dirigentes de las organizaciones de masas fueron objetados airadamente cuando trataron de calmar los ánimos y orientar la lucha.

El 22 de septiembre de 1931, grupos de trabajadores de la hacienda «Asuchillo», no muy lejos de la capital, reclamaron por la violación de sus derechos. El propietario llamó a destacamentos de la Policía y Guardia Nacionales, los cuales, sin ningún aviso, masacraron a los inermes reclamantes. La cosecha sangrienta fue de quince trabajadores muertos y treinta y tres heridos, entre hombres, mujeres y niños. Agustín Farabundo Martí, frente a ese crimen, en su calidad de representante del Socorro Rojo Internacional e Ismael Hernández, en su calidad de secretario general del Comité Ejecutivo del mismo, se apersonaron ante el presidente Araujo para protestar, lo cual motivó que se les encarcelara y se les sometiera al proceso penal, al que ya nos referimos.

En estas circunstancias, según datos fehacientes, el presidente Araujo conversa con Martí, instándole a que renunciara a sus ideas e hiciera causa común con el Partido Laborista, y le ofrece, al mismo tiempo, un cargo dentro del Gobierno. La conversación fue infructuosa. Pocos días después, Martí es capturado nuevamente y desterrado una vez más a Guatemala, en donde permaneció pocos días.

XVI
Derrocamiento del presidente Arturo Araujo. El general Maximiliano Hernández Martínez asume la presidencia

El 2 de diciembre de 1931, nueve meses después de inaugurado su período presidencial, Arturo Araujo fue derrocado por un golpe cuartelario comandado por un grupo de oficiales y sargentos, quienes, para cubrir las formalidades, adujeron que su acción se basaba en el derecho de insurrección reconocido expresamente por la Constitución política. El depuesto presidente huyó y se asiló en Guatemala.

Desde el mes de agosto del mismo año, sin embozos de ninguna clase, se hablaba insistentemente de un posible levantamiento que sería secundado por elementos militares. El golpe cuartelario fue cuidadosamente preparado por oficiales de baja graduación y clases (cabos y sargentos), tras de quienes se hallaba, según todas las circunstancias, una dirección intelectual suprema. Entre los organizadores se distinguieron, por su incansable actividad, los subtenientes Joaquín Castro Canizales (conocido en el campo de las letras por el seudónimo «Quino Caso») y Julio César Escobar, periodista el primero y profesor el segundo, ambos ex alumnos de la Escuela de Cabos y Sargentos.

Los conspiradores explotaron magistralmente el retraso en el pago de los sueldos a la oficialidad y la tropa. Esta motivación, que minó la lealtad de la gente de tropa hacia el Gobierno, era apenas el pretexto para derrocar al presidente Araujo. Pero la causa fundamental que impulsara la conspiración fue la existencia de una situación revolucionaria que, a pesar de ser incompleta, tenía posibilidades de madurar hasta adquirir las características clásicas completas. Era evidente que en tal situación campeaba el movimiento de masas dominado por el Partido Comunista de El Salvador, aunque tuviera serias debilidades en su dirección.

Este período en referencia ya registraba esta situación: el modelo capitalista estructurado alrededor de la agroexportación de café, en realidad ya era obsoleto desde los años inmediatamente posteriores a la Primera Guerra Mundial, pero su honda crisis se precipitó, a ojos vista, a finales de la década de los veinte, tal como ya se dijera. Entre las expresiones de esta crisis del modelo oligárquico cafetalero encontramos: las combativas luchas del emergente movimiento obrero, que logró organizar y dirigir el movimiento campesino; las contradicciones de la clase hegemónica con una pequeña burguesía en lucha por la democratización del país. Todo esto enmarcado en la gran crisis económica del mundo capitalista (1929-1933), que golpeara duramente a El Salvador. Por su parte, la oligarquía no hallaba la forma de seguir gobernando a la antigua usanza, y sus dificultades de mantener en sus manos el poder, aun con la violencia, se hacían evidentes frente a un movimiento de masas que anhelaba vivir de forma distinta y que ya no quería sufrir la dominación oligárquica.

Sin embargo, el movimiento revolucionario tenía un punto extremadamente débil: su carencia de fuerzas armadas para enfrentarse al ejército regular aunque tuviera trabajo de infiltración en este. Otro punto débil era la espontaneidad que primaba principalmente en el frente rural, donde se tomaban iniciativas que escapaban al control y orientación de la dirección del PCS. Tales carencias de efectivo control y conducción de las masas, impedían ver un panorama claro y preciso respecto a los profundos cambios por los cuales se luchaba. No hubo, en pocas palabras, un correcto análisis de la situación del país ni acerca del carácter de la revolución que maduraba y de sus fuerzas motrices. No hubo el trazo de una estrategia y tácticas adecuadas. En otra parte de este trabajo se hace referencia, precisamente, a errores de la III Internacional que, a mi entender, fueron decisivos en la orientación general que tuvieron los revolucionarios salvadoreños de la época.

En estas condiciones agudamente críticas, los golpistas aparecerían, tarde o temprano, ante los ojos de la oligarquía como «los salvadores» de la patria que habrían impedido el «caos y la anarquía» y logrado, por consiguiente, «orden y paz». Sin embargo, para los conspiradores no era una tarea fácil, porque las masas expectantes ante el cambio violento de gobierno, podían, una vez agotada la expectación, pasar a la acción e impedir que los contrarrevolucionarios protagonizaran su papel hasta agotarlo; y tal acción podía suceder en el momento en que se observara un rumbo a la cosa pública peor al que ya había sido dado por el Gobierno de Araujo. Esto último que decimos, fue tomado en cuenta sin duda alguna por los conspiradores, quienes formaron en secreto un «Consejo de Oficiales, Soldados, Obreros y Campesinos», sugerente nombre tendiente a confundir y desorientar a los soldados de alta, al mismo tiempo que para preparar con mayor eficacia el golpe. No escapa, aun al observador menos experimentado, que la táctica adoptada tenía por objeto evitar todo choque o roce con las fuerzas populares, por lo menos hasta que se consolidara el cuartelazo contra Araujo. Los conspiradores no expresaron antes ni inmediatamente después del golpe, ninguna actitud anticomunista.

No debe descartarse que la eminencia gris y la alta oficialidad del Ejército, que maniobraban contra el Gobierno de Araujo, tenían hambre y sed de poder. Las condiciones históricas, nacionales e internacionales, permitirían al Ejército surgir como fuerza decisiva y determinante en el futuro del país. Ya no sería más, de hecho, aunque la Constitución de la república lo ordenara, una institución obediente y no deliberante. La obediencia quedaría como una condición irrefragable para los rangos castrenses inferiores y la deliberación para los superiores.

Una vez derrocado Araujo, el «Consejo de Oficiales, Soldados, Obreros y Campesinos», que había sido el motor del cuartelazo, acordó formar un «Directorio Militar» que asumió el Gobierno de facto.

Diario Latino, del 3 de diciembre de 1931, publicó este documento:

> En el Cuartel del Primer Regimiento de Infantería, a las nueve horas del día 3 de diciembre de mil novecientos treinta y uno: Reunidos los infrascritos delegados de los distintos regimientos: Primero de Artillería, subteniente Julio C. Cañas y subteniente Carlos Rodríguez; Primero de Infantería, capitán Manuel Urbina y teniente Joaquín Castro Canizales; de la Guardia Nacional, coronel Joaquín Valdés y teniente Juan Vicente Vidal; Primer Regimiento de Ametralladoras, subteniente Alfonso Huezo y del Ministerio de Guerra, coronel Osmín Aguirre, han convenido en lo siguiente:
>
> Que en vista de que el señor ingeniero Arturo Araujo abandonó el cargo de presidente de la república de que estaba investido, han resuelto reunirse para formar un Directorio Militar, el cual, por votación de los delegados, quedó formado por los miembros que a continuación se expresan: coronel Joaquín Valdés, coronel Osmín Aguirre, capitán Manuel Urbina, teniente Joaquín Castro Canizales, subteniente Carlos Rodríguez, subteniente Miguel Hernández Zaldaña, subteniente Alfonso Huezo, subteniente Julio C. Cañas. Que habiendo quedado de hecho en posesión de sus cargos, resuelve:

1. Aceptar la renuncia interpuesta por el presidente de la república, ingeniero Arturo Araujo y para cumplir los preceptos constitucionales, llamar al vicepresidente, general Maximiliano Hernández Martínez, quien rendirá la protesta de ley ante el Directorio Militar;

2. Conminar al ingeniero Arturo Araujo, para que en el perentorio tiempo de 24 horas desocupe el país.

3. Asumir la Dirección del Ministerio de la Guerra el control de los demás Ministerios.

4. Nombrar consultor al Dr. Emeterio Oscar Salazar, segundo designado de la presidencia.

Convenido lo anterior, firman los miembros del Directorio Militar: Joaquín Castro Canizales, Carlos Rodríguez, Manuel Urbina, Julio C. Cañas, Joaquín Valdés, Osmín Aguirre, Miguel Hernández Saldana, Alfonso Huezo.

El Directorio Militar, en vista del «abandono» de la presidencia, de parte del ingeniero Araujo, seguido de su «salida del país sin el permiso legislativo correspondiente» (este fue otro de los alegatos públicos de los golpistas), entregó la primera magistratura al general Hernández Martínez. Para llegar a este paso, el Directorio Militar montó una pantomima consultiva de abogados de fama, escogidos entre los adversarios del laborismo y vehementes anticomunistas. Estos opinaron que, de conformidad al derecho de insurrección establecido por la Constitución política de 1886, no existía ningún obstáculo legal para que el vicepresidente asumiera la presidencia de la república.

La crónica de *Diario Latino*, de ese mismo 3 de diciembre, centraba su atención en el atraso de los pagos a los militares, a quienes se les adeudaba tres meses de salarios. Consignábase que el Ejército rechazó la oferta del Gobierno de Araujo, quien propuso la cancelación parcial, con la contraproposición de «pago total o baja». El mismo diario informaba que el presidente Araujo se negó a firmar la renuncia y a aceptar las propuestas del Directorio Militar; además, se consignaba la pública manifestación de este en el sentido de que no tenía ninguna filiación política» y que se proponía «restablecer el régimen constitucional».

El mismo diario, en los siguientes días, registró los hechos políticos, entre los cuales se destacaba que «el deseo de hacer imperar las libertades conculcadas llevó al Ejército al desconocimiento del Ing. Araujo»; que «la mayoría de diputados se reunió en el cuartel del Primer Regimiento de Artillería; y que el Directorio convocó a notables abogados capitalinos antes de someter a conocimiento de la Asamblea Legislativa, la renuncia de Araujo». Cabe mencionarse que, entre otros abogados notables, se hallaban los doctores Emeterio Oscar Salazar, Enrique Córdoba y Manuel Castro Ramírez.

El grupo de togados consultados por el Directorio Militar, llegó a la «conclusión constitucional» siguiente: «...en virtud del abandono del territorio nacional del presidente Araujo sin haber solicitado la licencia a la Asamblea, de hecho el vicepresidente, Maximiliano Hernández Martínez, asume las funciones de jefe de Estado quedando únicamente en la obligación de dar cuenta en la memoria que deberá presentar el presidente a la próxima Asamblea Legislativa a cuyas elecciones convocó la Asamblea actual en sus sesiones». Tales puntos de vista, aducidos para cubrir en forma muy precaria los aspectos ilegales del golpe, fueron aceptados por el Directorio, el cual reconoció el 4 de diciembre, en horas de la noche, al general Hernández Martínez como presidente.

Muestra del apoyo al golpe entre algunos sectores de la ciudadanía, es el manifiesto aparecido el 3 de diciembre, firmado por más de setecientas personas, entre las cuales aparecían, como

XVI. DERROCAMIENTO DEL PRESIDENTE ARTURO ARAUJO...

primeros firmantes, los artífices de la conspiración y, enseguida, aquellos que se adherían a los hechos consumados. Tal manifiesto, que justificaba plenamente la toma del poder de los insurrectos, es digno de reproducirse, por cuanto que durante más de medio siglo, los autores de cuartelazos fallidos o exitosos han repetido, casi palabra por palabra, los mismos argumentos. Helo aquí con omisión de la larga lista de sus suscriptores:

Al pueblo salvadoreño:

Nos dirigimos al pueblo salvadoreño para hacerle saber cuáles son los elevados propósitos de la actitud que hemos asumido en presencia de un desgobierno que conducía al país al más grande fracaso político y administrativo. No son ambiciones bastardas ni fanatismos de caudillaje el móvil de nuestra actitud.

Estamos con las armas en la mano para defender los fueros de la república y devolver al pueblo sus libertades conculcadas.

No somos trastornadores del orden, sino hombres conscientes que sabemos para qué la nación ha depositado su cargo en nuestras manos.

No es la misión del Ejército sostener dictaduras, sino hacer efectivos los cánones de la Constitución. El Honorable Cuerpo Diplomático, que ha hecho bondadosas gestiones para que la paz no se altere, se ha dado cuenta de que nuestros propósitos son únicamente restablecer el orden constitucional violado por un estado de sitio arbitrario y por una serie de disposiciones de rapiña y de opresión que han llevado la intranquilidad y el desorden a todos los ámbitos del país. No queremos derramamientos de sangre, queremos únicamente devolver al pueblo sus libertades conculcadas y en ese noble propósito estamos firmes a mantener nuestra actitud cualesquiera que sean los peligros que se nos presenten. El orden se ha restablecido bajo el imperio del Derecho.

¡Viva la constitución!

¡Viva el Pueblo Libre de El Salvador!
¡Viva el Ejército de la república!

San Salvador, a 3 de diciembre de 1931

En torno a que si el general Hernández Martínez participó o no en los preparativos y consumación del golpe, existen versiones encontradas. Si él, en efecto, fue uno de los artífices del cuartelazo, logró mimetizar tan perfectamente su traición que, hasta el momento, resultaría más fácil sostener que no formó parte de los conjurados.

Según sus partidarios, el general Hernández Martínez fue capturado cuando se presentó al cuartel «El Zapote» con el objeto de imponer su autoridad de ministro de Guerra. Y las versiones interesadas de sus partidarios no dejan de afirmar que él se negaba a recibir la investidura presidencial y que solo por la fuerza de las circunstancias accedió finalmente.

Dejemos que uno de los principales actores de los sucesos del 2 de diciembre de 1931 nos relate, treinta y tres años después de sucedido el golpe, algunos hechos.

El actor es, nada menos, que Arturo Araujo. En entrevista concedida a Mercedes Durand[1] encontramos los siguientes pasajes:

> Es esto para mí tan doloroso que preferiría no hablar de ello. Sin embargo he de decirle que todo estaba preparado por la traición y que a cualquier otro hombre que hubiera estado en mi lugar le habría acontecido lo mismo, con mayor razón a mí que era un político inexperto y un hombre que confiaba en todos aquellos que me estaban preparando para el sacrificio. A este propósito recuerdo un incidente muy significativo que me aconteció en aquellos trágicos momentos. Fue el siguiente día del ametrallamiento de la casa presidencial, encontrándome

ya en la casa de mis padres (en donde está el Círculo Militar) rodeado de algunos funcionarios aún leales y de amigos, llamé por teléfono al cuartel «El Zapote» y cual no sería mi sorpresa al comprobar que quien me contestó era el general Hernández Martínez, mi vicepresidente y ministro de Guerra. Mi primera impresión fue de contento pues significaba garantía para mi Gobierno el hecho de que estuviere presente en aquel cuartel, el general Hernández Martínez, mas mi sorpresa fue mayúscula cuando a mi pregunta de «qué hace usted ahí, general?», él me contestó: «Estoy prisionero». Mi sorpresa subió de punto y mi desengaño fue mayor aún, pues al momento lo comprendí todo. ¿Cómo se podía explicar que un prisionero estaba en un cuartel sublevado, contestando las llamadas telefónicas?

Más adelante, el ingeniero Araujo, agrega:

Fuera del general Hernández Martínez, que era el motor inteligente que invisiblemente dirigía el movimiento que había de llevarlo al poder, no creo que los miembros de mi gabinete, que eran todos ciudadanos honorables hayan participado en esa traición. La mano invisible del general era la Escuela de Cabos y Sargentos que él había creado y dirigido para lograr sus propósitos.

Fuera del testimonio del ex presidente Araujo, y de otras personas que fueron testigos de los sucesos del 2 y 3 de diciembre, en favor de la tesis de que el general Hernández Martínez fue el autor intelectual del golpe, se encuentra un aspecto de especial importancia, a saber: la vigencia del Tratado General de Paz y Amistad (conocido como Pactos de Washington), suscrito el 7 de febrero de 1923 por los países centroamericanos, bajo la presión diplomática del Gobierno de los Estados Unidos de Norteamérica. Por el lugar en que fueran suscritos, el tratado y los otros documentos anexos, se conocen con el nombre que se deja mencionado entre paréntesis. Tales Pactos recogieron el compromiso de los Gobiernos istmeños de no reconocer a ninguno «que surja en cualquiera de las cinco repúblicas, por un golpe de Estado o de una revolución contra un gobierno reconocido, mientras la representación del pueblo, libremente electa, no haya reorganizado al país en forma constitucional». Añadían los Pactos: «Y aun en este caso, se obligan a no otorgar el reconocimiento si alguna de las personas que resultaren electas presidente, vicepresidente o designado estuviere comprendida en cualquiera de los casos siguientes:

1. Si fuere el jefe o uno de los jefes del golpe de Estado o de la revolución; o fuere por consanguinidad o afinidad ascendiente, descendiente o hermano de alguno de ellos.

2. Si hubiere sido secretario de Estado o hubiese tenido alto mando militar al verificarse el golpe de Estado o la revolución o al practicarse la elección, o hubiese ejercido ese cargo o mando en los seis meses anteriores al golpe de Estado, revolución o elección.

3. Tampoco será reconocido, en ningún caso, el gobierno que surja de elecciones recaídas en un ciudadano inhabilitado expresa e indubitablemente por la Constitución de su país para ser electo presidente, vicepresidente o designado».

El Tratado General de Paz y Amistad fue ratificado por El Salvador con algunas reservas que, según se afirmaba, violaban la Constitución de la república. Posteriormente, el Tratado fue denunciado.

Después de leerse las cláusulas atinentes, es fácil comprender las poderosas razones que el general Hernández Martínez y los conspiradores, tuvieron para ocultar su participación en el derrocamiento del ingeniero Araujo.

Casi trece años de tiranía fueron más que suficientes para que aspectos muy ocultos de la personalidad del general, como decir su frío espíritu calculador y su astucia zorruna, se confirmaran a plenitud. Habría sido menos que infantil esperar que él presentara flanco tan delicado y exponerse al no reconocimiento del Gobierno de los Estados Unidos de Norteamérica. La menor indiscreción en la dirección intelectual del golpe, lo habría dejado totalmente al descubierto. Washington no le otorgó tal reconocimiento sino hasta 1934, pese a que los Estados Unidos, sin ser firmante del Tratado General de Paz y Amistad, se comprometió solemnemente a «garantizar» el cumplimiento del mismo. Empero, este papel de garantes asumido por los Estados Unidos de Norteamérica, debemos enjuiciarlo tomando en consideración la primacía de los intereses económicos y políticos del imperialismo yanqui que, en las dos primeras décadas del presente siglo, hacía sentir sensiblemente su presencia en Centroamérica y el Gran Caribe, no solamente en forma de inversiones directas y de empréstitos leoninos, sino también con sus «marines» y modernas unidades de guerra empeñadas en agresiones e intervenciones descaradas que violaban flagrantemente el orden internacional. Era la aplicación de la denominada «diplomacia del dólar».

El deseo norteamericano de gobiernos estables, surgidos de sangrientos juegos políticos, regidos formalmente por normas constitucionales, y que no fueran, por consiguiente, producto de golpes o de revoluciones, estaba determinado por los intereses aludidos y no en obsequio del desarrollo y consolidación de regímenes democráticos en el área centroamericana. El filisteísmo ha sido, es y será consustancial a la política exterior del imperialismo norteamericano. Esta conducta puede resumirse perfectamente en aquella lapidaria expresión de John Foster Dulles, cuando era secretario de Estado de los Estados Unidos «Norteamérica no tiene amigos, sino intereses».

Precisamente los Pactos de Washington gravitaron en el retardo, por parte de los Estados Unidos, del reconocimiento del Gobierno del general Hernández Martínez, pese a que este, como lo hemos venido subrayando, supo guardar en secreto la autoría del golpe contra Araujo.[2]

Dentro de un plan concertado con los Gobiernos de Nicaragua, Guatemala y Honduras, fue que se otorgó el reconocimiento. El 24 de enero de 1934 los tres Gobiernos dieron, al fin, su cordial saludo al régimen de Hernández Martínez, y los Estados Unidos de Norteamérica hicieron lo mismo dos días más tarde.[3] Sin embargo, para tomar esta decisión, el Departamento de Estado norteamericano tuvo que recorrer desde la oposición rotunda a que Hernández Martínez sustituyera a Araujo en la presidencia, hasta la suavización de su actitud ante el hecho evidente de que el objetado gobernante había resultado una valiosa pieza en la región por su intachable anticomunismo: el genocidio de 1932, acreditaba a Martínez, inconcusamente, como a un fiel defensor del mundo occidental.

A Charles Curtis, diplomático de carrera, ministro plenipotenciario de los Estados Unidos en El Salvador, quien no estaba al tanto de las interioridades de la política y de sus personeros en el país, ya que apenas en agosto de 1931 había empezado a ejercer el cargo, le tomó de sorpresa el golpe del 2 de diciembre. «El ministro Curtis estaba particularmente aterrorizado, caracterizando a los jóvenes oficiales (que derrocaron a Araujo)* como «poco más que medio ingenuos» «y jóvenes completamente irresponsables», que no tenían «ni la capacidad ni un plan fijado más allá que el de desembarazarse del presente Gobierno». «Curtis —añade Grieb— se volvió crecientemente pesimista después que Araujo huyó del país y en tanto se volvía evidente que los líderes militares habían

---

* Nota del autor.

actuado independientemente. El sintió que tratar con los juveniles e imprudentes oficiales era frustrante y deseó la emergencia de una figura militar o política con experiencia. Las varias reorganizaciones del Directorio Militar aumentaron su exasperación, aunque estos cambios estaban confinados a los más bajos escalones. Finalmente, la Junta (el Directorio Militar)* anunció que instalaría al general Martínez como presidente provisional, ya que no había manera de evitar la sucesión del vicepresidente de acuerdo a la Constitución. Los jóvenes oficiales, obviamente, intentaban emplear a Martínez como mascarón de proa en un intento de satisfacer a la opinión doméstica y extranjera, y mientras tanto continuar ejerciendo el poder».[4]

El 4 de diciembre de 1931, el secretario del Departamento de Estado, Sr. Stimson, giró circular a todas las Legaciones de los Estados Unidos en Centroamérica, en la que anunció que su política se basaría en los Pactos de Washington y que, por consiguiente, el reconocimiento sería negado a los golpistas salvadoreños.[5]

Las contradicciones en que Curtis incurriera, «fueron la razón principal del cauteloso pronunciamiento del Departamento de Estado», dice Grieb y que, por consiguiente, impidieron la práctica de la política de no reconocimiento proclamada en los Pactos, ya mencionados. Fueron tan notorias las contradicciones del ministro norteamericano sobre Martínez, que en pocos días sus análisis recorrieron una gama que comenzaba con suponer la culpa presunta, pasaba de la duda al veredicto de inocencia, hasta llegar al de culpable probado.

Dicho brevemente, Curtis y Stimson trabajaban, obviamente, en caminos opuestos, porque mientras el primero actuó bajo el supuesto de que el objetivo era meramente eliminar a los que participaban activamente en el golpe y llegó hasta el grado de recomendar el reconocimiento de Martínez; el segundo consideró esto

---

* Nota del autor.

como inadecuado ya que podría inspirar a los oficiales de otros países para ingeniar golpes en favor de los vicepresidentes.[6]

Exasperado por las acciones de Curtis, el Departamento de Estado anunció el 17 de diciembre de 1931 que estaba despachando un representante especial hacia El Salvador para «investigar la situación». Se trataba de Jefferson Caffery, ministro en Colombia, quien conocía muy bien la situación de El Salvador. El propio 19 de diciembre, fecha de su arribo al país, Caffery empezó inmediatamente las negociaciones encaminadas a persuadir a Hernández Martínez a que renunciara de la presidencia. Esta línea, acorde con la del Departamento de Estado, que declaró terminantemente que no reconocería al general Hernández Martínez como presidente de El Salvador, limitó las discusiones de Caffery con los golpistas exclusivamente a considerar sucesores, así como los procedimientos para instalar una nueva administración. Caffery hasta recomendó a los militares dar un nuevo golpe, remplazando a Martínez, y para ello reconstruyó el ya desmantelado Directorio Militar.[7]

Las gestiones e intrigas del enviado especial fracasaron en vista de que el Gobierno de Hernández Martínez se había consolidado relativamente, en forma rápida. Caffery dejó el país el 8 de enero de 1932, «y su partida indicaba que el intento de obligar a Martínez a renunciar del cargo había abortado».[8]

Curtis fue retirado y en sustitución suya fue nombrado William Mc Cafferty, quien prosiguió, acorde con el Departamento de Estado, sus negociaciones para remplazar a Martínez. Ya cuando el Directorio Militar había acordado con Mc Cafferty que se llevaría a la presidencia al coronel José Ascencio Menéndez (quien en el momento del golpe se hallaba en España), y el Departamento de Estado le había dado su luz verde a esta «solución», «justamente cuando el remplazo de Martínez parecía inminente», la insurrección campesina estalló el 22 de enero.

Retrocedamos un poco en el tiempo para recordar la forma en que logró Hernández Martínez llegar a la vicepresidencia de la república.

El general Hernández Martínez consiguió formar, con motivo de las elecciones presidenciales de 1931, el Partido Nacional Republicano, raquítico grupo electorero con escasísimo arrastre popular. De los partidos contendientes, era el más pequeño, sin ninguna posibilidad de ganar las elecciones. Empero, tenía a su favor el apoyo de la oficialidad del Ejército entre cuyas filas él gozaba de prestigio, tanto como militar como por sus costumbres ascéticas. Tal hecho fue la razón fundamental para que Araujo se decidiera a firmar un pacto político con el general Hernández Martínez, ya que no resultaba difícil deducir que el candidato del laborismo buscaba el apoyo de las fuerzas armadas. El general, además, contaba con el significativo apoyo de cincuenta miembros de la Logia Teosófica del país, quienes realizaban, entre bambalinas, una política de arreglos, de esos que pasan desapercibidos para la opinión pública.

Diario Latino, del 9 de enero de 1931, informaba que a las once de la noche del día anterior, los partidos Laborista Nacional y del Proletariado, por una parte, y el Partido Nacional Republicano, por la otra, habían firmado un acuerdo, mediante el cual el general Hernández Martínez integraría planilla con el ingeniero Araujo, como candidato a la vicepresidencia. El acuerdo, decía a la letra:

> Los infrascritos, candidatos a la presidencia de la república, coincidiendo en los mismos ideales de bienestar y de progreso, de paz y de concordia para la familia salvadoreña, convienen en fusionarse sobre las siguientes bases: El general don Maximiliano Hernández Martínez, acuerpa la candidatura del ingeniero don Arturo Araujo, renunciando, desde este momento a su candidatura; ambos candidatos pactantes, con sus respectivos partidos, se comprometen solemnemente a hacer, en caso de triunfo, un gobierno eminentemente nacional y de conciliación, procurando

desarrollar el programa de gobierno único que comprende los que ambos han lanzado al pueblo salvadoreño.

En fe de lo cual, firman el presente pacto por duplicado, en San Salvador a ocho de enero de mil novecientos treinta y uno.

Arturo Araujo
Max Hernández Martínez

Luis Felipe Recinos, dirigente del Partido del Proletariado Salvadoreño, el cual, como ya se ha dicho, nada tenía que ver con el Partido Comunista, expresó con ocasión del pacto político, que este era «motivo de justo y verdadero regocijo».

«El ingeniero Araujo que representa por una parte, el corazón de los trabajadores que son la fuerza creadora de la patria; y el general Hernández Martínez, que representa al Ejército, la fuerza sustentadora de la patria, significa el unirse a la salvación de la Patria, la grandeza de El Salvador y la redención de las masas trabajadoras».

Resulta interesante agregar a todo lo anterior que en un semanario de la época, días después de la inauguración del Gobierno de Araujo, aparecía un comentario en el cual se decía que uno de los más graves errores del presidente Araujo, en la designación de sus ministros, era el de haber llevado al gabinete al general Hernández Martínez, «el candidato más impopular y jefe del más esmirriado partido de los que entraron en la lucha en la recién pasada campaña electoral». «La presencia del general Hernández Martínez, como ministro del actual Gobierno viene a sembrar en la conciencia de las masas compuestas por hombres libres y con conciencia del honor, una tremenda desconfianza».

Un hombre de la contextura del general Hernández Martínez, no puede ser en el Gobierno una garantía para el ejercicio de los derechos ciudadanos y sí una amenaza, pues es fácil que valiéndose de su puesto haga política partidista a su favor y se convierta en la figura central del oficialismo que siempre ha jugado su papel en las luchas electorales. A nadie escapa que sin el arrimo encontrado en el ingeniero Araujo, nuestro general no solo no hubiera alcanzado la posición en que actualmente se encuentra, sino que, en los pasados comicios, hubiera resultado ocupando el último lugar.[9]

Tras el escudo de sus costumbres ascéticas y de la teosofía, que profesaba fanáticamente, el general Hernández Martínez ocultaba irrefrenables anhelos de poder, cuyos límites estuvieron librados —tal como la práctica lo confirmó— a su omnímoda potestad. En su ideario aparecía la concepción de que había que dolerse de la muerte de una hormiga, porque un animal no reencarna y, en cambio, de la del hombre no, porque tenía un alma con posibilidades de catarsis en sucesivas reencarnaciones.

Martí, en más de una oportunidad, expresó que este militar era inescrupuloso y sanguinario, y que estaba dispuesto siempre a usar, en la primera ocasión que se presentara, las armas para dar un baño de sangre sin precedentes, con tal de aniquilar el movimiento de masas que odiaba visceralmente. De manera que el golpe cuartelario que le llevó a la presidencia, le allanó el camino para poner en práctica sus inconfesados planes de fiel defensor de los intereses de la oligarquía. Esta, sin embargo, no estuvo de parte de Hernández Martínez desde el siguiente día del golpe. Lo vio con recelo porque no era un mandatario de su clase; lo despreciaba porque le parecía ver a un político bastardo quien no había consultado a los poderosos aristocratizantes para llegar a la primera magistratura; era un intruso que pisó la casa presidencial entrando por la puerta de servicio. La época de los presidentes que se consideraban de la rancia aristocracia salvadoreña, nacidos en cuna de seda, fue rota por este general nacido en un petate, en una perdida población rural llamada San Matías. Sin embargo, la oligarquía cambió su actitud, dándole su total apoyo, en los días de la insurrección de enero de 1932.

La caída del presidente Araujo no solo no recibió la menor censura de nadie, sino que, por el contrario, fue aplaudida unánimemente por todos los sectores sociales. El 12 de diciembre, diez días después del golpe cuartelario, salía el primer número de *La Estrella Roja*, órgano periodístico del «Grupo Marxista de la Universidad de El Salvador». Como responsables de esta publicación aparecían Alfonso Luna y Mario Zapata. En sus páginas aparece una carta abierta dirigida al Directorio Militar, en que se ponía de manifiesto la posición del Partido Comunista de El Salvador:

> Ante todo, permitan que los felicitemos por su golpe de Estado. En realidad, los desatinos de Araujo impusieron a los militares la obligación moral de derrocarlo, y como sus errores nos habían llevado al punto en que el país se había convertido en la presa de sus partidarios, nosotros consideramos que su acto fue heroico y necesario. Pero, y perdónennos nuestro escepticismo, no creemos que puedan resolver la crisis salvadoreña, que es un problema indescriptiblemente más trascendental que las que puede arreglar su Gobierno, ya que la crisis nacional tiene raíces mucho más profundas que la simple incapacidad de don Arturo. Es el resultado inevitable del hecho de que existe entre nosotros una clase capitalista que, dueña de la tierra y de todos los medios de producción, se ha dedicado al monocultivo del café, cuya facilidad de explotación y abundancia es evidente.[10]

En el artículo de fondo, titulado «Las enseñanzas de un fracaso», el periódico calificaba el cuartelazo como «movimiento generoso y legítimo de la juventud militar», lanzaba una virulenta crítica contra el presidente derrocado a quien solo le señalaba su incapacidad manifiesta para el cargo. Decía, además: «Cae Araujo en medio del regocijo general. No hay ni un solo sector que deplore su fracaso. Hasta sus propios partidarios empiezan a darle la espalda». Todos aceptaron complacidos el golpe militar. En este comentario se refleja nítidamente la línea que adoptó el Partido Comunista frente al suceso. Este, si bien se percató de la inminencia del golpe, nada hizo para orientar al pueblo si se consumaba.

Sobre este punto, asegúrase que en el mes de octubre, al discutirse los informes en el Comité Central del PCS que giraban en torno a la situación nacional, hubo la proposición de que el Partido se adelantara a dar el golpe que se preparaba contra Araujo, tomando muy en cuenta que, de realizarse, los militares se enquistarían en el poder mediante una férrea dictadura. Ante la reiteración de este argumento, Miguel Mármol (quien estaba presente en la sesión), dice que «Martí manifestó que, a todas luces, era claro que Martínez daría el cuartelazo, que hasta cierto punto convenía que tomara el mando militar en virtud de que el Ejército todavía gozaba de muchas simpatías en el pueblo, ya que por veinte años este nada efectivo había experimentado de los gobernantes civiles». Mármol añade: «Martí aseguró que de ser así, los militares muy pronto perderían su prestigio, la confianza, la esperanza en ellos de mucha gente; que un golpe militar vendría a agudizar la situación del pueblo en forma más drástica, y que sería entonces que nuestro Partido tendría todo el apoyo popular».[11]

Las apreciaciones de Martí, según el testimonio de Mármol, dejan muchas preguntas pendientes. Nos reducimos a esta: ¿Cómo era posible hablar de simpatías populares hacia el Ejército, si la represión sangrienta ya era un hecho actual que sufrían en carne propia obreros y campesinos?

La historia subsiguiente al golpe del 2 de diciembre de 1931, registraría cerca de trece años ininterrumpidos en el poder de parte del general Hernández Martínez, quien fuera derrocado de la presidencia el 9 de mayo de 1944 bajo la acción de una huelga general.

El 2 de diciembre de 1931 marcó el inicio de una etapa en la vida política de la nación, a saber: la instalación de una dictadura militar de derecha que se prolongaría más de sesenta años. El arribo de Martínez al poder y la consolidación del régimen que él encabezó condujo a que las clases dominantes renunciaran al quehacer político para dejar esta difícil tarea en manos de los altos mandos del Ejército. Ante la situación revolucionaria planteada, la salida que encontró la oligarquía fue apoyar el golpe de Estado. Ha sido una constante en nuestra historia el hecho de que en todo momento en que se ha advertido que las condiciones subjetivas de nuestro pueblo se han elevado para hacer posible cambios profundos, se tiende a impedir el próximo paso. Es entonces que las clases dominantes propician una solución reaccionaria que, en general, es el cuartelazo, cuando no la imposición y el fraude electoral. Antes del 2 de diciembre de 1931 había triunfado, y se consolidó el criterio de que a la presidencia debían acceder solamente civiles. Posteriormente, se impuso el criterio opuesto: solo debían ser militares. Si antes, alas de la oligarquía se lanzaban a la lucha por el poder y organizaban movimientos electorales y agrupaciones políticas personalistas, que eran llamadas partidos políticos, que lograban, en mayor o menor medida, entusiasmar a las masas; después la oligarquía, en su conjunto, renunció al juego político para dejarlo a la cúpula castrense. Abandonó el campo político para que esta hiciera, como le viniese en gana, sus farsas electorales, con sus ominosos manejos imposicionistas y los incalificables fraudes que corrompieron, hasta la médula, la llamada «democracia representativa».

XIV. ELECCIÓN PRESIDENCIAL DE 1931

En pocas palabras, el poder político —y con ello, el dominio del Estado— pasó desde el 2 de diciembre de 1932 a manos del Ejército. Este se transformó en el gran elector y en una especie de partido político permanente en armas, situación que pretendió ser variada por el Acuerdo de Paz de Chapultepec.

XVII
Antecedentes de la insurrección armada

El derrocamiento del presidente Araujo se efectuó en el marco de un período preelectoral. En enero de 1932 se realizaron dos consultas generales electorales sucesivas de importancia: la elección de Concejos Municipales en todo el país —el día 3 de enero— y la elección de nuevos diputados a la Asamblea Legislativa, durante los días 10, 11 y 12 de enero. De manera que no resulta difícil presumir que entre otros propósitos inconfesados e inmediatos de los golpistas estaba el de frustrar o impedir cualquier triunfo de las fuerzas de izquierda en las urnas electorales. Pese a todo, lo que salió a luz como «verdadero móvil» para derrocar a Araujo fue, como ya hemos considerado, el retraso en pagar sus sueldos a los militares y las pocas oportunidades que estos tenían de gozar de más amplios privilegios bajo gobiernos de civiles.

Aunque se advertía un clima político adverso a las masas populares, debido a la imposición y fraude tradicionales, el Partido Comunista acuerda, no sin discusiones encontradas, participar en dichas elecciones. Martí desempeñaba en el período preelectoral un papel de agitador de primer orden. El Partido Comunista estaba consciente de que no se obtendría ninguna victoria decisiva contra el aparato impositivo electoral y el fraude. Sin embargo, consideró que la campaña electoral ayudaría a elevar el ánimo combativo del pueblo al convencerse este por medio de la práctica política, que dentro del régimen imperante las conquistas democráticas eran

XVII. ANTECEDENTES DE LA INSURRECCIÓN ARMADA

un mito. El Partido Comunista lanzó un programa con objetivos máximos y mínimos, de realizaciones municipales, que logró esclarecer algunas de las aspiraciones más sentidas de las masas. En la dirección del Partido se quería, además, tener una real idea de su fuerza entre el pueblo.

Llega la fecha de la primera prueba electoral, destinada a elegir los Concejos Municipales. El entusiasmo general era muy marcado. No obstante, el aparato oficial imposicionista, utilizando el terror y el fraude, logra sus objetivos en algunos lugares del país. En San Salvador, el Partido Comunista quedó en tercer lugar, por escaso margen. A última hora, en numerosas poblaciones y zonas en donde El PCS tenía, pese a todas las circunstancias adversas, la posibilidad de ganar gobiernos municipales, las elecciones fueron suspendidas. En las ciudades y pueblos donde el PCS ganó, las elecciones fueron anuladas. Estos hechos enardecieron a las masas en grado extremo y coadyuvaron al acelerado robustecimiento de la idea de que ante los obstáculos que neciamente se colocaban al desarrollo de la lucha pacífica, solo quedaba el camino de la insurrección como medio para la toma del poder por el pueblo. El periódico *La Verdad*, de fecha 7 de enero, que aparecía bajo la responsabilidad del Comité Pro Diputados 1932, decía que en las elecciones «campearon el ardid, la fuerza y la inmoralidad» y categóricamente afirmaba: «no ha habido libertad electoral». El mismo periódico que reflejaba la línea del Partido, en otros artículos de fondo publicados en esa misma fecha, instaba al electorado a no abstenerse ante las siguientes elecciones de diputados a la Asamblea Legislativa. Sobre este particular decía el periódico *La Verdad* que si el pueblo no salía satisfecho en los próximos comicios, por lo menos sacaría «una lección que contribuiría, sin género de dudas a una mejor determinación en el futuro». Este llamamiento contenía la esperanza de que una Asamblea Legislativa popular podría comprender las congojas de las masas «para buscar siquiera un paliativo». Por otra parte, *La Verdad* dirigía en artículo especial, un llamado al Ejército, recordándole su papel desde el punto de vista constitucional, y expresaba además que «las elecciones diputadiles que se avecinan nos darán una insuperable oportunidad de juzgar al Ejército, y poder decir si comprende o no los deberes que nuestra Carta Magna le señala».[1]

No obstante los llamados contra la abstención, las elecciones de diputados se realizaron en un clima de indiferencia popular casi absoluta. En San Salvador, un diputado sale electo con cincuenta y seis votos. La prensa señalaba que a tal grado había llegado la abstención y la indiferencia, que en un departamento se había elegido equivocadamente a un ciudadano cubano.

Mientras tanto, las masas de trabajadores de fincas y haciendas desarrollaban acciones de carácter económico, declarándose huelgas en varias explotaciones. La hostilidad de los cuerpos represivos contra esos movimientos contribuía a encender aún más los ánimos. La represión en esos días segó la vida del joven dirigente campesino, de la Juventud Comunista, Alberto Gualán, muy querido de las masas, hecho que ocasionó una verdadera conmoción en la zona occidental del país.

Todos estos hechos —imposición electoral, represión sangrienta, etc.— observados en conjunto, daban la impresión de que obedecían a un plan preconcebido, destinado a desesperar a las masas populares y empujarlas hacia una vía prevista: la insurrección armada en la cual dominara, en gran medida, la espontaneidad.

En tales circunstancias, en que los sucesos acaecían muy aceleradamente, muchos de ellos en cuestión de horas, el Comité Central del Partido Comunista gestionó una entrevista con el general Hernández Martínez.

Según testimonio del viejo militante del PCS, Miguel Mármol, he aquí como se llegó a tal gestión.

XVII. ANTECEDENTES DE LA INSURRECCIÓN ARMADA

> Después de una larga discusión en que el Partido no encontraba salida —dice Mármol— propuse el nombramiento de una comisión que fuera a parlamentar con Hernández Martínez. Esta proposición de momento, hizo choque en la asamblea. Por lo que solicité permiso para tener un poco de respiro fuera del recinto de la reunión.
>
> El camarada Martí habiendo consultado un libro escrito en francés, que tenía a la mano, apoyó la proposición mía apoyado en lo que acababa de leer: «El estado mayor del proletariado (Comité Central del Partido) en ciertas circunstancias puede parlamentar con el estado mayor de la burguesía (su gobierno)».[2]

Prosigue Mármol:

> Con esto y otras declaraciones, el *plenum* nombró una comisión de siete miembros para que se avocaran al presidente Hernández Martínez, con instrucciones de comprometerse a pacificar la huelga y a sujetarnos a ciertas medidas, con tal de que el Gobierno suspendiera las hostilidades en todo el país contra el movimiento obrero y campesino y contra el Partido. Para el caso, se acordó invitar a la reunión a los representantes de la prensa. Luna, Zapata y Estrada fueron unos de los componentes de la comisión.

Enseguida añade:

> Por la tarde el *plenum* del Partido tuvo conocimiento de los resultados de la reunión de la casa presidencial. Luna y Zapata, que fueron los responsables, informaron que la comisión fue recibida no por el presidente, general Hernández Martínez, sino por el ministro de la Guerra, general Valdez, aduciendo este funcionario recibirlos él por haber atacado al general Hernández Martínez un fuerte dolor de muelas. Agregaron los informantes que, en efecto, habían visto pasar al presidente con

las manos en las quijadas viendo para donde se encontraban ellos. Que al plantearle a Valdez la misión que llevaban del Partido, que este funcionario se mostró apático, indeciso, nervioso, manifestándoles no estar facultado para resolver ningún problema; que eso fue todo. Pero que al retirarse Valdez, Jacinto Castellanos Rivas, secretario particular del presidente, poniendo sus manos sobre los hombros de Luna y Zapata, les dijo: «Más bien el Gobierno no quiere llegar a ningún arreglo con ustedes; lo que procede es enfrentar la situación. Si los guardias y soldados tienen fusiles que disparar, también los trabajadores tienen machetes que desafilar».[3]

Terminada la primera quincena de enero, el Comité Central ya había tratado de trazar la línea que condujera a la huelga general insurreccional, pero le fue imposible hacerlo. La dirección efectiva y la orientación correcta de las masas en el campo escaparon, de hecho, al dominio de la dirección del partido. Los rápidos acontecimientos llevaron al Comité Central a cumplir con el deber revolucionario de no abandonar a las masas en su firme determinación de llevar adelante, sin reparar en riesgos y cruentos sacrificios, la insurrección armada. En apoyo de su decisión, el Comité Central adujo una serie de hechos objetivos y subjetivos, entre los cuales mencionamos los siguientes: el arrastre popular del partido; el descontento general del pueblo; la existencia de importantes núcleos de soldados y clases comunistas dentro del Ejército; y la falta de consolidación del Gobierno del general Hernández Martínez. La oligarquía aún no estaba de parte de Hernández Martínez y, al contrario, maniobraba a fin de que la nueva Asamblea Legislativa electa pusiera en tela de juicio la constitucionalidad del golpe del 2 de diciembre y la sucesión presidencial, y nominara a otro presidente de su absoluta confianza. Por otra parte, el general Hernández Martínez aún esperaba, no con poca ansiedad y preocupación, el reconocimiento del Gobierno de los Estados Unidos de Norteamérica.

Miguel Mármol, de conformidad al testimonio a que ya hemos hecho referencia, al hablar sobre la fecha de la insurrección, dice:

> Discutiendo sobre la fecha en que se llevaría a término semejante empresa, traje a recuerdo un lienzo que viera en Moscú, en el Museo de la Revolución de Octubre, en el que al discutir los bolcheviques la fecha de la toma del poder, Lenin aparece de pie y con su brazo en alto dice: «El 26 muy tarde, el 24 muy temprano, entonces el 25». Luego agregué: Para el 17 muy tarde, para el 15 muy temprano, entonces el 16, ya que se trataba de dar un golpe sorpresivo. De acuerdo con la fecha propuesta, el partido fijó el levantamiento para el día 16 de enero a las doce de la noche.[4]

Las decisiones tomadas por la dirección del Partido Comunista se trataba de aplicarlas como en una desesperada competencia con el tiempo. El Comité Central comisiona a Martí los aspectos militares de la insurrección, aunque el mismo organismo asume la responsabilidad total del movimiento. La fecha del 16 de enero, a pesar de que ya había sido comunicada, se pospone para tres días después. Tal posposición no fue la única, ya que la fecha de la insurrección sería, en definitiva, la que por tercera vez se ordenara, o sea el 22 de enero.

En la noche del 19 de enero el escondite desde el cual se hacían los preparativos insurreccionales, es asaltado por la policía. Agustín Farabundo Martí, Alfonso Luna y Mario Zapata son capturados. Se decomisan escasos elementos bélicos e instrucciones y proclamas impresas para orientar el levantamiento. Del hecho, la prensa sirve una amplia información procedente de fuentes oficiales.

La captura de Martí, Luna y Zapata, con pruebas evidentes del levantamiento, unida a los sucesos de que en regimientos capitalinos, principalmente en el Sexto Regimiento de Infantería (o Regimiento de Ametralladoras) se descubriera tropa comprometida en la insurrección, y la intentona frustrada de tomarse por asalto el Cuartel de Caballería, dan base al Gobierno para decretar el día 20 el estado de sitio en seis departamentos de la república. Entre estos son incluidos los departamentos de la zona occidental, la de mayor empuje revolucionario. Antes de tomarse la decisión restrictiva de los derechos y garantías democráticos, el Ministerio de la Guerra ya había movilizado considerables contingentes de tropas regulares bien armadas a los lugares estratégicos, hecho que no pasó inadvertido para el Partido Comunista. Al mismo tiempo que se decreta el estado de sitio, se acuerda someter a censura oficial a los periódicos, encargándose al director general de Policía el examen previo de todo material por publicar.

El Gobierno, en un boletín explicativo de las capturas realizadas y de las medidas adoptadas, consignaba que el Partido Comunista había puesto ya en práctica sus planes de «subversión»,

> [...] grupos de trabajadores labriegos —decía— azuzados por los catequistas rojos, se rebelaron contra sus patronos exigiéndoles mayor salario y mejores condiciones de vida, y como si esto no fuera ya una manifestación clara y contundente de los propósitos de violar el estado legal y social de las relaciones entre el capital y el trabajo, hace dos noches, como es del conocimiento público por las amplias informaciones dadas por los órganos de la prensa nacional, fue descubierto un plan revolucionario en el cual se pretendía tomar por asalto uno de los cuarteles de esta capital [...].

Con base en tales motivos, el boletín gubernamental explicó que «se ha visto obligado a decretar disposiciones drásticas que repriman los brotes aislados del comunismo que ya empiezan a manifestarse en diversos sectores de la república», y finalizaba informando que ya

> [...] se tiene en estudio una serie de disposiciones tendientes a armonizar los intereses del capital y el trabajo, a fin de resolver favorablemente para ambos factores del conglomerado los conflictos surgidos entre estas entidades con motivo de la crisis mundial y el antagonismo de intereses, que en esta época se enfrentan en todas partes del mundo.[5]

Esta última parte es digna de subrayarse, puesto que se advierte que el régimen no estaba totalmente ciego acerca de las verdaderas causas de la agitación en el país y de las profundas raíces del descontento general. El dato referente a que se tenía en estudio una serie de medidas laborales, no fue sino un mero enunciado para salir del paso, puesto que durante la tiranía del general Hernández Martínez el sindicalismo fue perseguido encarnizadamente y toda lucha reivindicativa se tomaba como sinónimo de agitación comunista.

En horas de la noche del 20 de enero, la dirección del Partido Comunista se reunió. Se discutieron opiniones encontradas. Una de ellas se contraía a suspender el levantamiento, señalado en forma definitiva para el día 22. Se aducía que con ello se evitaría el fusilamiento de Martí, Luna y Zapata, así como de numerosos camaradas que estaban encarcelados, y que con la captura del primero de los mencionados los planes se habían puesto al descubierto. Llegado el momento de tomar la decisión, esta se inclinó por la prosecusión del plan, aunque se tomaron algunas medidas que variaban aspectos tácticos del levantamiento. Tales medidas no pudieron ser comunicadas a las bases. En apoyo de la decisión se adujo que dar una contraorden de suspensión de la insurrección era imposible, puesto que las masas la interpretarían como una traición; y que un emisario que llevara al conocimiento de las bases una decisión de suspensión podría decirse que era hombre que iba al suicidio por el enardecimiento de los ánimos.

En esta situación se llegó al 22 de enero.

XVIII

Insurrección y represión

Las doce de la noche del 22 de enero de 1932, fue la hora cero para el estallido insurreccional. En varias poblaciones, sin embargo, el movimiento estalló unas horas antes y en otras, unas horas después. Escenarios de las acciones insurreccionales fueron los departamentos de Sonsonate —el principal—, Ahuachapán y La Libertad. En el oriente del país no hubo insurrección, cosa explicable por el escaso, y prácticamente nulo, trabajo revolucionario. En la zona central, en donde ha habido siempre mayor densidad de población, la rebelión no pasó de ser un proyecto.

Son altamente ilustrativas algunas cuestiones que, según el testimonio de Mármol, variaban aspectos tácticos de la insurrección. En efecto, en la reunión del Comité Central, habida en la noche del 20 de enero, este acordó las siguientes instrucciones: no atacar los cuarteles; reconcentrarse, dando la impresión de haberse declarado la huelga general; impedir que entraran a las ciudades alimentos de toda naturaleza; colocar cartelones con llamamientos al Ejército a fraternizar con el pueblo, lo mismo que a los guardias nacionales; obstaculizar las carreteras para impedir o retardar el paso de las fuerzas gubernamentales; no reconocer la insignia roja, a fin de evitar ser engañados por el enemigo; y restablecer inmediatamente los contactos que habían sido rotos con la captura de Martí, así como señalar los nuevos puntos de enlace.[1]

Tales instrucciones, tardías por cierto, no llegaron a todas las bases, sino muy dificultosamente a algunas de la capital y lugares aledaños. Por otra parte, el mismo Mármol, en forma patética, dice que el propio día 22 él andaba coordinando células en San Salvador, a pie, y sin siquiera un cortaplumas en el bolsillo.

> Ya para ese terrible 22 de enero, el enemigo nos había cogido la iniciativa: en lugar de un partido que estaba a punto de iniciar una gran insurrección, por lo menos en lo que se refería al aparato de cuadros de San Salvador, dábamos el aspecto de un grupo de desesperados, perseguidos y acosados revolucionarios. De un momento a otro se abandonó prácticamente el trabajo y todo el mundo trató de ponerse a salvo de la represión desatada.[2]

Esta, en realidad, asestó golpes contundentes al capturar líderes y dirigentes de masas, descabezando así, en pocas horas, el movimiento insurreccional. Los que no cayeron presos, buscaron la seguridad en algún escondite, y así quedaron aislados por la carencia de medios de comunicación y coordinación. Mientras esta decapitación política de la máxima dirección la perpetraban las fuerzas represivas en San Salvador, miles de campesinos armados solamente con machetes, aperos de labranza, piedras, palos y escasísimas armas de fuego como escopetas caseras y viejos revólveres, se tomaban, entre las diez de la noche del 22 y las primeras horas del 23, varias poblaciones de Sonsonate o incursionaban en la cabecera de este departamento.

Según relatos testimoniales, tanto de parte de algunos militantes comunistas de la época, así como de los que combatieron la insurrección campesina, existen ciertas exageraciones sobre las acciones de armas protagonizadas por los insurrectos, en el sentido de que todas habrían sido choques en que las masas se lanzaron a pecho descubierto, solo con machetes, sobre los fusiles y ametralladoras del Ejército. Quienes hacen tales relatos, tomados a veces de segunda y hasta de tercera versión, tratan de adjudicarle a los actores del drama una temeridad, que si bien no estuvo ausente, esta no fue la regla general puesto que en los hechos, los grupos insurrectos evadieron, con sensatez y en la medida de lo posible, el combate frontal con las tropas gubernamentales mucho mejor armadas y preparadas.

En lo que concierne a los que combatieron la insurrección, las exageraciones y mentiras de toda índole que las fuerzas represivas hicieron circular, como decir múltiples asesinatos, violaciones de mujeres, saqueos, incendios, etc., y en especial, la especie de que enfrentaron en combates a miles y miles de hombres fanatizados que menospreciaban la muerte, estuvieron inspiradas, por una parte, en el evidente propósito de aparecer ante los ojos de sus simpatizantes como héroes salvadores de la sociedad y, por la otra, con la intención de justificar el genocidio, que cobraba miles y miles de hombres, mujeres y niños.

En los operativos militares, según relatara J. Schlesinger, «se hicieron verdaderas *razzias* comunistas», y, refiriéndose este autor a Juayúa, expresó que «una vez dominada la situación», se hizo «un recorrido general a todas las montañas circunvecinas para limpiarlas de rebeldes, tarea en la que tomaron parte los civiles, habiendo un número crecidísimo de bajas entre los insurgentes. Muchos de ellos se habían refugiado en sus ranchos, de donde se les sacó para fusilarlos».[3]

En su desesperada huida, no fueron pocos los campesinos que buscaron escondite en las ramas de centenarios árboles, de donde fueron derribados a tiros de fusil como en una práctica deportiva.

Quiero referirme especialmente a una pequeña obra. Se trata del libro de Joaquín Méndez h. *Los sucesos comunistas en El Salvador*.[4] Este pequeño trabajo del género reportaje tiene, entre otros, los siguientes méritos: 1) Es, propiamente, el testimonio de un simpatizante de la represión habida, que narra lo que vio y escuchó, como él dice, en «un reportaje ajustado a los datos recogidos en el propio lugar de los acontecimientos... Sin comentarios. ¿Para qué?».[5] 2) El recorrido lo hizo por la zona del levantamiento en la primera semana de febrero, visitando Sonsonate, Sonzacate, Izalco, Nahuizalco, Juayúa, Salcoatitán, Ahuachapán, Tacuba, Santa Ana y La Libertad. Es decir, cuando aún la represión vertía abundantemente la sangre campesina, y en momentos en que las leyendas negras contra los insurrectos aún no habían sido inventadas. Cabe destacar que el periodista Méndez h. recibió todas las facilidades oficiales para movilizarse, de parte de las autoridades y personalidades lugareñas, de quienes, asimismo, recibió versiones sobre los sucesos. 3) El libro vio la luz en abril de 1932, por lo que puede estimarse que fue escrito entre la segunda quincena de febrero y principios de marzo, después de que el autor recorriera «las mismas rutas por donde las falanges terroristas, haciendo alto en las poblaciones donde sentaron sus reales por el efímero plazo de algunas horas, y donde dejaron, como las huestes de Atila, una huella imborrable de su paso».[6] Fue, por consiguiente, una obra fresca y, me atrevo a afirmarlo, la primera que se escribiera sobre los sucesos que, según el autor, «amenazaron seriamente con derribar la estructura social del país».[7]

Un escueto resumen acerca del tiempo que duraron las acciones insurreccionales en las poblaciones ya mencionadas por el periodista Méndez h., arrojó los siguientes datos: algunas poblaciones fueron ocupadas solamente media hora, y el tiempo máximo de ocupación llegó a sesenta y cinco horas —menos de tres días—. Tal fue el caso de Tacuba, siguiéndole Izalco.

Un elemento importante que debe tomarse en cuenta, para juzgar el ritmo de la matanza que se perpetró llegada la hora de la respuesta gubernamental —que fue sumamente rápida—es que, participantes o no en la insurrección, eran gente en desbandada, inerme.

XVIII. INSURRECCIÓN Y REPRESIÓN

Inmediatamente después de la insurrección, comenzaron a tejerse una serie de relatos que llegarían a formar la leyenda negra sobre la insurrección. Se empezó a hablar de centenares y hasta de miles de vidas segadas por la mano de los comunistas, así como de violaciones de mujeres y de niñas apenas entradas en la pubertad. Por esta razón, es sumamente ilustrativo traer a cuento desmentidos de testigos presenciales. Así, cuando empezaban a salir las más infames calumnias, un habitante de Juayúa que vivió la experiencia de la ocupación de la ciudad a manos de los insurrectos, tuvo un rasgo de entereza, verdaderamente insólito en aquellos momentos de terror y pánico ante la represión. Él publicó en el diario *La Prensa* (7 de febrero de 1932) una carta en la que desmentía, categóricamente, que hubiera habido violaciones, subrayando que no se había dado ni un tan solo caso; y que además era falsa la especie de que se hubiera obligado a las mujeres ricas a moler maíz para alimentar a las tropas de los insurrectos.[8]

Citemos, asimismo, el testimonio de uno de los viejos testigos, recogido cuarenta y tres años después de los sucesos de enero de 1932:

> El líder del movimiento «comunista» en Juayúa fue el señor Francisco Sánchez, indígena jornalero de una finca del municipio. Este hombre tuvo un gesto de mucha lealtad a sus patronos, ya que los indujo a salir de la propiedad para que no fueran asesinados. A Francisco Sánchez lo fusiló la tropa frente a la iglesia parroquial, junto con otros muchos campesinos que pudieron ser más de 200. Según lo manifestaron los informantes que presenciaron estos hechos «fue algo terrible...mire, es porque hombre... si es que francamente, si nosotros en ese tiempo no teníamos seguridad de la vida. Aquí tanto que sufrimos cuando entraron estos campesinos, como cuando entró la tropa...» «... Es que cuando entró la tropa, le decía algún enemigo... este es comunista y ya lo fusilaban».[9]

Por otra parte, muchos años después, un anciano, testigo local de los acontecimientos de enero de 1932, se expresaba así: «Dos días permanecieron "los comunistas" en el pueblo, dirigidos por el señor Francisco Sánchez, originario de Juayúa. Ofrecían tierras a todos los campesinos para que los apoyaran. Ellos "no mataron gente", solo asaltaron las tiendas y negocios, saquearon graneros y botaron cereales. Cuando entró la tropa murió mucha gente [...] porque ellos mataban parejo [...] no sabían si este era comunista [...]». «Fusilaron unas treinta y dos personas del pueblo. Algunos aprovechaban para vengarse de enemistades acusando de "comunista" a cualquiera persona». «La Guardia Nacional permaneció aproximadamente un mes en Salcoatitán, pusieron centinelas armados en todas las esquinas para vigilar. El pueblo quedó más pobre después de estos problemas y las familias "pudientes" prefirieron emigrar».[10]

En relación a Francisco Sánchez, este fue capturado en San Pedro Puxtla, Ahuachapán, y fusilado después de un juicio militar sumarísimo.[11]

Varios autores que han estudiado la insurrección de 1932, destacan que resulta muy extraño que en cada población los comunistas tuvieran preparada una «noche de bodas», en la cual, supuestamente, repartirían a mujeres lugareñas, pero que precisamente, la tal noche coincidiera con la llegada oportuna de fuerzas gubernamentales que habrían evitado semejante atrocidad. Anderson se inclina a creer «[...] que cualquier cosa tan formal como "esa noche de bodas" no parece concordar con el estilo de la rebelión y que tal idea fue producto de la histérica imaginación de las mujeres».[12]

De conformidad al testimonio de un testigo presencial,[13] escrito el 23 de enero de 1932, es decir veinticuatro horas después del estallido de la insurrección, numerosos contingentes —«muchachos, hombres y hasta niños», así como «hombres maduros, extranjeros y salvadoreños»— se agolparon en San Salvador frente al Primer Regimiento de Infantería, en pleno centro de la capital, en donde ahora se halla el mercado de artesanías o «Mercado Cuartel».

En nutridos núcleos de personas que llegaran a formar, día a día, una muchedumbre, demandaban instrucción en el manejo de armas y ofrecían sus servicios como voluntarios para las rondas nocturnas en puntos claves de la ciudad.

La coyuntura fue aprovechada por la oligarquía para organizar sus propias milicias en todo el país, ya que la demanda de entrenamiento militar no se circunscribía a la capital, sino que fue hecha en las principales ciudades y pueblos en donde hubo acciones insurreccionales. Tal fue el origen de la creación, en los días de la sofocación del movimiento insurreccional, de la denominada «Guardia Cívica», cuyos mandos superiores e intermedios estuvieron a cargo de oficiales del Ejército y que, como clases (sargentos y cabos) fungieran elementos de la alta sociedad.

La «Guardia Cívica», desde el primer momento de su conformación, asesinó a muchísimos campesinos, obreros y estudiantes. Se cuentan por montones los casos de asesinatos impulsados por venganzas personales, de violaciones de mujeres y de ultrajes a niños y ancianos. Sus fechorías eran relatadas, entre sorbo y sorbo de finas bebidas, como hazañas heroicas en los clubes y casinos exclusivos. Esta guardia blanca de la oligarquía no estuvo, pues, a la zaga, en cuanto a ferocidad se refiere, de las tropas regulares.

Al régimen, encabezado por el general Hernández Martínez, no escapó la importancia de tener, en forma permanente y bastante económica, una fuerza represiva más, debidamente organizada y bajo su estricto control. Es así como el 27 de junio de 1932 son aprobados los primeros Estatutos de la «Asociación Cívica Salvadoreña» por el poder ejecutivo, medida que es reiterada al aprobarse nuevos Estatutos, el 11 de mayo de 1937 —o sea cinco años después—. En el mismo sentido, el poder ejecutivo aprobó el Reglamento de la Guardia Cívica Salvadoreña, el 25 de junio de 1932, normativo que fuera derogado por otro nuevo reglamento, también de 11 de mayo de 1937.

En consonancia con tales normativos, se dispuso que «siempre que el orden público garantizado por la Constitución de la república, sea alterado por cualquier causa, todos los miembros de la Asociación están obligados a prestar su cooperación ya sea personal o conjunta, según el caso, para restablecer la paz cuando hubiera sido alterada por cualquier medio». (Art. 1° del Reglamento Interno de la Asociación Cívica Salvadoreña).

Además, cada miembro de la ACS tenía la obligación de espiar y dar cuenta de lo que viera, al disponer que «todo miembro de la Asociación debe poner en conocimiento de los organismos de la misma aquellos hechos que pudieran alterar el orden público».

Resulta sumamente significativo que la ACS tenía la obligación de vincular, en los educandos de las escuelas municipales, estatales y particulares, «el sentimiento del deber y la obligación de mantener a las autoridades legalmente constituidas».

La ACS tenía la atribución de ponerse de acuerdo con la Secretaría de Guerra y de Instrucción Pública, para procurar la instrucción militar y la educación física en las escuelas de la república, ya fuera de varones, de niñas o mixtas. «Los instructores —decía el Art. 3— deberán presentar revistas de sus respectivos planteles el 15 de septiembre de cada año. El programa a desarrollar será sobre atletismo, evoluciones, equitación, esgrima, tiro y trabajo de fortificación».

Al leer estas y otras disposiciones reglamentarias, no se puede menos que pensar en los «balillas» de la Italia fascista y de Mussolini.

Si bien, hasta aquí, he destacado ciertas generalidades de la ACS, precisa consignarse su definición. Lo dice explícitamente el mismo estatuto:

> Art. 29. La Guardia Cívica es un cuerpo de milicia auxiliar del Ejército permanente. Constituirá un ejército esencialmente militar, dependiendo de la Comandancia General del Ejército y del Ministerio de Guerra, considerándose como Cuerpo del Ejército con funciones especiales.

En el Reglamento de la Guardia Cívica se define a esta como «una agrupación ciudadana bajo un mando militar que se organiza como componente de la Asociación Cívica Salvadoreña en defensa de la respectiva población de la república y sus leyes constitucionales».

Además, para percatarnos de que la Guardia Cívica era un organismo controlado y dirigido por los altos mandos castrenses, basta ver el Art. 3 del mismo Reglamento:

> Art. 3. La Guardia Cívica es un cuerpo de Milicia auxiliar del Ejército permanente y estará formado por extranjeros y salvadoreños que no estuvieren prestando servicio militar y estará organizado de conformidad a la Ley Orgánica del Ejército, la Ordenanza del mismo y el Reglamento para la Organización de las Situaciones Activa, Reserva y Reserva Territorial del Ejército.

Refirámonos ahora a un tema muy controvertido: el de las bajas que hubo de una y otra parte.

Si hacemos un recuento de los muertos a manos de los insurrectos, de conformidad al reportaje de Joaquín Méndez h., el total asciende a veintiuno; con la explicación de que para la ciudad de Sonsonate no se halla especificado el número de policías de aduana caídos en acción. Ese total de veintiuno incluye civiles, policías, guardias nacionales, soldados y oficiales en servicio activo o retirados, de la zona de insurrección.

Thomas Anderson calcula entre veintiuna y treinta y cinco personas, sin poder exceder esta segunda cifra.[14]

El mismo Anderson, quien tuvo la posibilidad de entrevistar a militares o familiares de oficiales de alto rango que actuaron en la represión, dice que en Sonsonate murieron cinco policías de aduana. El coronel Osmín Aguirre y Salinas, quien desempeñaba el cargo de director general de la Policía Nacional, en enero de 1932 le dijo «que sus policías de línea no perdieron más de diez hombres: seis en Sonsonate y tres en Santa Tecla». En Sonsonate mataron a cinco guardias nacionales y en Tacuba a tres. Añade Anderson que el 6 de febrero de 1932 *La Prensa* publicó una lista de todos los guardias nacionales muertos en la insurrección, y dio solo nueve nombres, y diez más heridos. Al comentar estos datos, el autor mencionado dice: «Dejando amplio margen por posible errores, es muy difícil que el número de policías y guardias muertos en la rebelión sea mayor de treinta».[15]

Siguiendo con sus cálculos, basados en entrevistas con testigos presenciales que manipularon datos de la insurrección, Anderson calcula que los muertos del ejército regular (muy difíciles de estimar), podría establecerse en cuarenta, pero enseguida dice: «Quizás sería más exacta la mitad de esa cantidad». Y agrega: «Reuniendo todas esas cifras resulta que los rebeldes mataron durante la insurrección cerca de unas 100 personas en total».[16]

En cuanto a cifras oficiales relativas a las bajas, es digno de consignarse lo que dijera el coronel Carlos Borromeo Flores en la Memoria de Guerra, Marina y Aviación, cartera ministerial que él desempeñaba. Según este documento, los elementos de la Guardia

Nacional que murieron durante el levantamiento de 1932 fueron el subteniente Cristóbal Machado, un sargento, un cabo y siete guardias heridos.[17]

Está fehacientemente establecido que el día 25 de enero, o sea tres días después de ocurrida la insurrección, esta ya había sido derrotada. Tras la insurrección, cuya «lucha fue cruenta [...] pero también rápida»[18], la represión se transformó en matanza hasta devenir en genocidio. Algunos datos sobre este, han quedado dichos en anteriores páginas, pero no son suficientes como para formarnos la idea del verdadero cuadro de terror que no tenía precedentes en la historia contemporánea de América Latina.

Debe señalarse que en el país desde el 20 de enero se decretó el estado de sitio en seis departamentos (San Salvador, Chalatenango, La Libertad, Santa Ana, Ahuachapán y Sonsonate) y como consecuencia, fueron suspendidos derechos y garantías individuales y democráticos, tales como la inviolabilidad del domicilio, la detención sin orden judicial, las libertades de reunión, de expresión y de prensa. La censura a esta fue impuesta sin resistencia ni problemas. Cuando estalló la insurrección, los diarios se contrajeron únicamente a la publicación de boletines informativos redactados en la casa presidencial, y no se le dio a ningún periodista la oportunidad de entrar a la zona del levantamiento, no por razones de seguridad, sino en atención al propósito de ocultar la matanza que se realizaba.

Testigos que vivieron el terror implantado por las «fuerzas expedicionarias del Ejército» (así se les denominó oficialmente), Guardia y Policía, combinadas con civiles armados, relataron todas las atrocidades cometidas por ellas. No solo se dedicaron a segar vidas en forma indiscriminada, sino que también estupraron y violaron a mujeres del pueblo y entraron a saquear las poblaciones en donde se iba venciendo la resistencia.

El siguiente episodio que se relata, muestra el ritmo letal que se imprimió a la represión en Sonsonate y Ahuachapán.

En efecto, en los últimos días del mes de enero, fondearon en la rada de Acajutla, tres barcos de guerra: el «Rochester», de los Estados Unidos de Norteamérica; el «Skeena» y el «Vancouver», británicos. Los responsables de estas unidades manifestaron que tenían la misión de proteger los intereses de sus connacionales, y ofrecieron desembarcar a sus infantes de marina para ayudar a la represión de los alzados.

El jefe de Operaciones de la zona occidental, general de División José Tomás Calderón «Chaquetilla», declaró en torno a lo anterior:

> Llegué a Acajutla el 29 de enero, a las diez y treinta de la mañana. El comandante del puerto me informó que un señalero inglés apostado en tierra, ya estaba anunciando a los barcos de guerra que yo llegaba al puerto, y me repitió sus sospechas de que una amenaza cualquiera de ataque motivaría el desembarque de marinos, pues parecía que no tenían confianza de que se había dominado el movimiento comunista. Esto me indujo a hacer una visita de inspección a las oficinas del muelle, encontrando allí a un capitán de infantería de marina, quien me fue presentado por el vicecónsul inglés. Estando en ese lugar, y por lo que en correcto castellano me dijo el capitán inglés, deduje que en los barcos de guerra no se creía que el Gobierno dominara la situación. Y pensando que era necesario llevarles confianza plena de que el Gobierno garantizaba eficientemente el orden en todo el país y que la amenaza comunista ya tocaba a su fin, formulé un despacho, para transmitirlo por señales a los barcos, diciendo:
>
> El jefe de Operaciones de la zona occidental de la república, general de División José Tomás Calderón, saluda atentamente a nombre del Gobierno del general Hernández Martínez y en el suyo propio, al almirante Smith y comandante Bradeur, de los barcos Rochester, Skeena y Vancouver, y se complace en

comunicarles que la paz en El Salvador está restablecida; que la ofensiva comunista ha sido totalmente abatida y dispersa y que se llegará a la completa exterminación. Que ya están liquidados cuatro mil ochocientos bolcheviques.[19]

El general Calderón prosigue:

> El almirante de la escuadrilla inglesa contestó inmediatamente, diciendo que bajaría solo a saludarme, y el almirante del Rochester, que quedaba entendido y muy agradecido por el saludo y que no desembarcaba porque tenía que partir dentro de veinte minutos, pero que pronto estaría de regreso y entonces rendiría homenaje de agradecimiento al Gobierno del general Martínez, al jefe de Operaciones y al Ejército.[20]

El comandante inglés, acompañado de dos subalternos, todos con traje de civil, estuvieron en Sonsonate. El Comité de Defensa Social se encargó de las atenciones y de acompañarles a la zona de la insurrección, visita que, según el general Calderón, «obedeció, indudablemente, a que todavía no estaban del todo convencidos».[21]

El mensaje transmitido fue difundido por agencias internacionales de noticias, y en no pocos países del mundo hubo estupefacción por la masacre de la cual se responsabilizaba, con evidente vanagloria, el general Calderón. Este, según sus propias palabras, dijo que encontrándose en Ahuachapán

> [...] inspeccionando aquella región infestada de comunismo, supe que mi despacho había sido malinterpretado en algunos países, en cuanto al número de liquidados bolcheviques, que lo tomaron como muertos. Para aclarar las cosas, envié un telegrama a todos los periódicos del país, redactándolo en la forma siguiente: «Ahuachapán, febrero 3, 1932. He visto publicado en varios periódicos la noticia de que se registraron cuatro mil ochocientos (4 800) muertos comunistas, estadística que no se puede precisar.

En el mensaje lacónico que se dirigió de Acajutla como saludo a los comandantes de los barcos, se dijo cuatro mil ochocientos liquidados; es decir, derrotados totalmente y dislocados en sus organizaciones diabólicas. Tal fue el sentido del mensaje y sirve esto como rectificación del mismo».[22]

No son necesarias las argumentaciones semánticas para llegar a la conclusión de que el jefe de la represión quiso decir lo que en el exterior supuestamente había sido mal interpretado. Debe repararse en que la afirmación de que «ya están liquidados cuatro mil ochocientos bolcheviques», se hace a continuación de su propósito confesado de que «se llegará a la completa exterminación» de comunistas. Además, no debe pasar desapercibido que el ángel exterminador entorchado salió a cumplir su misión a las once de la noche del 24 de enero, arribó a Sonsonate a las tres y veinticinco horas del siguiente día y que el mensaje a los jefes de los barcos de guerra fue transmitido el 29 de enero. O sea, que en menos de cinco días Calderón declaraba la liquidación de casi 5 000 personas, lo cual para él significaba la cosa más natural del mundo, así como un elevadísimo mérito para ser estampado en su hoja de servicios.

En lo referente al total de muertos por la represión, debido a carencia de datos oficiales que seguramente existen, pero que nunca han sido publicados ni puestos a la disposición en ninguna institución, como decir la Biblioteca Nacional, el Archivo General de la Nación, etc., es muy ilustrativo que por orden del general Hernández Martínez fueron sustraídas de las instituciones mencionadas las colecciones del *Diario Oficial* de 1932, así como de los diarios, semanarios, revistas, en fin, de toda publicación de dicho año. La intención de Hernández Martínez, era muy clara: borrar todo vestigio de las versiones oficiales y de las medidas tomadas en contra de los insurrectos, borrando asimismo lo que dijeran fuentes particulares.

Jorge Schlesinger, escritor anticomunista, quien recibiera de Clemente Marroquín Rojas y Alfredo Schlesinger, datos, documentos y fotografías «de la revolución roja de 1932», asegura que el saldo trágico dejó, «entre obreros, campesinos, capitalistas, profesionales, ministros de cultos, mujeres, ancianos y niños», 25 000 muertos. De paso, hay que destacar la falsedad en que incurre el autor, al incluir entre las víctimas a capitalistas, ministros de cultos y profesionales. Los únicos capitalistas muertos fueron el señor Radaelli y el doctor Colocho Bosque; pero ministros de culto, ninguno.[23]

El costarricense Vicente Sáenz tuvo oportunidad de entrevistar a Hernández Martínez en enero de 1933. En su libro *Rompiendo Cadenas*, asegura que el entrevistado, a la pregunta sobre los cálculos hechos en el extranjero sobre los muertos en una semana de exterminio —según los cuales se elevaban a 12 000 personas—, contestó: «Han exagerado la cifra total los periódicos extranjeros. Yo mismo no sé con exactitud. Pero calculo que apenas llegarían a 4 000».[24]

Por su parte William Krehm, quien como corresponsal de la revista *Time*, asimismo entrevistó al tirano, dice en su obra *Democracias y tiranías en el Caribe*, que este le declaró que el número de víctimas no había pasado de 2 000 o un poquito más. Krehm, por su parte, calcula que no fueron menos de 10 000.

En nota de pie de página del libro de Sáenz, ya mencionado, podemos leer: «Otros autores, incluso funcionarios civiles y jefes militares salvadoreños, bien informados de tan horrenda carnicería, han hablado de cifras todavía mayores [que la calculada por Krehm],* incluyendo a multitudes de campesinos desaparecidos, que nunca volvieron a su hogar»

---

* Nota del autor.

Rollie Poppino, en su *International Communism in Latin America: A History of the Movement, 1917-1963*,[25] toma como cierta la cantidad de 25 000 masacrados.

Everett Alan Wilson dice que el número de rebeldes muertos excedió los 5 000 según los informes oficiales y de 15 000 a 30 000 en otras estimaciones. El mismo autor, en nota de pie de página, expresa que «muchos salvadoreños, de acuerdo a *Manning Nash*, creen que el total estuvo cerca de los 30 000 (*Handbook of Middle American Indian VI*, p. 487).[26]

El Partido Comunista de El Salvador, admite que el número fue de 30 000, «más o menos».

No se conocen ni hay noticias de las fuentes que se han tenido a mano en apoyo de las cifras mencionadas, ni las variables para sustentarlas. A pesar de ser estimaciones y no cálculos matemáticos, ellas deberán tener, sin duda, algún fundamento. Es claro que se debe excluir aquellas estimaciones impulsadas por simpatías o antipatías hacia el movimiento insurreccional, que tienden, respectivamente, a aumentar o a disminuir las cantidades; así como opiniones que se nos muestran tan ingenuas y simples, impropias de un investigador. Hay que mencionar en este último caso a Anderson, quien al referirse a la cantidad de 25 000 muertos, anota:

> Pero debo admitir que a mí me parece demasiado alta por la simple razón de los problemas físicos implicados en la tarea de deshacerse de un número tan grande de gente en un tiempo tan corto. El número de tropas y policías disponibles, la cantidad de municiones y el tiempo utilizado, además del número de gente que puede haber caído en sus manos, parecen indicar como un cálculo más razonable la cifra de 8 000 a 10 000».[27]

En mi trabajo inédito, titulado *¿Cuántos murieron en el genocidio de 1932?*,[28] basado en estadísticas demográficas oficiales, he llegado a la conclusión de que el genocidio no es menor a la cifra de 20 000 personas.

Los estudiosos de la insurrección de enero de 1932, para establecer la cantidad de víctimas de la misma, deben tener en cuenta los siguientes hechos:

1. Las listas de votantes a favor del Partido Comunista (incluidos militantes y simpatizantes), estaban en manos del Gobierno.

2. Lo mismo se puede decir sobre las listas de sindicalistas organizados bajo la bandera de la Federación Regional de Trabajadores de El Salvador.

3. Los registros de afiliados al PCS cayeron en manos de las autoridades represoras.

4. El Gobierno martinista trazó con suma anticipación, de por lo menos un año, la estrategia represiva en caso de levantamiento armado.

5. La orden del comandante general del Ejército, general Hernández Martínez, emitida el 23 de enero, quien dispuso que los comandantes departamentales dieran de alta a todos los que tuviesen «intereses particulares para que por sí mismos se defiendan de los ataques del comunismo».[29] Esta orden significó que el Estado puso armas en manos de los que sentían amenazada su vida o su propiedad privada, incentivos más que suficientes para salir a la cacería de insurrectos y de todo aquel que, real o supuestamente, tuviese o hubiere tenido vinculaciones con estos.

6. La organización de la «Guardia Cívica».

7. La implantación del estado de sitio y el toque de queda (llamada «Ley marcial»), además de otras medidas gubernamentales. Entre estas, mencionemos la del 4 de febrero, uno de los momentos más intensos del genocidio: el alto mando del ejército dictó que todos aquellos que albergaran en sus casas o fincas a comunistas, serían considerados como correligionario suyos, o sea «como comunistas».[30] Esto era parte del terrorismo oficial, del acorralamiento de los perseguidos para que fueran rechazados por sus amigos y hasta por sus propios familiares como a enfermos de la más terrible y mortal de las pestes.

La matanza fue a escala nacional, aunque en el oriente del país y zona paracentral no revistiese las proporciones de la zona occidental y central. Además, en lo que restó de los meses de 1932, las muertes siguieron y las cárceles tuvieron permanentemente abiertas sus fauces hambrientas para tragar «comunistas» quienes, excepcionalmente, podían obtener su libertad. La inmensa mayoría de ellos murió sin que se abriera juicio, prácticamente podridos por diversas enfermedades.

Finalmente, debe recalcarse que la insurrección ocurrió en la época de la recolección de café. Para trabajar en esta, eran centenares de miles de braceros (jornaleros del agro y campesinos pobres —o semi proletarios—) los que en nutridos grupos, juntos con sus mujeres y sus hijos, se movilizaban hacia las regiones cafetaleras. De estas, las principales están, precisamente, en los departamentos en que sucedió la insurrección. Así fue como en los caminos, que también eran recorridos por los convoyes militares, aquella gente que andaba en busca de trabajo, era ametrallada sin tomarse los represores la mínima molestia de indagar previamente si eran insurrectos o no.

XIX

El proceso contra Martí, Luna y Zapata, y su ejecución

La noticia central de los diarios vespertinos del lro. de febrero de 1932, fue el fusilamiento de Agustín Farabundo Martí, Mario Zapata y Alfonso Luna Calderón. El boletín oficial, redactado en la casa presidencial, comenzaba con estos párrafos:

> Desde que fue apresado Agustín Farabundo Martí, juntamente con algunos de los más destacados jefes del comunismo, el rumor público afirmó repetidas veces que el líder comunista había sido ejecutado en el interior de la Penitenciaría. Y este rumor era tan persistente que algunos afirmaban que en determinado sitio del cementerio yacían los restos del líder rojo.
>
> Pero nada más lejos de la verdad: el Gobierno quiso que se siguieran todos los trámites legales y que Martí fuera juzgado por autoridad competente, dejándole todos los medios de defensa y que juntamente con él fueran juzgados Mario Zapata y Alfonso Luna, que eran los más activos ayudantes de Martí.[1]

Efectivamente, el domingo 30 de enero a las seis de la tarde se reunió en la Penitenciaría Central el Consejo de Guerra Ordinario formado por oficiales y generales e integrado en la siguiente forma: vocales propietarios: general Manuel Antonio Castañeda; coroneles Domingo García Morán y Ladislao Escobar y teniente coronel Hipólito Ticas; como vocales suplentes: general Pablo Paredes Lemus, coroneles Miguel Zaldívar, Alfonso Brenes, Jesús R. Hernández y Luis Q. Monterrosa. El Consejo de Guerra fue presidido por el mencionado general Manuel Antonio Castañeda.

Una vez ocuparan sus asientos los miembros del tribunal y sus sitios los tres procesados, fueron leídas las acusaciones «contra los que pretendieron entregar la ciudad y el país entero a merced de las multitudes devastadoras».

Ante la presencia del auditor general de Guerra, Dr. Arturo Solano Guzmán —quien en el campo de las letras firmaba con el seudónimo «Conde Gris»— se desempeñó como fiscal, el general Eleázar López y como defensor el bachiller René Padilla y Velasco.

La lectura de las piezas del proceso, que comenzó a eso de las siete de la noche, terminó cuatro horas después, y comenzaron a continuación los debates entre la acusación y la defensa. El Fiscal pidió «en nombre de la sociedad», «de los numerosos hogares que se encuentran de luto», «en nombre del pueblo», «cuyo prestigio en el exterior se ve decaído por las alteraciones del orden», la pena de muerte para los tres procesados.

Martí no quiso defenderse. Cuando habló solo lo hizo para manifestar que se trataba de un proceso de una clase contra otra clase y, fiel y solidario con los otros dos enjuiciados, alegó la inocencia de estos y proclamó que él era el único responsable de la insurrección a pesar de que con ello no pretendía desconocer la autoridad y dirección del Comité Central del Partido Comunista. Por otra parte, sostuvo que si se defendiera estaría justificando su muerte y que, además, no tiene el propósito de echar mano de leyes que ha combatido toda su vida.

Llegó el turno a Luna y Zapata. Tanto uno como el otro explicaron y justificaronn el papel que dentro del movimiento comunista les había correspondido. A su vez, el defensor de los

XIX. EL PROCESO CONTRA MARTÍ, LUNA Y ZAPATA, Y SU EJECUCIÓN

tres —quien fue la única persona que aceptó defenderlos— adujo inútilmente argumentos jurídicos que evitaran la pena de muerte.

A la una de la madrugada del siguiente día finalizarían los alegatos. Seguidamente, el Consejo de Guerra se reunió para deliberar en privado. Durante las horas que ocuparon estas deliberaciones, los tres enjuiciados observaron calma y dignidad.

A las seis y media de la mañana se dio a conocer el fallo: Martí, Luna y Zapata fueron condenados a muerte por fusilamiento, por los delitos de sedición y rebelión. La lectura del acta fue escuchada por los condenados con plena serenidad.

El defensor acudió al último recurso legal que le queda: apelar ante el presidente de la república, general Hernández Martínez, en cuyas manos estaba la decisión final de conmutar la pena capital por otra de menor jerarquía penal. Sin embargo, el recurso resultó fallido, porque el presidente, poco después de que le fuera presentado, denegó el indulto y firmó la sentencia de muerte. Notificada esta, en los rostros de los condenados no se traslució ninguna manifestación de temor frente al fallo definitivo.

Una crónica periodística anotaba que después de que terminó la notificación de la sentencia, Luna expresó: «Martí es como Sócrates, yo reconozco en él a mi maestro»; y, dirigiéndose a Martí, le preguntó: «¿Reconoce usted en mí a su discípulo?». Martí, con voz pausada, respondió: «Sí, reconozco en ti a mi discípulo. Ahora vamos a morir juntos los tres». Zapata se mantuvo callado.

Desde que fue leída la sentencia, quedaron los tres reos en capilla ardiente, custodiados por agentes del presidio preventivo, bajo la inmediata inspección del director del Centro Penal que había sido escenario del proceso sumarísimo.

Es en esta situación en que se presenta a la Penitenciaría Central, la esposa de Mario Zapata, señora Nieves Cea de Zapata. Serenamente se despide de él, abrazándolo fuertemente. No lloraba.

Parte de ese lapso de vida que le quedaba, Martí lo destinó para recordar la figura del general Augusto C. Sandino, y explicó que su separación del gran patriota y guerrillero estuvo impulsada por el hecho de que Sandino entró en relaciones con el ex presidente de México, señor Emilio Portes Gil y, posteriormente, con el sucesor de este, a los cuales calificó de agentes del imperialismo. Afirmó Martí, que ellos trataron de separar a Sandino de la Liga de Defensa Antiimperialista, y agregó que esta organización en una oportunidad propuso al patriota nicaragüense gastos de viaje y de permanencia en Europa por un año, a fin de que conociera el antiguo continente y se percatara mejor de lo que ocurría en América, y especialmente en Nicaragua, pero que Sandino no aceptó porque esperaba armamento mexicano, necesario para reanudar la lucha contra la marinería norteamericana. «Por esto me separé de Sandino», añadía Martí, y manifestó, además: «En ese tiempo yo ya era comunista y comprendí que Sandino ni entonces ni después sería comunista». Y terminó con estas palabras:

> En estos momentos en que estoy a dos pasos de la muerte, quiero declarar categóricamente que creo en Sandino, que no se ha vendido a los americanos y que es un hombre sincero. Cuanto se ha dicho de él, con respecto a que se ha vendido, es completamente falso, pues Sandino es uno de los pocos patriotas que hay en el mundo. Yo he permanecido unido a él a través de la distancia y del tiempo y si me separé de él fue porque se dejó engañar por los agentes del imperialismo que pretenden su exterminio.[2]

La noche del 31 de enero, Martí, Luna y Zapata la pasaron tranquilos, aunque sin dormir. Cuando sonaron las cinco de la mañana del primero de febrero, recogieron algunos pocos objetos personales y luego se pusieron frente a la puerta de la celda a la espera de su apertura. De Martí y de Luna ningún familiar llegó a despedirse.

XIX. EL PROCESO CONTRA MARTÍ, LUNA Y ZAPATA, Y SU EJECUCIÓN

Se marca el momento de la conducción de los sentenciados al sitio de la ejecución. Ellos fueron introducidos en un coche celular de la Policía Nacional. La marcha, según apuntó la crónica periodística, la abrían carros con oficiales del Ejército, seguía el vehículo con los condenados, luego un carro con alumnos de la Escuela Militar, después vehículos pesados con guardias nacionales, dos vehículos pesados con tropa armada de ametralladoras y, cerrando la columna, carros con miembros del Ejército.

A las siete y cinco desembocó la columna en la explanada al norte del Cementerio General. Se formó el cuadro de fusileros que debía ejecutar la sentencia. Volvióse, por tercera vez, a dársele lectura a la sentencia y, terminada, el secretario particular del general Hernández Martínez, Jacinto Castellanos Rivas,[3] abrazó, separadamente, a Martí, a Luna y a Zapata. Esta definitiva, como dramática despedida, obedecía a un deseo de los condenados, manifestado al señor Castellanos Rivas, en forma muy íntima. Martí, Luna y Zapata querían que fuera él la última persona a quien abrazaran, y fue en su calidad de amigo y no como funcionario de la casa presidencial, que estuvo acompañándolos hasta el último instante.

Thomas Anderson escribió que

> [...] cuando los prisioneros eran conducidos al paredón, pasaron frente al general Eleázar López, el fiscal del juicio, Luna se detuvo y le dijo: «Te perdono por condenarme a muerte», y lo abrazó. Los otros dos condenados también le dieron un abrazo al general pero no le dijeron palabra. Luego fueron al paredón y le dieron la cara al pelotón de fusilamiento.[4]

A las siete y doce minutos se separaron las personas que se hallaban acompañando a los condenados. El último en dejarlos fue el sacerdote católico Pedro Jesús Prieto Villafañe. Contrariamente a lo que informaron algunos diarios de la época, Martí, Luna y Zapata no hicieron confesión religiosa alguna ni ningún acto de contrición. El padre Prieto Villafañe sabía perfectamente que no le era posible, ni aun en el último instante, esperar ninguna confesión religiosa de ellos, según testimonio de Jacinto Castellanos Rivas. Su asistencia hasta el final del drama obedecía, según este testimonio, a sentimientos ya no religiosos o de mero confesor que está presto a dar auxilios espirituales, sino humanos, de simpatía y admiración. Estos habían nacido hacía algún tiempo, en contacto personal muy estrecho del propio sacerdote y Agustín Farabundo Martí.

El pelotón de fusilamiento estaba bajo el mando del teniente Manuel Velásquez.

Martí pidió, a nombre de sus compañeros, que no se les vendara los ojos y que los fusilaran de frente, disparándoles al pecho.

Todavía había palabras que decir, de parte de Alfonso Luna Calderón, quien expresó que la «Universidad Nacional estaba integrada por hombres ineptos y que sus componentes eran hombres mediocres y sin conciencia».[5] «Pocos momentos después de la siete, el teniente Velásquez dio la orden de firme al pelotón e, inmediatamente después, la de fuego. Martí estaba colocado en el centro, quedando a su izquierda Mario Zapata y a su derecha Luna Calderón».[6]

En el último instante, y casi a la par de las voces de mando del oficial que dirigió el pelotón de fusileros, Martí, con firmeza, empezó un: «Viva el Soco...», que así quedó, incompleto, porque la descarga de fusiles lo apagó. Cayeron abatidos los tres comunistas. Eran las siete y cuarto de la mañana. Al contrario de los demás, la muerte llegó lentamente a Mario Zapata.[7]

A esta hora les fue aplicado el tiro de gracia por el cabo del pelotón. Inmediatamente después, fue levantada el acta por los médicos forenses sobre la muerte de los ejecutados. Los cadáveres fueron colocados en sus respectivos ataúdes, y se les dio sepultura en la sección de los personajes ilustres del Cementerio General de San Salvador. Sus tumbas llevaban, hasta no hace mucho tiempo, los números 9991, 9992 y 9993.

Epílogo

Este libro se cierra con una cita de Salarrué —mejor dicho, boceto de un retrato espiritual— acerca de Agustín Faramundo Martí.[1] Es oportuno traerla a cuento por tratarse de un gran escritor, cuya obra clara y oscura, accesible e inaccesible al mismo tiempo para el gusto de la gente, y quien, precisamente un día antes del estallido de la insurrección de enero de 1932, calificó a los comunistas de «crueles», «pedigüeños, sórdidos y rapaces».[2]

La cita de Salarrué, confeso de ser «lírico», aunque «no sórdido bajo la losa del *ismo*»,[3] reviste un gran valor no solo por la alta calidad de su personalidad en el mundo de las letras y las artes, sino porque fiel a su convicción, nunca se le vio abrazar ninguna doctrina política, por lo menos en forma pública. De tal manera que su boceto bien merece ser el epílogo de esta obra obra. Helo aquí:

> Ayer cumplió un año de muerto Agustín Farabundo Martí. Queremos dedicar a su memoria estas breves líneas; primero, porque fue nuestro amigo y varias veces estuvimos conversando de las cosas del espíritu; y segundo porque Martí, por su calidad de hombre de ideal, de renunciador, de héroe, se merece la admiración de todo hombre sano, no por sus ideas sino por su entereza e inegoísmo para sostenerlas.
>
> Agustín era un hombre sencillo, sin vanidad, sin debilidad. Había bajado su testa como los toros y con los ojos cerrados, recto atacaba la sombra que lo exasperó, la misma sombra que enardecía al soñador Ricardo Alfonso Araujo. El amor de ambos a los sufridores, a los oprimidos, los elevaba a la calidad

de padres. Su parcialidad era casi instintiva y no veía más allá de los engañosos hechos. Creía ingenuamente en la infelicidad del pobre y en la felicidad del rico y todo esfuerzo por demoler, con el ariete de la filosofía, este cimiento de odio, fallaba pronto. Con la temeridad del indio picado por el tamagás que se vuela de un tajo la mano, así Faramundo Martí se lanzaba sobre ese miembro de la sociedad que consideraba engangrenado. Sabía que le costaba la vida y no tembló. Llegó su hora, y en el mismo Día de la Madre entregó sonriendo su cuerpo a la madre tierra, como semilla de una ensoñada liberación.[4]

Notas

Capítulo I

1. Fernando González Davison: *El régimen liberal en Guatemala (1871-1944)*, Editorial Universitaria, volumen 78, Universidad de San Carlos de Guatemala, 1990.
2. *El Salvador de 1840 a 1935, estudiado y analizado por extranjeros*, UCA Editores, San Salvador, 1978.
3. «Para la historia forense», en revista *Ciencias Jurídicas y Sociales*, Órgano de la Asociación de Estudiantes de Derecho de la Universidad de El Salvador, no. 14, 1949.
4. *Araujo, 9 de febrero de 1914*, Biblioteca del Ateneo de El Salvador.
5. Alfredo Parada: *Etapas políticas*, tomo 2, MCMLXXV, San Salvador.
6. En los años sesenta su editora, la Asociación General de Estudiantes Universitarios Salvadoreños (AGEUS), dejó que el semanario se extinguiera debido fundamentalmente a las profundas divisiones ideológicas entre las filas estudiantiles y, en no menor medida, a una creciente incapacidad de sus cuadros dirigentes.
7. Ítalo López Vallecillos: *El periodismo en El Salvador*, Editorial Universitaria, San Salvador, 1964.
8. Jorge Schlesinger: *Revolución comunista. ¿Guatemala en peligro?*, Editorial Unión Tipográfica Castañeda, Ávila y Cía., Guatemala, 1946.

Capítulo II

1. Los datos relativos a la niñez y a la adolescencia de Martí fueron proporcionados al autor por una familiar cercana de sus padres.
2. David Luna: «Algunas facetas sociales de la vida de Agustín Farabundo Martí», en *Revista Salvadoreña de Ciencias Sociales*, Facultad de Humanidades de la Universidad de El Salvador, no. 1, 1965.

3. Victorino Ayala: *Sociología*. (Programa-resumen desarrollado en la Universidad Nacional por el catedrático de la materia), Imprenta Nacional, San Salvador, 1921.
4. «La Sociología es la ciencia de la sociedad, su sistema es el Socialismo particularmente en materia de organización. Por tanto, el estudio sociológico debe concluir con el Socialismo.

   »El Socialismo tiene que ser vario y armónico, para poder atender al vario y armónico modo de ser de la sociedad o de las sociedades, en tiempos, lugares y circunstancias de convivencia y actividad. De ahí que el concepto de Socialismo se tenga como una lógica derivación del concepto que constituye a la Sociología».

   Hay una insólita opinión de Victorino Ayala: «"Comunismo". Repito que es recomendable como un ideal al que hay que dirigirse, porque es la fórmula de la más hermosa fraternidad». Enseguida el autor le da vuelos a su imaginación viendo a El Salvador vivir el comunismo y concluye así: «Tal fuera el comunismo que racionalmente se puede tomar como factible, a través de una larga, atinada, adaptada y suficiente preparación educativa e instructiva, sobre todo en lo moral. ¿No es eso un bello ideal? Llevándolo en mira, se puede progresar por grados que vayan mejorando las condiciones de la vida, tan duras y crueles al presente» (Estas citas literales han sido tomadas de la obra de Victorino Ayala ya citada).
5. David Luna: op. cit. en nota 2, capítulo II.

Capítulo III

1. Fernando González Davison: op. cit. en nota 1, capítulo I.
2. Ibídem.
3. Arturo Taracena Arriola: «El primer Partido Comunista de Guatemala (1922-1932). Diez años de una historia nacional olvidada», en *Araucaria de Chile*, no. 27, 1984.
4. Arturo Taracena Arriola: «Un salvadoreño en la historia de Guatemala. Entrevista con Miguel Ángel Vásquez Eguizábal», en *Memoria*, no. 29, enero-febrero de 1990.
5. Arturo Taracena Arriola: op. cit. en nota anterior.
6. Jorge Schlesinger: op. cit. en nota 8, capítulo I.
7. Arturo Taracena Arriola: op. cit. en nota 4, capítulo III.
8. David Luna: op. cit. en nota 2, capítulo II.
9. Arturo Taracena Arriola: op. cit. en nota 4, capítulo III.

Capítulo IV

1. 11 de diciembre de 1922.
2. Se puede relacionar esta manifestación exclusiva de mujeres con la posición antifeminista del quiñonismo. La misma crónica referida dice: «[...] no figuraron en la manifestación grupos de mujeres partidarias de la causa del partido que da apoyo a la candidatura del doctor Quiñónez Molina, ni hubo menores de edad haciendo ruido de juego en las filas. Descartados deben ser en las manifestaciones políticas de los ciudadanos esos recursos que no tienen la efectividad del sufragio en los comicios y solo sirven para engañarse a sí propios con ruidos que se pierden en el vacío, quienes han necesidad de lo decorativo pintoresco para aparecer rodeados de aura popular [...]», en *Diario del Salvador*.
3. Ricardo Gallardo: *Las Constituciones de El Salvador*, Ediciones de Cultura Hispánica, Madrid, 1961, tomo 1.
4. Ibídem.
5. Ítalo López Vallecillos: op. cit. en nota 7, capítulo I.
6. Una gacetilla de la época, al comentar una reciente convención obrera contenía este párrafo: «Que la fraternidad sea nuestro lema; asociaciones de gremios y confederación de esas instituciones; la mutua protección; el ahorro y la economía; la moralización en las costumbres y todo aquello que dignifique al obrero para que sea respetado es a lo que debemos propender, para que las generaciones que nos sigan, sanas sean de cuerpo y de alma, y así habremos cumplido una misión excelente», en *Diario del Salvador*, 28 de febrero de 1918.
7. *El Salvador de 1840 a 1935...*: op. cit. en nota 2, capítulo I.
8. Víctor Hugo Acuña: «Artesanos, obreros y proletarios de enclaves en Centroamérica en el período liberal: una minoría activa», en *Avances de Investigación*, no. 59, Universidad de Costa Rica, 1992.
9. *Diario del Salvador*, 28 de mayo de 1998.
10. Ítalo López Vallecillos: op. cit. en nota 7, capítulo I.
11. *Diario del Salvador*, 8 de junio de 1918.
12. Roque Dalton: *Miguel Mármol. Los sucesos de 1932 en El Salvador*, Ocean Sur, México, 2007. El autor ha trabajado con la edición EDUCA, Centroamérica, 1972.

Capítulo V

1. Thomas R. Anderson: El *Salvador 1932. Los sucesos políticos*, EDUCA, Centroamérica, 1976.

2. Entrevista de Miguel Mármol con el autor y que fuera publicada, en forma anónima, en *El Tiempo,* Suplemento no. 4, Órgano de la Secretaría de Relaciones Públicas y Promoción Universitaria, Universidad de El Salvador, enero de 1972.
3. Thomas R. Anderson: op. cit. en nota 1, capítulo V.
4. Ibídem.
5. David Luna: op. cit. en nota 2, capítulo II.
6. Ítalo López Vallecillos: revista *Abra,* San Salvador, no. 13, junio de 1976.
7. Jorge Schlesinger: op. cit. en nota 8, capítulo I.
8. *Diario del Salvador,* 22 de mayo de 1923. Macario Cortez, según la breve crónica, residió en los Estados Unidos más de seis años.
9. «La Liga Antiimperialista de las Américas funcionaba desde fines de 1925, de acuerdo con la recomendación del IV Congreso de la Komintern, que establecía que los comunistas debían trabajar, junto con los demás partidos del continente americano a objeto de instituir una liga antiimperialista americana, con el fin de organizar la propaganda contra el imperialismo yanqui en América Central y del Sur y tenía filiales en varios países del continente. Su secretariado estaba constituido por un representante de cada una de esas secciones». Rodolfo Cerdas Cruz: *La hoz y el machete,* Editorial Universidad Estatal a Distancia, San José, 1986.
10. Hacia los Estados Unidos de Norteamérica.
11. David Luna: op. cit. en nota 2, capítulo II.
12. *Diario del Salvador,* 5 de enero de 1929.
13. *Diario del Salvador,* 3 de abril de 1929.
14. Rodolfo Cerdas Cruz: op. cit. en nota 9, capítulo V.
15. Ibídem.
16. Ibídem.
17. Ibídem.
18. Ibídem.
19. Ibídem. Cerdas Cruz cita como fuente *La Correspondance Internationale,* no. 10, 1ro. de febrero de 1930, p. 100.
20. Ibídem, cita tomada de *La Correspondance Internationale,* no. 11, 5 de febrero de 1930, p. 112.
21. Entrevista con el autor.
22. *Diario del Salvador,* 12 de noviembre de 1919.

Capítulo VI

1. *Evolución*, no. 8, 15 de septiembre de 1926. Facsímil que Ítalo López Vallecillos incluye en su obra varias veces citada.
2. Alfredo Parada: op. cit. en nota 5, capítulo I.
3. *Sufragio Libre. Elecciones de autoridades supremas. Acción de los poderes públicos*, obra preparada por el general José Tomas Calderón, San Salvador, 1931. En lo adelante, se citará este libro como *Sufragio Libre...*
4. De conformidad con datos de la Dirección General de Estadística la población estudiantil universitaria era la siguiente: Preparatoria, 89; Facultad de Medicina, 101; Facultad de Jurisprudencia y Ciencias Sociales, 95; Facultad de Química y Farmacia, 10; y Facultad de Odontología, 73. Total: 368 estudiantes.
5. *Diario del Salvador*, 1ro. de marzo de 1929.
6. Everett Alan Wilson: «La crisis de integración nacional en El Salvador», en: *El Salvador de 1840 a 1935, estudiado y analizado por extranjeros*. Selección y prólogo de Rafael Menjívar y Rafael Guidos Véjar, UCA Editores, San Salvador, 1978.
7. Historiadores contemporáneos que estudian este tipo de dictaduras surgidas en el tiempo de las crisis mundiales del decenio a que me refiero, objetan la categoría *dictadura de depresión* aplicada a los regímenes autoritarios surgidos en esa época.
8. John Parke Young: en *Evolución monetaria salvadoreña. Tres ensayos sobre historia monetaria*, Editorial Ahora, Instituto de Estudios Económicos de la Facultad de Economía, Universidad de El Salvador, 1961. En subsiguientes citas solo se consignará: *Evolución monetaria salvadoreña...*
9. Pedro S. Fonseca: en *Evolución monetaria salvadoreña...*
10. *Anuario Estadístico* de 1930.
11. Aquiles Montoya: «Antes del '32», en *Boletín de Ciencias Económicas y Sociales*, UCA, Año VII, no. 3, San Salvador, mayo-junio de 1984.
12. Pedro S. Fonseca: *Demografía salvadoreña*, San Salvador, 1921. Citado por Aquiles Montoya.
13. Alirio Augusto Castro: *Datos para la economía social salvadoreña*. Tesis para optar por el grado de doctor en Jurisprudencia y Ciencias Sociales, Universidad de El Salvador, San Salvador, 1922. Citado por Aquiles Montoya (op. cit. en nota 11, capítulo VI), quien agrega que entre los jurados del doctorado privado y público hubo reconocidos profesionales de la época, entre ellos los doctores Manuel Castro Ramírez, David Rosales h., Enrique Córdova, Pedro S. Fonseca y Victorino Ayala.
14. Citado por Aquiles Montoya: op. cit. en nota 11, capítulo VI.

15. *Diario Patria*, no. 10, San Salvador, 1928.
16. *Diario Patria*, San Salvador, 13 de julio de 1929.
17. Everett Alan Wilson: op. cit. en nota 6, capítulo VI.
18. Ibídem.
19. Firmado el 16 de enero de 1992 entre el Gobierno de El Salvador y el Frente Farabundo Martí para la Liberación Nacional (FMLN).

Capítulo VII

1. *Sufragio Libre...*, op. cit. en nota 3, capítulo VI.
2. Ibídem.
3. El Artículo 8 en mención decía: «El Salvador reconoce derechos y deberes anteriores y superiores a las leyes positivas, teniendo por principios la libertad, la igualdad y la fraternidad, y por base la familia, el trabajo, la propiedad y el orden público». Esta disposición constitucional fue una especie de comodín, mientras estuvo en vigencia, y sirvió a los legisladores para llenar lagunas del derecho, ya fuera para bien o para mal de la nación.
4. Jorge Schlesinger: op. cit. en nota 8, capítulo I.
5. El *Diario del Salvador* (17 de julio de 1929) informaba: «Ha estallado una huelga en el puerto de Acajutla, de donde zarpó sin descargar el vapor *Corinto*». «Los braceros exigen el cumplimiento de la Ley de ocho horas de trabajo». «En previsión de un desorden, llegó a la ciudad la Fuerza Armada y el capitán del puerto se ha visto obligado a depositar el mando». En el texto de la noticia se encuentra este pasaje: «La huelga de los trabajadores del muelle de Acajutla parecería arreglarse favorablemente si la Agencia Nacional acepta la nueva ley de ocho horas de trabajo sancionada por el poder ejecutivo». La Agencia Nacional era subsidiaria del ferrocarril inglés.
6. Según la misma crónica, el Secretariado del Congreso quedó integrado así: secretario general y de Debates, Eduardo Anaya; secretario del Interior y portavoz de la mesa congresal, Baudilio Pineda; secretario de Actas, Cipriano Recinos; prosecretario de Actas, José Antonio Chachagua.
7. El Consejo Federal Directivo quedó integrado de la siguiente manera: secretario general, Serafín Y. Martínez; secretario del Interior, Eduardo Amaya; secretario de Relaciones Exteriores, J. Cipriano Recinos; secretario de Cultura y Propaganda, Antonio Garay; secretario de Actas, Baudilio Pineda; secretario de Finanzas, Aquilino Martínez. *Diario del Salvador*, 15 de agosto de 1929.
8. Roque Dalton: op. cit. en nota 12, capítulo IV.

9. Vivencias del viaje de Mármol y Ramírez hasta Moscú, así como de su participación en el V Congreso de la ISR, están en la obra de Roque Dalton ya citada.
10. Cfr. Roque Dalton: op. cit. en nota 12, capítulo IV.

Capítulo VIII

1. Revista *El Café en El Salvador*, Órgano de la Asociación Cafetalera de El Salvador, San Salvador, julio de 1932. Citada por Ovidio González en su artículo «Algunos elementos ideológicos de la clase dominante en el 32», *Boletín de Ciencias Económicas y Sociales*, UCA, Año VII, no. 6, noviembre-diciembre de 1984.
2. Thomas R. Anderson: op. cit. en nota 1, capítulo V.
3. Severo Martínez Peláez: *La patria del criollo*, EDUCA, San José, 1976.
4. Miguel Mármol: *Memorias personales sobre la historia del Partido Comunista de El Salvador*, versión mecanografiada en borrador, 1950. De aquí en adelante, se citará como *Memorias...*
5. La Ley de Extinción de Comunidades fue publicada en el *Diario Oficial* del 26 de febrero de 1881. En su preámbulo se asentaba: «La existencia de tierras bajo la propiedad de comunidades impide el desarrollo agrícola, estorba la circulación de la riqueza y debilita los lazos familiares y la independencia del individuo. Su existencia contraría los principios económicos y sociales que la república ha adoptado». La Ley de Extinción de Ejidos fue aprobada por Decreto Legislativo el 2 de marzo de 1882. En el considerando uno se argumentaba que es obligación de la Legislatura eliminar cualquier obstáculo que se oponga al desarrollo de la Agricultura (así, con mayúscula); y en el dos, «que el obstáculo principal es el sistema de tierra comunal, que anula los beneficios de la propiedad de las tierras más extensas e importantes de la república...».
6. Jorge Schlesinger: op. cit. en nota 8, capítulo I.
7. Ibídem.
8. Thomas R. Anderson: op. cit. en nota 1, capítulo V.
9. *Panchimalco: Investigación Sociológica*, Ministerio de Educación, San Salvador, 1959; *San Pedro Nonualco: Investigación Sociológica*, Editorial Universitaria, San Salvador, 1964; «El problema indígena en El Salvador», en *América Indígena*, Vol. XXXV, no. 4, 1975.
10. Segundo Montes: «Levantamientos campesinos en El Salvador», en *Realidad Social*, no. 1, Año 1, San Salvador, 1988; Concepción de Guevara: *Exploración etnográfica: Departamento de Sonsonate*, Ministerio de Educación, San Salvador, 1975; N. Mac Chapin: *La población indígena de El Salvador*, Ministerio de Educación, San Salvador, 1990.

11. N. Mac Chapin: *La población indígena del Salvador*, Colección Antropología e Historia, no. 20, Ministerio de Educación, Dirección General de Publicaciones e Impresos, San Salvador, 1990.
12. Ibídem.
13. La definición de Alejandro Dagoberto Marroquín es así: «[El indio] es una categoría socioeconómica históricamente acondicionada, constituida por los descendientes de los primeros pobladores de América, que por efecto de la conquista ibérica fueron reducidos a condiciones de aguda explotación, miseria, opresión e injusticia social, condiciones que, en lo esencial, se mantienen en dichos descendientes». Artículo citado en *América Indígena*.
14. Los «quebradores de trabajo» son aquellos que mientras trabajaban para un patrono en el campo, por una decisión voluntaria buscaban trabajo en otra parte sin contar con el consentimiento de su patrono. La Guardia Nacional los buscaba como si fueran delincuentes comunes y el alcalde de la jurisdicción estaba autorizado para que en la plaza pública se les castigara a palos. La Ley Agraria en la práctica fue derogada hasta los años ochenta.
15. *Libro Azul*, de El Salvador, publicado por el Buró de Publicidad de la América Latina en 1916 por encargo del Gobierno presidido por Carlos Meléndez. Su contenido fue redactado por intelectuales destacados de la época que pusieron de manifiesto el pensamiento oficial.
16. N. Mac Chapin: op. cit. en nota 11, capítulo VIII.
17. Este relato fue reproducido íntegramente por Joaquín Méndez h., en *Los sucesos comunistas en El Salvador*, Imprenta Funes y Ungo, San Salvador, 1932.
18. Véase el artículo de Ovidio González: «Algunos elementos ideológicos de la clase dominante en el '32», *Boletín de Ciencias Económicas y Sociales*, UCA, Año VII, no. 6, noviembre-diciembre de 1984.
19. Los destacados son del autor.

Capítulo IX

1. Ramón López Jiménez: *Mitras salvadoreñas*, Departamento Editorial, Ministerio de Cultura, San Salvador, El Salvador, 1960.
2. Ibídem.
3. Ibídem.
4. Ibídem.
5. Ibídem.
6. Ibídem.
7. Ibídem.

8. Ibídem.
9. Ibídem.
10. Ibídem.
11. Ibídem.
12. Ibídem.

Capítulo X

1. Jorge Schlesinger (op. cit. en nota 8, capítulo I, pp. 38 y 39) sostiene, sin precisar fechas, que Martí pasó a Cuba y Jamaica, enseguida entró a Belice como simple chiclero, con su morral al hombro y su machete en la mano; que en Guatemala pasó desapercibido, y que a excepción de Del Piñal y Sánchez Obando, nadie supo de él. «De este país siguió para Tegucigalpa, donde exhibió a los representantes líricos del caudillo sus credenciales, y disfrazado de ganadero. Con la reata terciada, se internó por los valles de Olancho hasta encontrarse con las avanzadas insurgentes». El autor sigue la versión de Miguel Mármol respecto al itinerario seguido por Martí.
2. Se trata de Salvador Ricardo Merlos, profesor de la Universidad de El Salvador.
3. Copia fotostática de esta carta en J. Schlesinger: op. cit. en nota 8, capítulo I, p. 202.
4. Revista *Alero*, Universidad de San Carlos de Guatemala, no. 17 (Tercera Época), marzo-abril, 1976.
5. Para evitar ser detectado por la aviación yanqui.
6. Santos López: «Memorias de un soldado», en revista *Alero*, op. cit. en nota 4, capítulo X, pp. 44 y 45. De estas memorias solo dictó una parte antes de morir en Cuba, en 1965, en donde fue enterrado con honores de comandante de la Revolución. *Alero* publicó por primera vez esas *Memorias inconclusas*. Sergio Ramírez, en su artículo «El muchacho de Niquinohormo» (en *Alero*) describe así a los niños-soldados de «El coro de los ángeles»: «había también en los cuarteles de la montaña muchos niños huérfanos de guerra, que tenían también su papel en el ejército: se les conocía como "El coro de los ángeles". Asistían a las emboscadas y asaltos y su papel consistía en dar gritos, vivas y hacer toda clase de ruidos —un coro infantil cuyas voces se alzaban ensordecedoramente en el monte— con latas y triquitraques, dando unas veces la impresión de que el número de sandinistas era mayor, y otras, que llegaban refuerzos. Estos niños, cuando crecían, llegaban a ser soldados regulares y debían conquistar su propio rifle, como el caso del comandante Santos López», p. 16.

7. Del general José León Díaz se ha dicho que nació en El Salvador e ingresó en las filas de Sandino en 1927. «De grandes bigotes, contextura atlética, color moreno y de valor temerario. Era de los que el general Sandino usaba siempre para explorar el campo. Sus combates principales fueron: Macuelizo y Somoto y operaba entre Chinandega y Las Segovias con la columna no. 5 de unos 50 hombres». José N. Román: *Maldito país*, libro escrito en 1933 que *Alero* reproduce parcialmente y que posteriormente fue publicado por Ediciones El Pez y la Serpiente, en 1979.
8. Entrevista del autor con Miguel Mármol.
9. Gregorio Selser: *El pequeño ejército loco*, Editorial Nueva Nicaragua, Managua, 1966.
10. Citado por Gregorio Selser: op. cit. en nota anterior.
11. Ibídem.
12. Ibídem.
13. Ibídem.
14. Ibídem.
15. El día 5 de enero de 1931 Sandino dio a conocer públicamente las bases sobre las cuales cesaría en su lucha. Selser resume así: 1ro. Exigir de los Estados Unidos de Norteamérica el retiro inmediato y completo de sus fuerzas invasoras en nuestro suelo, por la razón o por la fuerza. 2do. No aceptar ningún empréstito leonino yanqui. 3ro. Declarar nulos el tratado Bryan-Chamorro y todos los tratados, pactos o convenios derivados. 4to. Rechazar con virilidad cualquier intromisión de los Estados Unidos de Norteamérica en elecciones o en lo que fuera.
16. Gregorio Selser: op. cit. en nota 9, capítulo X.
17. Ibídem.
18. Ibídem.
19. Ibídem.
20. Ibídem.
21. José N. Román: *Maldito país*, Ediciones El Pez y la Serpiente, s.l., 1979. Según nota en el libro este debía salir a luz en 1934, pero no fue publicado hasta 1979.
22. El nombre real es Rubén Ardilla Gómez. Nota del autor.

Capítulo XI

1. Thomas R. Anderson: op. cit. en nota 1, capítulo V. El rumor del envenenamiento lo tomó este autor de *National Archives, Record Group* (N.A., R.G.) 59, «Informe sobre las condiciones generales de El Salvador».

2. Revista *Alero*, op. cit. en nota 4, capítulo X.
3. Jorge Schlesinger: op. cit. en nota 8, capítulo I.
4. Prólogo de Arnoldo Martínez Verdugo a la edición facsimilar de *El machete ilegal, 1929-1934*, Instituto de Ciencias de la Universidad Autónoma de Puebla, México, 1975, p. V.
5. Ibídem, p. VII.
6. Entrevista del autor con Arnoldo Martínez Verdugo, ex secretario general del Partido Comunista Mexicano.
7. David Luna: op. cit. en nota 2, capítulo II.
8. Mauricio de la Selva: «El Salvador: tres décadas de lucha», en *Cuadernos Americanos*, no. 21 (enero-febrero 1962).
9. Ramón de Belausteguigoitia: *Con Sandino en Nicaragua*, Espasa-Calpe, S.A., Madrid, 1934.
10. Ibídem.
11. Ibídem.
12. Ibídem.
13. Carlos Pérez Bermúdez y Onofre Guevara López: *El movimiento obrero en Nicaragua (Apuntes para el conocimiento de su historia)* primera parte, s.l., s.f.

Capítulo XII

1. Thomas R. Anderson: op. cit. en nota 1, capítulo V.
2. Ibídem.
3. El rumor circuló en diciembre de 1929, ya cuando Martí radicaba en México, D.F. desde hacía más de dos meses.
4. Thomas R. Anderson: op. cit. en nota 1, capítulo V.
5. Con referencia a la carta de Tina Modotti, véase *Boletín Informativo del Centenario de José Carlos Mariátegui*, no. 10, Año II, Lima, 13 de junio de 1994.
6. El volcán de Izalco, que es parte del paisaje de los latifundios de la familia Regalado, había permanecido durante mucho tiempo inactivo. Sin embargo, el día en que murió la obsequiosa viuda de Regalado el volcán entró en inusitada e impresionante actividad. Cabe apuntarse que para los indígenas de la región el Izalco es el propio infierno y, según consejas de la época, la muerte de la señora fue vinculada íntimamente con la reactivación volcánica.
7. Jorge Schlesinger: op. cit. en nota 8, capítulo I.
8. Ibídem.
9. Ibídem.

10. Ibídem.
11. Ibídem. Mucho se ha hablado sobre las «enormes sumas» de dinero que, desde el exterior, recibía el SRI. Según carta de Nueva York, fechada el 8 de febrero de 1931, firmada por H. Desmond, la Sección de El Salvador del SRI empezaría a recibir a partir de enero del año en mención, la suma de US$50.00 mensuales, mas solo para los primeros tres meses, al tiempo que, en la parte final, expresa la carta: «Es importante que ustedes tengan siempre presente que debe ser empleado principalmente para ayuda y defensa de las víctimas y sus familias, mientras los gastos de organización y otros deberían ser colectados localmente». Por otro lado una de las debilidades crónicas, no solo del SRI, sino también de la FRTS, era, precisamente, la carencia de cotizaciones regulares de los afiliados.
12. Miguel Mármol: *Memorias...*, op. cit. en nota 4, capítulo VIII.
13. Ibídem. Mármol en el término «maleante» incluye, según el texto, a disidentes anarco-sindicalistas, reformistas y a oportunistas de derecha, según la terminología de la época.
14. Este es un lapsus de Miguel Mármol, porque el PCS fue fundado el 30 de marzo de 1930, y el VI Congreso de la FRTS se celebró los días 9 y 10 de febrero.
15. En el capítulo XIII ya nos referíamos a algunas causas del sectarismo en que incurriera el PCS. A su vez, la Internacional Sindical Roja adoptó una línea sectaria en cuestiones sindicales.
16. Jorge Schlesinger: op. cit. en nota 8, capítulo I.

Capítulo XIII

1. Roque Dalton: op. cit. en nota 12, capítulo IV. Equivocadamente, Mármol dice que en la misma reunión fue creada la Sección Salvadoreña del Socorro Rojo Internacional que, propiamente, fue fundada en 1929.
2. *Fundamentos y Perspectivas*. Revista Teórica del Partido Comunista de El Salvador, no. 2, 1980.
3. Roque Dalton: op. cit. en nota 12, capítulo IV.
4. *Fundamentos y Perspectivas*, op. cit.
5. A esa problemática se refiere la obra de Rodolfo Cerdas Cruz: *La hoz y el machete. La Internacional Comunista. América Latina y la revolución centroamericana*, Editorial Universidad Estatal a Distancia, San José, 1986.
6. Palmiro Togliatti: «Algunos problemas de la historia de la Internacional Comunista», en revista internacional *Problemas de la Paz y el Socialismo*, no. 11, noviembre de 1959, Praga.

7. Rodolfo Cerdas Cruz: op.cit. en nota 9, capítulo V.
8. Ibídem.
9. Ibídem.
10. Véase «Informe de Jorge Dimitrov al VII Congreso de la Internacional Comunista», en *Selección de Trabajos*, Sofía-Press, 1977.
11. Rodolfo Cerdas Cruz: op. cit. en nota 9, capítulo V.
12. Ibídem.
13. Ibídem.
14. Palmiro Togliatti: op. cit. en nota 6, capítulo XIII.

Capítulo XIV

1. Decreto Legislativo del 27 de septiembre de 1930.
2. *Sufragio Libre...*, op. cit. en nota 3, capítulo VI.
3. *La Prensa*, el 21 de diciembre de 1930 consignó: «El agitador comunista salvadoreño Farabundo Martí salió del país con rumbo a México. Se encontraba detenido por haber dirigido el intento rebelde comunista en Santa Ana. Se puso en huelga de hambre, pero después pidió que le permitieran salir del país, lo cual hizo en el vapor Venezuela, de la Panamá Mail».
4. A principios de los años veinte en Guatemala, dice Arturo Taracena Arriola, de entre los agitadores de la época que merecen ser recordados, se encuentra el salvadoreño José Luis Recinos. Expulsado hacia Guatemala a la edad de diecisiete años por sus ideas avanzadas, Recinos se instaló en la ciudad de Guatemala, donde publicó un pequeño periódico titulado *14 de Julio*. Expulsado seguramente antes del triunfo unionista, que derrocó a Manuel Estrada Cabrera, se instaló en México, donde trabajó para el diario obregonista *Lucha*. El 1ro. de octubre de 1920 se encontraba entre los miembros fundadores del Comité, la Local Comunista de la ciudad de México y asistió como delegado fraternal de los obreros salvadoreños al congreso constituyente de la Confederación General de Trabajadores de México el 15 de febrero de 1921 (Arturo Taracena Arriola, *El primer Partido...* op. cit. en nota 3, capítulo III.)
5. *Diario Latino*, 5 de enero de 1968.
6. *Sufragio Libre...*, op. cit. en nota 3, capítulo VI.
7. En la ciudad de Santa Ana aparecieron comités de apoyo a la candidatura a la presidencia de la Sra. Prudencia Ayala. Fue la primera vez en la historia de El Salvador que una mujer aspiró abiertamente a la primera magistratura de la república en un tiempo en que a la mujer no se le reconocían derechos

políticos. La Sra. Ayala solicitó la inscripción en el registro de los ciudadanos, pero como le fue denegado recurrió a la Corte Suprema de Justicia. Este tribunal sostuvo la tesis de que de conformidad a la Constitución política de 1886, las mujeres no poseían derechos políticos y, por consiguiente, no podían elegir y ser electas.

Capítulo XV

1. *Boletín de Hacienda,* no. 22, diciembre de 1929.
2. *Evolución monetaria salvadoreña...,* op. cit. en nota 8, capítulo VI.
3. Ibídem.
4. *La Prensa,* 10 de abril de 1931.
5. El texto de los informes del general José Tomás Calderón en que da cuenta bastante pormenorizada de la situación en Sonsonate, aparece en Joaquín Méndez h.: *Los sucesos comunistas en El Salvador,* Imprenta Funes y Ungo, San Salvador, 1932.

Capítulo XVI

1. *Diario Latino,* 5 de enero de 1968.
2. Kenneth J. Grieb: en *El Salvador de 1840 a 1935.* Grieb es considerado un experto en política internacional de los Estados Unidos atinente a América Latina. Los compiladores de este libro señalan que el mayor aporte del trabajo de Grieb «The United States and the Rise of General Maximiliano Hernández Martínez» es su fuente documental, ya que se basa en documentos del Departamento de Estado de los Estados Unidos.
3. Ibídem.
4. Ibídem.
5. Ibídem.
6. Ibídem.
7. Ibídem.
8. Ibídem.
9. *La Zaranda,* periódico dirigido por Pedro F. Quiteño. Citado por Ítalo López Vallecillos, op. cit. en nota 7, capítulo I.
10. Thomas R. Anderson: op. cit. en nota 1, capítulo V.

Capítulo XVII

1. *La Verdad,* 7 de enero de 1932.

2. Miguel Mármol: *Memorias...,* op. cit. en nota 4, capítulo VIII.
3. Ibídem.
4. Ibídem.
5. *Diario Latino,* 21 de enero de 1932.

Capítulo XVIII

1. Miguel Mármol: *Memorias...,* op. cit. en nota 4, capítulo VIII.
2. Roque Dalton: op. cit. en nota 12, capítulo IV.
3. Jorge Schlesinger: op. cit. en nota 8, capítulo I.
4. Joaquín Méndez h.: *Los sucesos comunistas en El Salvador,* Imprenta Funes y Ungo, San Salvador, 1932.
5. Ibídem.
6. Ibídem.
7. Ibídem.
8. Thomas R. Anderson: op. cit. en nota 1, capítulo V.
9. Varios autores: *Exploración etnográfica: Departamento de Sonsonate,* Dirección de Publicaciones, Ministerio de Educación, San Salvador, 1975.
10. Ibídem.
11. Joaquín Méndez h.: op. cit. en nota 4, capítulo XVIII.
12. Thomas R. Anderson: op. cit. en nota 1, capítulo V.
13. Joaquín Méndez h.: op. cit. en nota 4, capítulo XVIII.
14. Thomas R. Anderson: op. cit. en nota 1, capítulo V.
15. Ibídem.
16. Ibídem.
17. «Memoria de Guerra, Marina y Aviación», presentada el 25 de febrero de 1933 por el Cnel. Carlos Borromeo Flores, *Diario Oficial,* 25 de febrero de 1933, no. 47, Tomo 114.
18. Ibídem.
19. Joaquín Méndez h.: op. cit. en nota 4, capítulo XVIII.
20. Ibídem.
21. Ibídem.
22. Ibídem.
23. Es oportuno traer a cuento una larga cita de *La Prensa* (13 de julio de 1932), que sería un antecedente del libro de Jorge Schlesinger, titulado *Revolución comunista ¿Guatemala en peligro?,* al cual ya nos hemos referido. En efecto la cita reza a la letra: «El ministro, doctor Miguel Ángel Araujo nos dijo,

refiriéndose al caso del señor Alfredo Schlesinger, comerciante, economista, filósofo y escritor judío chapín, quien en tiempo pasado escribió mucho desde el diario *Patria*, que dicho señor había pedido visa para los Estados Unidos para editar un libro con los datos acerca de los sucesos comunistas en El Salvador en enero anterior. Se sabe que este señor hábilmente se hizo dar por el Gobierno la documentación recopilada por la Policía sobre esos acontecimientos y que prometió publicar un libro en inglés, con datos laudatorios para el Gobierno. Sin embargo, juntamente con el periodista Clemente Marroquín Rojas, se fueron hacia los Estados Unidos pero no publicaron nada. Se sabe también que esos documentos fueron vendidos por el mencionado Schlesinger a agentes rusos en Nueva York». *El Libro de Oro, 1915-1965*, editado por *La Prensa Gráfica*.

24. Vicente Sáenz: *Rompiendo Cadenas*, México, 1948.
25. Citado por Thomas R. Anderson, op. cit. en nota 1, capítulo V. Anderson consigna también otras estimaciones de escritores salvadoreños, así como de militares y funcionarios que fueron autores o testigos. Ítalo López Vallecillos, 40 000 (esta cita de Anderson es falsa. López Vallecillos dice que murieron más de 14 000 campesinos); Mauricio de la Selva, 30 000; coronel Antonio Bustamante y Maceo, 24 000; Rodolfo Buezo (seudónimo de Abel Cuenca) y David Luna, 20 000. Por su parte, Joaquín Castro Canizales (Quino Caso), más o menos unas 16 000; Cnel. Osmín Aguirre y Salinas, 6 000 ó 7 000; general Salvador Peña Trejo y Miguel Pinto h., de 2 000 a 3 000.
26. *El Salvador de 1840 a 1935...*, op. cit. en nota 2, capítulo I.
27. Thomas R. Anderson, op. cit. en nota 1, capítulo V.
28. Jorge Arias Gómez: *¿Cuántos murieron en el genocidio de 1932?*, ensayo inédito, 1987.
29. *El Libro de Oro*, op. cit. en nota 23, capítulo XVIII.
30. Ibídem.

Capítulo XIX

1. *La Prensa*, 1ro. de febrero de 1932.
2. Datos tomados de la amplia crónica de *Diario Latino*, 1ro. de febrero de 1932.
3. Las incidencias del acto de fusilamiento fueron relatados al autor por Jacinto Castellanos Rivas, quien, años más tarde, se afiliaría al Partido Comunista de El Salvador.
4. Thomas R. Anderson: op. cit. en nota 1, capítulo V.
5. *Diario Patria*, 1ro. de febrero de 1932.

6. Ibídem.
7. En la *Memoria General de la Universidad de El Salvador* de 1932, aparece este pasaje: «Alumnos fallecidos. El dolor más intenso embarga el alma al recordar cómo el destino ciego e implacable arrebató al Alma Mater salvadoreña tres brillantes mentalidades que constituían una legítima esperanza para el progreso del país; dos de ellos fueron víctimas de la época en que les tocó actuar y el último ya para dar cima a su noble profesión de médico pagó con su preciosa vida un tributo fatal a la Madre Naturaleza, cayendo al golpe certero de un modo cruel. Sus nombres que hoy consigna la Universidad en sus anales, son los siguientes: Mario Zapata y Alfonso Luna, de la Facultad de Jurisprudencia y Ciencias Sociales y Alfredo Marenco de la Facultad de Medicina».Véase, *La Universidad,* no. 1, 30 de junio de 1933.

Epílogo

1. Martí modificó su segundo nombre, Faramundo, como Farabundo. Sin embargo, tal como lo he sabido por los testimonios de Miguel Ángel Vásquez y de Miguel Mármol, él solo firmaba Agustín F. Martí, y no le agradaba que le llamaran «Farabundo».
2. Véase «Mi respuesta a los patriotas», en *Repertorio americano,* Tomo XXIV, 1932, pp. 110 y 111.
3. Ibídem.
4. Revista *Tendencias,* no. 46, vol. III, año 3, San Salvador, noviembre de 1995.

Bibliografía

ACUÑA, VÍCTOR HUGO: «Artesanos, obreros y proletarios de enclaves en Centroamérica en el período liberal: una minoría activa», en *Avances de Investigación,* no. 59, Universidad de Costa Rica, 1992.

ANDERSON, THOMAS R.: *El Salvador 1932. Los sucesos políticos,* EDUCA, Centroamérica, 1976.

Ateneo de El Salvador: *Araujo, 9 de febrero de 1914,* s.i., s.l., s.f.

AYALA, VICTORINO: *Sociología.* (Programa-resumen desarrollado en la Universidad Nacional por el catedrático de la materia), Imprenta Nacional, San Salvador, 1921.

BELAUSTEGUIGOITIA, RAMÓN DE: *Con Sandino en Nicaragua,* Espasa-Calpe, S.A., Madrid, 1934.

CÁCERES, ERNESTO: «Después del '32», en *Boletín de Ciencias Económicas y Sociales,* UCA, Año IX, no. 2, San Salvador, 1986.

CHAPÍN, N. MAC: *La población indígena de El Salvador,* Colección Antropología e Historia, no. 20, Ministerio de Educación, Dirección General de Publicaciones e Impresos, San Salvador, 1990.

CERDAS CRUZ, RODOLFO: *La hoz y el machete. La Internacional Comunista. América Latina y la revolución centroamericana,* Editorial Universidad Estatal a Distancia, San José, 1986.

DALTON, ROQUE: *Miguel Mármol. Los sucesos de 1932 en El Salvador.* Ocean Sur, México, 2007. El autor ha trabajado con la edición EDUCA, Centroamérica, 1972.

DIMITROV, JORGE: *Selección de trabajos*, Sofia-Press, 1977.

El Libro de Oro de La Prensa Gráfica, 1915-1965. San Salvador, 1965.

FONSECA, PEDRO S.; PARKE YOUNG, JOHN; ROCHAC, ALFONSO : *Evolución monetaria salvadoreña. Tres ensayos sobre historia monetaria*, Editorial Ahora, Instituto de Estudios Económicos de la Facultad de Economía, Universidad de El Salvador, 1961.

GALLARDO, RICARDO: *Las Constituciones de El Salvador*, Ediciones de Cultura Hispánica, tomo 1, Madrid, 1961.

GONZÁLEZ, OVIDIO: «Algunos elementos ideológicos de la clase dominante en el 32», en *Boletín de Ciencias Económicas y Sociales*, UCA, Año VII, no. 6, 1984.

GONZÁLEZ DAVISON, FERNANDO: *El régimen liberal en Guatemala (1871-1944)*. Editorial Universitaria, volumen no. 18, Universidad de San Carlos de Guatemala, 1990.

LÓPEZ JIMÉNEZ, RAMÓN: *Mitras salvadoreñas*, Departamento Editorial, Ministerio de Cultura, San Salvador, 1960.

LÓPEZ VALLECILLOS, ÍTALO: *El periodismo en El Salvador*. Editorial Universitaria, San Salvador, 1964.

LUNA, DAVID: «Algunas facetas sociales de la vida de Agustín Farabundo Martí», en *Revista Salvadoreña de Ciencias Sociales*, Facultad de Humanidades de la Universidad de El Salvador, no. 1, 1965.

MÁRMOL, MIGUEL: *Memorias personales sobre la historia del Partido Comunista de El Salvador*, versión mecanográfica en borrador, 1950.

MARTÍNEZ PELÁEZ, SEVERO: *La patria del criollo*, EDUCA, San José, 1976.

MÉNDEZ h., JOAQUÍN: *Los sucesos comunistas en El Salvador*, Imprenta Funes y Ungo, San Salvador, 1932.

MENJÍVAR, RAFAEL y GUIDOS VÉJAR, RAFAEL (Compiladores, traductores, prologuistas y anotadores): *El Salvador de 1840 a 1935, estudiado y analizado por extranjeros,* UCA Editores, San Salvador, 1978.

MONTOYA, AQUILES: «Antes del '32», en *Boletín de Ciencias Económicas y Sociales,* UCA, Año VII, no. 3, San Salvador, mayo-junio de 1984.

PARADA, ALFREDO: *Etapas políticas,* tomo 2, MCMLXXV, San Salvador, s.i.

PÉREZ BERMÚDEZ, CARLOS; GUEVARA LÓPEZ, ONOFRE: *El movimiento obrero en Nicaragua (Apuntes para el conocimiento de su historia),* Primera Parte, s.l., s.f.

ROMÁN, JOSÉ: *Maldito país,* Ediciones El Pez y la Serpiente, s.l., Managua, 1979.

SÁENZ, VICENTE: *Rompiendo cadenas,* México, 1948.

SCHLESINGER, JORGE: *Revolución comunista ¿Guatemala en peligro?,* Editorial Unión Tipográfica Castañeda, Ávila y Cía., Guatemala, 1946.

SELSER, GREGORIO: *El pequeño ejército loco,* Editorial Nueva Nicaragua, Managua, 1966.

TARACENA ARRIOLA, ARTURO. «Un salvadoreño en la historia de Guatemala. Entrevista con Miguel Ángel Vásquez Eguizábal», en *Memoria.* Revista del Centro de Estudios del Movimiento Obrero y Socialista (CEMOS), no. 29, México, D.F., 1990.

_____:«El primer Partido Comunista de Guatemala (1922-1932)», en *Araucaria de Chile,* no. 27, s.l., s.i., 1984.

TOGLIATTI, PALMIRO: «Algunos problemas de la historia de la Internacional Comunista», en revista internacional *Problemas de la Paz y el Socialismo,* no. 11, Praga, 1959.

Documentos

Anuario estadístico de 1930. Dirección General de Estadísticas y Censos, San Salvador, 1931.

Avances de investigación, Universidad de Costa Rica.

Partido Comunista de El Salvador: «Fundamentos y tesis de la línea general del Partido Comunista de El Salvador (PCS)», VII Congreso del PCS, Edición multigrafiada, 1979.

Sufragio libre. Elecciones de autoridades superiores. Acción de los poderes públicos, obra preparada por el general José Tomás Calderón, San Salvador, s.i., 1931.

Entrevistas

Arnoldo Martínez Verdugo.

Jacinto Castellanos Rivas.

Miguel Mármol.

Periódicos

Diario del Salvador, San Salvador, El Salvador.

Diario Latino, San Salvador, El Salvador.

El Machete Ilegal (1929-1934), Instituto de Ciencias de la Universidad Autónoma de Puebla, Edición facsimilar, México, 1975.

El Tiempo, Secretaría de Relaciones Públicas y Promoción Universitaria, Universidad de El *Salvador,* tercera semana de enero de 1972.

Diario Oficial, San Salvador, El Salvador.

Orientación, San Salvador, El Salvador.

Patria, San Salvador, El Salvador.

Revistas

Abra, San Salvador, El Salvador.

Alero, Universidad de San Carlos de Guatemala, Guatemala.

Araucaria de Chile, s.l.

Boletín de Ciencias Económicas y Sociales, UCA, San Salvador, El Salvador.

Boletín Informativo del Centenario de José Carlos Mariátegui, Lima, Perú.

Ciencias Jurídicas y Sociales, Órgano de la Asociación de Estudiantes de Derecho de la Universidad de El Salvador, San Salvador, El Salvador.

Cuadernos Americanos, México.

Fundamentos y Perspectivas, Revista teórica del Partido Comunista de El Salvador, San Salvador, El Salvador.

Memoria, Revista del Centro de Estudios del Movimiento Obrero y Socialista (CEMOS), México, D.F.

Realidad Social, UCA, San Salvador, El Salvador.

Revista salvadoreña de Ciencias Sociales, Facultad de Humanidades de la Universidad de El Salvador, San Salvador, El Salvador.

Tendencias, San Salvador, El Salvador.

Dr. Manuel Enrique Araujo.

Carlos Meléndez.

Fe de bautismo de Faramundo Agustín, que era el verdadero nombre dado por sus padres Pedro Martí y Socorro Rodríguez de Martí.

Nº 0518621

CUARENTA CENTAVOS

T.R. 0526550

EL INFRASCRITO ALCALDE MUNICIPAL,

CERTIFICA: que al folio tres vuelto del libro de partidas de nacimiento que esta Oficina llevó durante el año de mil ochocientos noventa y cuatro, se encuentra la que literalmente dice:"""Pedo II. P.No 17.Alcaldía Municipal Teotepeque Febrero once de mil ochocientos noventa y cuatro. Hago constar: que FARAMUNDO AGUSTIN MARTI hijo legítimo de Pedro Martí y Socorro Rodríguez vecinos de esta Villa nació el cinco de Mayo del año próximo pasado. Padrino Luis Serafín Rivas. Por el Señor Alcalde Don Franco Pérez. Simón Morales.-Ante mi Mateo Ramos."""""R U B R I C A D A S.

ES CONFORME CON SU ORIGINAL CON EL CUAL SE COMPRONTO; y para los usos que el interesado crea convenientes, extiende la presente en la Alcaldía Municipal de Teotepeque, a treinta de Mayo de mil novecientos setenta y cuatro.

RAUL OMAR GARCIA,
A l c a l d e   M u n i c i p a l.-

CARLOS BORROMEO VIVAS,
S e c r e t a r i o.-

Certificación de la partida de nacimiento de Faramundo Agustín Martí.

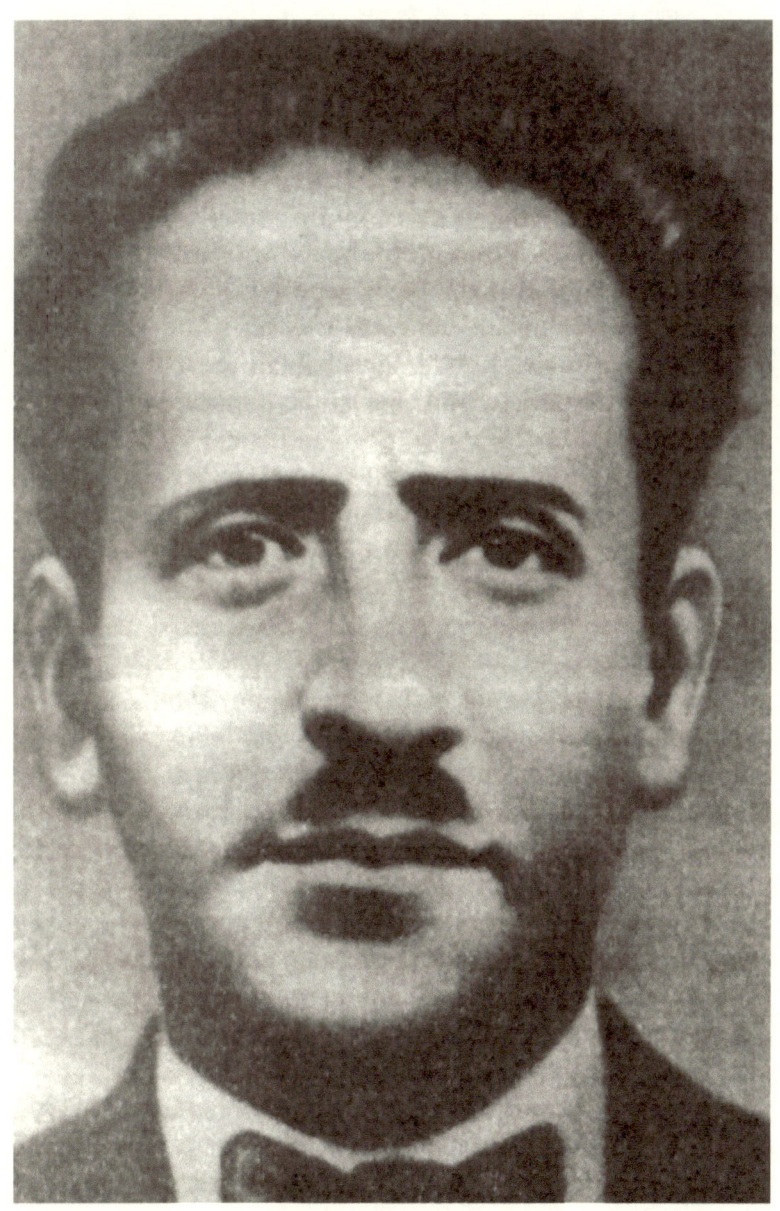

Farabundo Martí.

Dr. Alfonso Quiñónez Molina. Dr. Pío Romero Bosque.

Monseñor José Alfonso Belloso y Sánchez, administrador apostólico de la arquidiócesis de San Salvador durante la insurrección de 1932.

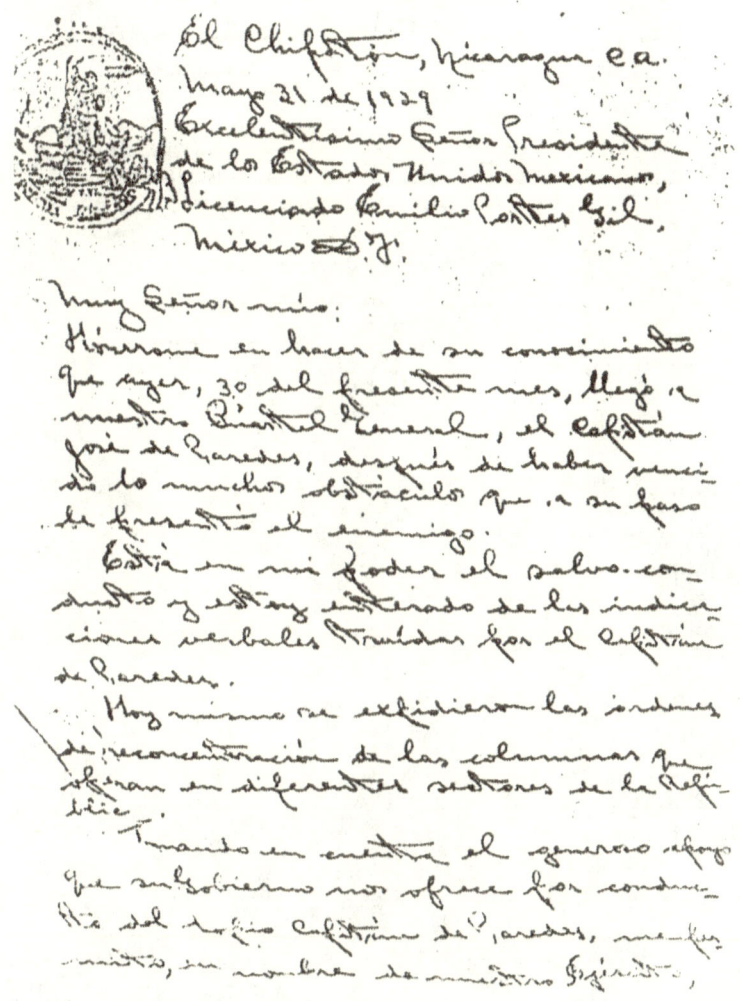

Carta de Sandino a Emilio Portes Gil, presidente provisional de los Estados Mexicanos, cuyo portador fue el capitán José de Paredes.

Augusto C. Sandino y su estado mayor; de pie: de izquierda a derecha capitán Rubén Ardilla Gómez (colombiano), capitán José de Paredes (mexicano), general Augusto C. Sandino (nicaragüense), capitán Gregorio U. Gilbert (dominicano). Sentados: Froylán Turcios (hondureño) y coronel Agustín Farabundo Martí (salvadoreño).

El capitán Paredes, Sandino y Farabundo Martí. Una de las fotos tomadas a su paso por El Salvador rumbo a México. Esta foto fue hecha en el sitio llamado El Agua Caliente, a la salida de San Salvador a Soyapango. En este sitio Sandino y su estado mayor fueron recibidos por el doctor Alberto Gómez Zárate, entonces ministro de Guerra, Marina y Aviación del Gobierno del doctor Pío Romero Bosque.

Alberto Masferrer, escritor y periodista, director del diario *Patria*, autor de la doctrina del Mínimum Vital. Con esta pretendió, inútilmente, convencer a los oligarcas salvadoreños para que voluntariamente cedieran ante las reivindicaciones elementales de las masas.

```
DEPENDENCIA ...............................................
..............................................................
SECCION ........................................
MESA ..............................................
NUMERO DEL OFICIO ...........................
EXPEDIENTE ..........................................
```

ASUNTO: Media filiación de
Agustín Farabundo Martí.

Estatura   1 met. 63 centímetros.
Color.   Trigueño.
Pelo   Negro.
Nariz   Gruesa larga.
cejas   Negras.
Bigote.   Recortado.
Barba   Rasurado.
Ojos.   Negros.
Señas Par
ticulares Una patilla y una cicatriz en el mentón
           del lado izquierdo.

Manzanillo.Col. Junio 6 de 1930.
El Delegado de Migración.

M B Erdmann

Mario B. Erdmann.

Firma del Interesado.

Agustín F. Martí

Memorandos de la Secretaría de Gobernación de México relacionados con la expulsión de este país de Agustín Farabundo Martí (también en páginas siguientes).

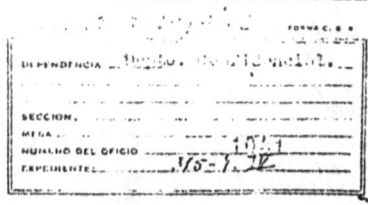

ASUNTO:

M E M O R A N D U M.

México, D.F., a 28 de junio de 1930.

Al C. Jefe del Depto. de Gobernación.
P r e s e n t e.

Con referencia al memorándum de ese Departamento, número 436 del 27 de mayo anterior, manifiesto a usted, que en cumplimiento al acuerdo Presidencial relativo, con fecha 9 del mes en curso, fueron expulsados del país, los señores ESTEBAN PAVLAVICH y AGUSTIN F. MARTI, de nacionalidades Nicaraguense y Peruana, respectivamente.

Adjunto se envían a usted las medias filiaciones y fotografías de los individuos aludidos.

Atentamente.
EL JEFE DEL DEPTO.

Pablo Meneses.

Ac. del C. Oficial Mayor.
Acúseme recibo.
25 de junio de 1930.
CCH/IMM/ACC

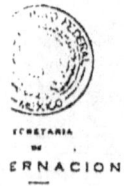

DEPENDENCIA DEPARTAMENTO DE MIGRACION
SECCION
MESA SEGUNDA
NUMERO DEL OFICIO
EXPEDIENTE 4/362.2"1930"/58

ASUNTO: México, D.F., a 20 de Junio de 1930.

MEMORANDUM.

1330

Al C.
Jefe del Departamento de Gobernación.
P r e s e n t e .

        En contestación al atento memorándum de usted Núm.517 expediente 2.362.2(29)204 tramitado por la Sección - Segunda, Mesa Cuarta, manifiesto a usted que por informes -- verbales obtenidos en el Departamento Confidencial, los ex-- tranjeros Esteban Pavlevith Trujillo, Agustín F. Marti y Gre- gorio Frenco Fannia fueron deportados, saliendo del país el 17 del mes en curso a bordo del vapor "CRISTOBAL COLON" pi- diéndose al Delegado de Migración en Veracruz, Ver., remita- las huellas digitales, medias filiaciones y placas fotográfi- cas correspondientes.

Atentamente.
EL JEFE DEL DEPARTAMENTO.

ANDRES LANDA Y PIÑA.

Ac.del C.Oficial Mayor.
E n t e r a d o.
25 de junio de 1930.
CCH/RPH/AGG.

Carnet de Farabundo Martí que lo acredita como representante del Socorro Rojo Internacional.

Ing. Arturo Araujo.

Gral. Maximiliano Hernández Martínez.

Después del genocidio de enero de 1932 toda persona debía portar su «Boleto de Identificación», en el cual daba juramento de no pertenecer al comunismo ni a agrupación o asociación que directa o indirectamente sustentara fines contra los derechos y garantías individuales de la Constitución política.

Partida de defunción de Agustín Farabundo Martí.

Mario Zapata.

Alfonso Luna.

Primera página del diario *La Prensa* —actualmente *La Prensa Gráfica*— del día lunes 1ro. de febrero de 1932.

www.ingramcontent.com/pod-product-compliance
Lightning Source LLC
Chambersburg PA
CBHW031759220426
43662CB00007B/463